袁腾飞 /著

袁腾飞讲

成吉思汗

腾飞五千年

湖南人民出版社

博集天卷
CS-BOOKY

图书在版编目（CIP）数据

袁腾飞讲成吉思汗 / 袁腾飞著.—长沙：湖南人民出版社，2013.8
ISBN 978-7-5438-9709-0

Ⅰ.①袁… Ⅱ.①袁… Ⅲ.①成吉思汗（1162～1227）—
生平事迹—通俗读物 Ⅳ.①K827=47

中国版本图书馆CIP数据核字（2013）第 202157 号

袁腾飞讲成吉思汗

作　　者：袁腾飞
出 版 人：谢清风
责任编辑：胡如虹
总 策 划：牛博杨
监　　制：于向勇
特约编辑：张云鹏
策划编辑：马占国
营销编辑：张　宁　刘菲菲

出版发行：湖南人民出版社［http://www.hnppp.com］
地　　址：长沙市营盘东路 3 号
邮　　编：410005
经　　销：新华书店

印　　刷：北京嘉业印刷厂
版　　次：2013年 10 月第 1 版
　　　　　2016年 3 月第 3 次印刷
开　　本：787mm×1092mm　1/16
印　　张：20
字　　数：300 千
书　　号：ISBN 978-7-5438-9709-0
定　　价：38.00 元

质量监督电话：010-59096394
团购电话：010-59320018

他，建立了世界上最大的帝国，却没有留下一座小小的坟墓。

他，一生雄才伟略，英勇无敌，却在童年时历经苦难，数次命悬一线。

他，在世界文明史上留下了血与火的深深印迹。

他就是被称为一代天骄的成吉思汗！

自序：历史是一面镜子

三年前，在录制《腾飞五千年》的时候，我的制作团队正好在帮助一家电视台制作"世界名人"的节目，公司让我主讲成吉思汗，也作为《腾飞五千年》的一部分。节目录制完成后，经泰学（北京）文化传媒有限公司联系，将于近期与观众见面。于是，就有了呈现在您面前的这本书。

出版《两宋风云》时，我在后序中写了我从小对历史的喜爱和敬意，以及长大以后成为一名历史教师的自豪和责任。在此，我还想说明一点的是，我不是历史学家，不是专家学者。我大学读的是历史教育学，说白了就是怎么教历史，而不是怎么研究历史。走上工作岗位，站在三尺讲台上时，我明白了历史要想让学生爱听，必须会讲故事！《史记》《汉书》《三国志》个个都是讲故事的高手，里面多对话、多心理活动、多细节描写，使已经深埋地下、过去久远的人和事一下变得活灵活现、生动有趣。让我感到遗憾的是，我们的教科书太枯燥了，缺少故事性和趣味性，只有"三省六部、九品中正、重农抑商、闭关锁国、百家争鸣、独尊儒术……"灵动的历史变成了一堆干巴巴的名词概念。学生们听着这一堆抽象的概念，难免打瞌睡。

我有时候中午乘出租车，发现几乎每一位司机师傅都在听评书，《三国演义》《水浒传》《大明英烈》等等，为什么人们百听不厌？因为它们讲故事！所以，想让中国人对祖宗曾经干过的事、对祖宗的生产生活感兴趣的唯一法子，就是给他们讲祖宗的故事！

基于上述想法，我很想把华夏五千年的历史以故事的形式详尽地讲给大家听。这些故事取自传统史书和史学大家的著述，可以看作情节真实的评书。有人说我就是一个"说书的"，我很高兴得到这个评价，愿意继续说下去，说好，说精彩！

几年来，我虽然离开了百家讲坛，但并没有离开讲台。感谢曾为我制作《两宋风云》和《塞北三朝》的王咏琴老师，为我量身定制了一档大型系列节目《腾飞五千年》，从三皇五帝一直讲到清帝逊位，力争把中国历史做一个详尽的讲述。目前，这个节目还在录制中。

我和我的制作团队及投资方之所以筚路蓝缕、苦心孤诣地要制作完成《腾飞五千年》，不惜投入血本，就是想用讲故事的形式使中国历史为人熟知，重受重视。历史是一面镜子，了解历史才能了解今天。一个熟悉自己历史的民族，才会是一个强大的民族。

《袁腾飞讲成吉思汗》能够和大家见面，应该感谢李志峰先生的大力支持。作为制作投资方，他们不惜血本，以砸锅卖铁的精神投入制作，两年多只投入不产出，个中艰辛，非言语能表。感谢泰学（北京）文化传媒有限公司的执行董事牛博杨先生、总经理黑德仑先生，是他们使这个节目能见天日。最后，还要特别感谢我的母亲和妻子在我最困难的时候给我的理解、支持和鼓励！

谢谢大家！希望这本书能得到大家的喜欢。

袁腾飞

目录
Contents

第二讲 千锤百炼方成钢

第三讲　草原雄鹰始飞翔

第五讲 纵横天下无敌手

袁腾飞讲

成吉思汗

第一讲

黄金家族多劫难

1. 草原传说：黄金家族的由来

距今大约八百多年以前，在蒙古高原上横空出世了一位伟大的人物，在他的带领下，蒙古高原上一盘散沙似的各个部落，最终汇聚成了一个强大的帝国。

这个帝国在极盛的时候，它的面积大概占了地球陆地表面积的三分之一，是人类历史上疆域最大的国家，国土面积相当于苏联的1.5倍、今日俄罗斯的2倍左右。

那么是谁把一个小部落发展成了这样一个庞大的帝国？进而这块高原都用这个部落的名字来命名呢？这就是中国历史上的杰出人物，也是世界历史上的著名人物——成吉思汗。是什么力量让他所向披靡？是怎样的性格使他成就千古霸业？他那显赫的黄金家族，又有着怎样的起源与传说？

苍狼白鹿的美丽传说

关于成吉思汗和蒙古民族的起源，有很多种说法。蒙古人跟鲜卑人出于同源，《旧唐书》把他们记载为蒙兀人，意思是永恒跳动的火焰。后来蒙兀人分成了很多部落，其中有一部叫作蒙古部。

蒙古一开始只是一个部落名，后来成吉思汗完成草原的统一之后，才用自己这个部落的名字来命名草原上所有的部落，从而形成了蒙古族。后来这个地方也被称为蒙古高原。

蒙古民族的起源有一个非常美丽的传说。在蒙古高原上有一条著名的河流叫斡难河，被蒙古民族看作是圣河。据说，在遥远的时代，有一头苍色的（就是深青色的）狼和一头白色的鹿——这当然是神狼和神鹿了，沿着斡难河源行至此处，一见钟情结合了。

我们知道，北方民族的起源有很多这样的美丽传说，比如契丹族起源的传说是白马青牛——骑白马的神仙和骑青牛的神仙结合产生了契丹人。传说中蒙古民族的起源也是这样，是苍狼和白鹿结合产生的后代。

实际上，据历史学家考证说，可能是一个以苍狼为图腾的氏族的男子，和一个以白鹿为图腾的氏族的女子结合，他们繁衍的后代形成了蒙古民族。

娶个美女做媳妇

他们的后代繁衍生息了不知多少代之后，终于出现了一位史籍上有明确记载的人物——朵奔篾儿干。

朵奔篾儿干和他的哥哥有一次出去放牧。蒙古草原上有高低起伏的山峦，有流水潺潺的河流，景色非常怡人。朵奔篾儿干和哥哥看着天高云淡的景色，感到心旷神怡。

两个人正被眼前的美景陶醉的时候，朵奔篾儿干的哥哥突然说，弟弟你看见没有？那边来了一队牧民，当中有一个特别美丽的女子。我去问问这个女子嫁人没有，如果没有嫁人，就给你娶来当媳妇。

朵奔篾儿干一听，要给我娶个美女做媳妇，这还有什么可犹豫的啊？于是，俩人打马扬鞭就向这队人迎了过去。

朵奔篾儿干虽然非常开心，但是小伙子比较羞涩，不好意思张口。他哥哥就问这队牧民中的老者，这个美女是你什么人？老者说是我外孙女。出嫁了没有？没出嫁。那好，你看我弟弟怎么样？

这时候，朵奔篾儿干赶紧一挺胸脯往前一凑，英雄美人初次相见，彼此之间一见钟情，就擦出火花来了。

老者也很愿意把自己的外孙女嫁给朵奔篾儿干。第二天，朵奔篾儿

苍狼白鹿的传说

干的哥哥赶紧张罗，带着貂皮、牵着马匹作为聘礼，让弟弟迎娶了这位美人。

这位美人日后成了蒙古民族共同的老祖母，是蒙古民族共同敬奉的女神，名字叫阿兰豁阿。

从哪儿来的弟弟

朵奔篾儿干迎娶了阿兰豁阿之后非常高兴，两个人恩恩爱爱，生了两个儿子。

没想到朵奔篾儿干过了不长时间就去世了。他一去世，美人阿兰豁阿就成了寡妇，带着两个儿子艰难度日。

这时候发生了一件神奇的事儿。阿兰豁阿在朵奔篾儿干去世之后，很快又生了三个儿子。

俗话说"寡妇门前是非多"，何况平空还有了三个胖小子，草原上的人们就议论开了，说什么话的都有。连阿兰豁阿跟朵奔篾儿干生的那两个儿子，都觉得这件事很可疑。两个人凑在一块儿嘀咕，母羊没有公羊就生不出小羊羔来，草原上如果没有草籽，它就长不出草来。你说咱父亲都去世了，咱这仨弟弟是从哪儿来的？

整个部落里的牧民都在议论，自己的儿子也在议论，阿兰豁阿意识到这个问题很严重了。

有一天，她把自己的五个儿子都叫到帐篷里来，对跟朵奔篾儿干生的两个儿子说，你们不要像这些牧民一样说三道四，以为你们的父亲去世了，我一定是不守妇道才生的这三个弟弟。如果我真是不守妇道，我可以大大方方地改嫁。咱们家是部落里最富有的，牲畜、帐篷、财产是最多的，我要改嫁谁不乐意？我何必做偷鸡摸狗的事儿呢？你们知道这三个弟弟是从哪儿来的吗？

那俩儿子摇着头说，不知道。

这就是黄金家族

阿兰豁阿接着说，自从你们的父亲去世之后，我每天晚上都很想念他，想得都睡不着觉。结果一到晚上，就有一个金色头发、浑身白光的仙人飞了进来，飞进来之后就抚摸我的肚子，然后一道白光就进入我的肚子，于是我就怀孕了，又生了三个儿子。这是神来到我的帐篷里让我受孕，这三个儿子是天神所赐，是神的孩子，你们不要胡思乱想。

这真是太离奇了。阿兰豁阿跟朵奔篾儿干生的那两个儿子面面相觑，不敢相信。

阿兰豁阿说，我知道你们俩不信，这样吧，随便找一个晚上，你们闲着没事的时候到我的帐篷外等着，自然就明白了。

一天夜里，这五个孩子都来到母亲的帐篷外边等着。果然，夜静更深的时候，一道白光"嗖"的一声进了母亲的帐篷。等到天亮的时候，一道白光"嗖"地又从帐篷里飞出来消失得无影无踪了。

这样一来，五个孩子就信了。尤其后来生的那仨孩子更高兴，原来我们真的是金发天神的孩子。

因此，后来就有了两部蒙古人。一部叫尼鲁温蒙古人，尼鲁温就是腰的意思，指阿兰豁阿跟神生的这三个孩子，是从阿兰纯洁的腰部出生的。他们繁育的后代，是最高贵的蒙古人。成吉思汗所属的"黄金家族"，就是尼鲁温蒙古人。

另一部叫都儿鲁斤蒙古人，是阿兰豁阿的前两个儿子繁衍的后代，意思是普通的蒙古人。

在这五个儿子里边，阿兰豁阿最喜欢的是她的小儿子孛端察儿。根据《元史·太祖本纪》的记载，孛端察儿就是成吉思汗的十世祖。

百家饭不好吃

阿兰豁阿与几个孩子在草原上快快乐乐地生活了一段时间以后，感到自己可能大限将至了。

一天晚上，阿兰豁阿把儿子们叫到一块儿，让她的小儿子孛端察儿拿了五支箭过来。孛端察儿拿来箭之后，阿兰豁阿把这五支箭分别发给五个儿子，然后跟儿子们讲，你们把它给我撅折了。五个儿子每人撅一支箭不费吹灰之力，"啪啪啪啪啪"，五个人都把箭给撅折了。

然后，阿兰豁阿让孛端察儿再去拿五支箭来。这次阿兰豁阿拿绳子把这五支箭一捆，交给自己的大儿子，说你把它撅折了。大儿子费了半天劲儿也没撅折，接着二儿子、三儿子、四儿子到孛端察儿，每个人都无法撅折绑在一起的这五支箭。

这时，阿兰豁阿说，你们看明白了吧？一支箭很容易被撅折，而五支箭捆在一起就不容易撅折。我担心我死了之后，你们五兄弟不和。你们五兄弟要像这牢牢绑在一起的五支箭一样齐心合力，我们这个家族才能兴旺，我们这个部落才能强大。你们一定要牢记我的话，记住今天我让你们做的这件事儿。

这就是蒙古历史上有名的故事——阿兰祖母五箭立誓。

没过多久，阿兰豁阿就去世了。

阿兰豁阿一去世，大儿子就说妈没了，咱们分家吧。他们把财产均分为四份，老大、老二、老三、老四一人一份，没老五孛端察儿什么事儿。

这么分家，老五孛端察儿当然很不满意。老大、老二就跟孛端察儿说，你现在年纪还小（孛端察儿当时只有十几岁），也没有理财的能力，就分给你一匹秃尾巴马，还有弓箭、火镰、火石这些生活必需品，你有顶帐篷住就完了。至于吃饭，就吃百家饭得了，今天在大哥家吃，明天在二哥家吃，四天循环，我们天天管你饭吃。

孛端察儿胳膊拧不过大腿，只能这样了。

从第二天开始，孛端察儿就去这几个哥哥家吃饭。一轮还没吃下来呢，孛端察儿就不干了。为什么呢？哥哥、嫂嫂都对他十分冷淡，给他的饭食还不如奴隶吃得好呢。

孛端察儿心想，我也是个顶天立地的男子汉，受这罪干什么呀？于是，孛端察儿不辞而别，带着弓箭、干粮和一些生活必需品，骑上自己的那匹秃尾巴马，就向着大草原的深处出发了。

跟雄鹰做伴

孛端察儿到了一处山清水秀的地方，很快搭好了一间茅草屋，解决了居住问题。他随身带着火石，能够吃上热的食物，感觉小日子这么过也还可以。

有一天，孛端察儿出来寻找食物的时候，发现天上有一只鹰特别厉害。这只鹰在空中盘旋，看到地上有猎物的时候，就像离弦的箭，冲下来抓起猎物。

孛端察儿暗想，我要有这么一个帮手可就好极了，问题是怎么抓住这只鹰呢？

孛端察儿一看自己那匹秃尾巴马，眉头一皱计上心来，从这匹秃尾巴马的尾巴上拔了几根毛做了一个绳套。然后，他悄悄地接近那只鹰，当那只鹰站立不动的时候，他猛然用这个绳套套住了鹰。

这只鹰一开始当然不干了，在拼命挣扎。孛端察儿就抚摸着鹰的背，跟这只鹰说，你看，我是孤孤单单一个人，你也是孤孤单单一只鹰，咱俩做个伴多好啊！

神奇的是，这只鹰好像听懂了孛端察儿说的话，然后就不闹了。

从此以后，孛端察儿就跟这只鹰形影不离。这只鹰成了他在草原上最忠实的伴侣。

吃的问题虽然解决了，但孛端察儿很想喝马奶，没有马奶怎么办？孛端察儿骑着秃尾巴马登上山冈，举目远眺，发现不远处有一顶一顶的帐篷。

孛端察儿连忙骑着马奔过去了。到了这个部落的营地之后，他跟这个部落的人说，我想求一点儿马奶喝，我不白喝你的马奶，我拿我的鹰抓来的野雁跟你换。

于是，双方开始了平等的交换。

过了一段日子之后，跟孛端察儿同样是神所生的一位哥哥终于良心发现了，骑上马来找孛端察儿。

这位哥哥有一天走到了孛端察儿经常去要马奶的那个部落，他形容了一番自己弟弟的样貌。这个部落的牧民告诉他说，有这么个人，他经常来我们这要马奶喝，你要找他很容易，他带着一只鹰。

这位哥哥谢过牧民后，翻身上马要去找自己的弟弟。正在这个时候，他看到远方有一匹秃尾巴马缓缓而来，马上是一个英俊的青年，青年的肩膀上立着一只雄鹰，正是他的弟弟孛端察儿。

兄弟二人相见，抱头痛哭一番，然后他哥哥跟孛端察儿讲，我知道自己错了，当初挺对不起你的，不应该把你轰出来，你还是跟我回去吧。

于是，孛端察儿回到自己的茅草屋，简单收拾了东西，跟着他的哥哥踏上了回家的路。

抢来的妻子

在回去的路上，孛端察儿一边骑着马赶路，一边不断地回头看，对他哥说，刚才你去的那个部落没有首领，是一群乌合之众，很容易战胜。不如咱们回去之后，动员部落里的人，打他们一个措手不及，他们的财物、牲畜就全归咱们，男女老幼给咱们做奴隶，你看这事儿怎么样？

他哥一听，这事儿太好了！你瞧我这弟弟真聪明，太有谋略了。

在咱们看来，孛端察儿这个人太没有良心了，人家每天提供给你马奶喝，你还想抢人家。但按史籍中的记载，这件事反映出了孛端察儿的大智慧。那个时候，草原上奉行丛林法则，弱肉强食。

这个部落的牧民万万没有想到，自己用马奶引来了这么一群人。孛端察儿带着人冲过来之后，在部落营地的入口处，看到了一位年轻美丽的孕妇。

孛端察儿先把这个孕妇逮着，问你们部落的头儿是谁，有多少人。了解清楚情况之后，孛端察儿带着人马冲进了部落，把起来反抗的男子全都杀掉，把妇女小孩全都当作奴隶，把财物全部弄到手，然后浩浩荡荡地回到了自己的营地。

在当时的草原上，部落间相互吞并、你争我夺的生存竞争是异常残酷的，抢财物，抢牲畜，甚至抢亲，都不是什么罕见的事儿，弱肉强食是草原上最基本的生存法则。被孛端察儿吞并的这个部落，此后世世代代成了蒙古部落的奴隶。

孛端察儿立了这个大功之后，他的哥哥说要赏赐他，抢来的东西优先分给他，还让他从抢来的女子当中找一位做老婆。

结果，孛端察儿看上了第一个被他俘虏的孕妇。然后两人成了亲，后来生了好几个孩子。

差点儿遭到灭顶之灾

再后来，孛端察儿又娶了几个小妾，生了很多孩子。他的孩子又生孩子，其中他有一个孙子叫篾年土敦。

这个篾年土敦的儿子也特别多，这一支发展下来就是成吉思汗的直系祖先。

篾年土敦去世之后，留下一位遗孀，叫那莫伦。他还留下七个儿子，个个虎背熊腰、孔武有力，轻易没有其他部落敢来招惹。

这个时候，草原各部争战不休。其中一个部落被别的部落打败，只有大约七十户人侥幸逃脱，来到了蒙古部落的地面上，他们饥饿难耐，只好挖草籽充饥。一挖草籽就把草场给破坏了。

正坐着马车巡视草场的那莫伦，一看有人在破坏草场，立即火冒三丈，驱赶着马车就冲这些虎口余生的牧民撞了过去，据说撞死了几个小孩。

那莫伦一边驱车撞这些人，一边派人回家报信，把几个儿子叫来。那莫伦的六个年龄大的儿子一接到信，扔下饭碗骑上马冲了过来，连皮制的盔甲（那时候蒙古人的盔甲是用牛皮做的）都来不及穿戴。

这时，那莫伦感觉到危险了，这些牧民有七十户，自己只有六个儿子，而且连盔甲都没穿。所以那莫伦赶紧吩咐儿媳们给儿子们送盔甲。但是晚了一步，没等儿媳们把盔甲送到，这六个儿子已经全部被杀掉了。

被撞的牧民也特别气愤：我们被别的部落追杀，连饭都吃不上，挖点儿草籽吃怎么了？你居然撞死我们的人！他们知道黄金家族不好惹，就想干脆斩草除根，所以把那莫伦和她的六个儿子都杀了。

黄金家族差点儿遭到灭顶之灾。

那莫伦和她的六个儿子死了，黄金家族还有没有人活下来呢？那莫伦的七儿子活了下来。史籍上记载，这个人叫作纳臣把阿秃儿，把阿秃儿在蒙古语中是勇士的意思。他是因为入赘到了其他部落，所以躲过了这次劫难。

除了纳臣把阿秃儿，黄金家族还有一个男性成员活了下来，就是那莫伦的长孙海都。海都当时年幼，被一个老妇人藏在了柴堆里，因此得以幸免。

黄金家族的生死存亡，就靠这叔侄俩了。那么，这叔侄俩面对家族差点儿灭亡的局面，是怎样振兴黄金家族的呢?

2. 以弱胜强：蒙古部落发展壮大

在草场冲突中得以幸存的叔侄二人，终于成功复仇，而且振兴了黄金家族。日渐强大的蒙古部落，引起了当时草原霸主金国的注意。金国皇帝设下盛宴邀请蒙古部落的第一位大汗——合不勒汗。但是在宴席上，合不勒汗却因醉酒惹下祸端。恼怒的金国皇帝派出金兀术等名将，率大军去歼灭蒙古部落。当时还很弱小的蒙古部落，是怎样战胜强大的金国军队，并进一步发展壮大的呢？

纳臣只身闯敌营

幸免于难的纳臣把阿秃儿听说家里的变故之后，从岳丈家急忙赶回自己的部落。

他赶到自己部落的驻地一看，已经是一片狼藉。最惨重的损失，就是家里的几百匹马都没有了。

我们知道，对于牧民来说，牲畜是最主要的财产。尤其是马匹，打猎也好，放牧也好，靠两条腿儿，能追得上四个蹄儿吗？都得靠马匹。

纳臣暗下决心，我一定要复仇，还得把被抢走的几百匹马夺回来。

蒙古人信奉的最高的神叫长生天，因为天是永生不灭的。这个时候真是长生天保佑，部落里的一匹马跑回来了。

于是，纳臣骑着这匹马，直奔仇家的营帐去了。行至半途，纳臣发现前面走着两个人，骑着马，肩膀上架着鹰。纳臣一眼就认出来，俩人肩膀上架着的鹰，正是哥哥们驯养过的鹰。不用说，这两个人就是灭他们家的仇人。

纳臣不动声色，驱马接近了后面的人，攀谈起来，你们这个部落叫什么呀？你们家在哪儿啊？草原上的人，心地比较实诚。我们常说害人之心不可有，防人之心不可无，这个人连防人之心也没有，有一说一，有二说二，竹筒倒豆子似的，我们是什么部落，我们最近特得意，抢了好多马，现在要往哪儿哪儿去，一五一十都跟纳臣说了。

果然是毁家仇人！纳臣一听这话，怒从心头起，恶向胆边生，趁着前面的那个人隔得远没注意，一刀就把后面的这个人给捅死了。

之后，纳臣不动声色地骑上了这个人的马，把这个人的尸体拴在马尾巴后头，然后驱马追赶前面的那个人。

前面的那个人喝着小酒，一路高歌，正得意地往前走呢，一回头看见纳臣骑着马过来了。这个人估计是喝大了，都没看出来这不是自己的伙伴，还对纳臣说，你马后面那个人，怎么老在地上躺着啊，你把他叫起来行不行啊？

话音未落，纳臣就冲到跟前，一刀把这个人也给干掉了。

复仇是件神圣的事儿

干掉这两个人之后，纳臣在这匹老马的带领下，找到了仇人部落的营地。到这儿一看，简直是长生天再次保佑！为什么呢？原来这个部落之前被人打得差点儿灭亡，没想到现在发了这么一笔大财，这种天上地下的巨大反差，让他们兴奋得有点儿忘乎所以了。这帮人在草原上载歌载舞，彻夜狂欢。抢来的几百匹马，就放养在山下，只有几个小孩儿在那儿看着。

纳臣一看机不可失，立即飞身冲下山去，一刀一个，把这几个小孩儿干掉，然后把这几百匹马，领回了自己的居住地。

纳臣知道仇人是不会善罢甘休的，于是带着侄儿海都，回到了自己的岳丈家。

纳臣的岳丈家在贝加尔湖畔，他们到这儿慢慢积蓄力量。等实力发展起来之后，纳臣辅佐侄儿海都做了部落的首领。

海都确实很有王者风范，做了部落的首领之后，开始招募牧民。只要你愿意投奔我，我就敞开大门收留你，好酒好肉分给你，还分给马匹、帐篷。于是，草原上的流浪汉、盗马贼、弓箭手，纷纷前来归附。

海都部落的实力越来越强。在海都的率领下，一举灭掉了当年杀害他父亲和祖母的部落。

在蒙古人看来，复仇是一件很神圣的事儿。根据蒙古史书的记载，海都把仇人部落灭掉之后，在大家的一致推举下，做了蒙古部落的可汗。

这里要注意，海都是蒙古部落的可汗，不是蒙古草原的可汗，跟后来成吉思汗这个可汗是两码事儿。

海都汗，还有他的曾孙合不勒汗，合不勒汗的堂弟俺巴孩汗，这三位可汗在蒙古历史上是很有名的。

谁敢揪皇帝的胡子

合不勒汗在蒙古的历史上，是一颗光彩夺目的巨星，干了好几件惊天动地的大事，史籍上大书特书了一笔。

合不勒汗统领蒙古部落的时期，生长于白山黑水的女真人建立的金国，已经不断壮大，灭辽破宋，成了从黑龙江到淮河以北广大地区的霸主。

这个时候，合不勒汗居然敢跟金国叫板。蒙古牧民经常去骚扰金国的边境，抢掠金国。

当时的金国皇帝，有的史籍上记载是太宗完颜晟，也有的史籍上记载是熙宗完颜亶。我个人认为太宗的可能性大一点儿，原因后面再讲。

金太宗完颜晟想见一见合不勒汗。既然这个人这么不好打交道，硬的不行，那就来软的。金太宗觉得蒙古人是土包子，没见过世面。给合不勒汗点儿好东西，好酒好肉招待他，可能就不跟我们大金作对了。

于是，金朝皇帝就向合不勒汗发出了邀请。

合不勒汗来到当时的金国都城上京会宁府，到这一看，金国的宫殿太壮美了。蒙古人当时还是住帐篷，甚至连帐篷都没有，幕天席地。所以合不勒汗来到金国的宫殿里，真是刘姥姥进大观园的这种感觉，看什么都新鲜。

金朝皇帝对合不勒汗也很好，三日一小宴，五日一大宴，请他吃山珍海味。在酒宴上，金国的君臣惊讶地发现，合不勒汗饭量大得惊人，肉是一盘一盘地吃，酒是一坛一坛地喝。十几坛酒下去了，一点儿事儿都没有。八大盘肉、两只整羊都进去了，还是吃不饱。饭量这么惊人，得有多大力气啊？蒙古人要都是这样，可真是我大金的心腹之患啊。

合不勒汗怎么这么大的饭量呢？

道理很简单，他粗中有细。千万别以为不识字没文化的人就一定傻，不是这么回事儿。合不勒汗怕金国皇帝在酒肉里下毒，所以喝完一坛子酒之后，马上去厕所，一按肚子吐了，回来接着喝，喝完接着吐。这种喝法，你想能有底吗？

合不勒汗是吃了吐，但他的随从没有这么多心眼儿，可劲儿暴嘬这珍馐美味。合不勒汗一看随从吃了没事儿，自己也就放开胆子开始吃喝。这样一来，终于喝高了，开始忘形了。他醉醺醺地走下席位，去揪金国皇帝的胡子。

为什么我前面判断这个时候的皇帝是金太宗完颜晟，而不是金熙宗完颜亶？因为金熙宗继位的时候，只有16岁，还是一个少年，应该没有那么长的胡子。

看到皇帝的胡子被人揪，金国满朝的文武大臣全都急了。平辽灭宋之后，金国已经开始汉化了，很讲究君臣之间的礼仪，跟皇上一块儿光着身子下河洗澡的时代一去不复返了。现在看到有人竟敢揪皇帝的胡子，金国大臣一个个怒不可遏，拍案而起。有的大臣甚至拔出腰间的佩刀，要杀合不勒汗。

合不勒汗虎口脱险

合不勒汗一看这阵势，马上酒醒了，吓得出了一身冷汗，赶紧跪在地上请罪说我是个边鄙粗人，不识朝廷礼法，犯下如此重罪，请皇帝陛下惩罚。

金太宗哈哈一笑，心想请合不勒汗来的目的，就是想怀柔远人，现在拔刀动枪的，岂不坏事儿？于是太宗说，咱们女真人跟他们一样，都是豪饮的民族，哪回酒宴上不喝大几个？这很正常，没什么大不了。

金太宗如此大度，合不勒汗赶紧叩头谢恩。金太宗接着说，我赏你一些绫罗绸缎，你以后不要跟我们大金作对了，咱们世世代代友好下去。

合不勒汗拿到绸缎之后，心想此地不宜久留，万一皇帝老儿翻了脸，要杀我怎么办？他连驿馆都没回，直接翻身上马，连夜跑了。

这样一来，金国大臣有口实了，马上去见金太宗，说这个人不能留着，必须杀。他如果心里没鬼，干吗连夜跑啊？

金太宗一想也是，派出使臣要把合不勒汗追回来。使臣快马加鞭，追上了合不勒汗，对合不勒汗说，我们皇帝思念可汗，说跟您还没喝够呢，您这么快就走了，皇帝有点儿不痛快，想请您回去接着喝。

合不勒汗心想，甭跟我来这套，我要回去就没命了。合不勒汗跟使臣说，大丈夫一言九鼎，大金皇帝刚刚说让我回家，这又要追我回去，你们说话算数不算数，你们害羞不害羞？

这一句话噎得金国使臣无言以对，金国使臣只好悻悻地回去复命。

合不勒汗总算虎口脱险，回到了草原上。没多久，金国又派使臣来了，说皇上想念可汗。合不勒汗一听，这是黄鼠狼给鸡拜年没安好心，一再叫我去，肯定是要害我，看来他们不会善罢甘休了。怎么办？豁出去了，有贼无我，有我无贼，干脆把这些金国使臣杀掉得了。

合不勒汗手下的人有点儿害怕，有的随从脸色都变了。这可不是闹着玩儿的，咱们蒙古只是一个小小的部落，人家大金有百万大军，咱要把大金的使臣给杀掉，万一大金兴师讨伐，咱可不是对手啊！

这一下，合不勒汗火了，你们是不是蒙古男儿？你们怎么这么没种？我一声令下，必须给我杀。

这帮人一看，既然可汗已经豁出去了，只好一鼓作气冲到金国使臣的营帐，把金国使臣全部杀掉了。

蒙古人打起了游击战

金国使臣被杀的消息传到了上京，金太宗一听，好你个合不勒啊，胆大包天，我好心好意请你吃饭，赏赐你财物，你竟敢杀掉我的使臣，这回非得给你点儿厉害瞧瞧不可。于是，金太宗派了一员将领叫胡沙虎，率领一万多名骑兵，前去讨伐蒙古部落。

虽然合不勒汗率领的蒙古骑兵人强马壮，但当时蒙古部落能不能找出一万个青壮年男子，都很难说。而金国派出的骑兵部队就有一万多人，发誓要血洗草原，灭掉蒙古部落。

金军虽然人数众多，又训练有素，可惜金太宗所差非人，派出的胡沙虎是个没用的将领。当时金国的主力，可能在跟南宋作战，对付岳飞、韩世忠。蜀中无大将，廖化做先锋，所以派了个胡沙虎。

胡沙虎一到草原上就晕了，连敌人在哪儿都不知道。草原上没有路，地形、地貌又几乎完全一样，走出去几十里，看起来跟没动一样。没有向导带路，根本找不到蒙古人在哪儿。

蒙古人是天生的骑手和神箭手，三个一群，五个一伙，神出鬼没地在草原上跟金军展开了游击战。今天摸你一个哨兵，明天抢你一匹马，后天烧你几顶帐篷，搞得金军疲惫不堪，后勤给养也出了问题。

胡沙虎一看，这仗没法儿打，干脆撤军得了，回去跟皇上复命也好说，我们只是没找着敌人而已，要找着敌人，他们一定不是我们的对手。

合不勒汗的军事才能，在这一仗中发挥得淋漓尽致。你来找我的时候，我不能让你找着；现在你要撤退，那就是我来找你了。金军撤退的时候，合不勒汗埋下伏兵。设伏的地方特别好，三面环山，只有一个入口。

金军一进这个口袋，蒙古人就居高临下放箭，然后伏兵四起，大砍大杀。金军到草原上这么长时间，没睡过一个囫囵觉，没吃过一顿饱饭，已经疲惫不堪，根本没有什么战斗力了，所以四散奔逃，兵败如山倒。胡沙虎一看战局不利，扔掉部队打马就跑。

金军这次远征蒙古，想给合不勒汗一个教训，没想到却被合不勒汗狠狠地教训了一番。

从合不勒汗以弱胜强、打败金军的这场战役中，可以看出黄金家族的骁勇善战，也依稀可以看到成吉思汗日后称霸草原的影子。

了不起的可汗

胡沙虎打了败仗回去之后，史籍也没有记载皇帝怎么处理他，因为金太宗很快就驾崩了。

金太宗归天之后，由金太祖完颜阿骨打的长孙继位，这就是金熙宗完颜亶。完颜亶继位之后，他的远房叔祖完颜昌等人揽权，主张对宋议和，完颜亶依靠自己的叔父完颜宗弼（就是金兀术）等主战派，把完颜昌等人给杀了。

完颜昌被杀之后，他的很多部下四散奔逃，有的就来到了草原上投奔合不勒汗。这些叛逃的人跟金国有仇，就一再挑唆合不勒汗出兵打金国。合不勒汗有了这些人的指点，很快占了金国二十几个地方。

在这种情况下，完颜亶匆匆与宋达成和议。金宋之间能够达成和议，有一个重要原因，就是金国想腾出手来对付崛起的蒙古。

在金国的将领中，第一名将就是皇叔梁王完颜宗弼。完颜宗弼是对宋作战的总指挥，如果要让他去对付蒙古，就必须尽快结束金宋战争。

金宋战争一结束，完颜宗弼就统率大军出征蒙古。史籍上记载，光神臂弓手一个兵种就调了八万人，可以想象这支大军的人数有多少。这等于是金国倾全力而来，一定要把蒙古人消灭。

结果，完颜宗弼这样的百战名将来到蒙古草原，依然是一筹莫展。他虽然没有像胡沙虎一样被人打得满地找牙，但是跟胡沙虎的遭遇完全一样，还是找不着敌人，而且情况更糟糕。因为胡沙虎只有一万多人，不需要太多给养，完颜宗弼光神臂弓手就带来了八万，这么多人来，给养可就是大问题了。

完颜宗弼审时度势，给侄儿金熙宗完颜亶上书：咱们长年对外作战，师老兵疲，劳而无功。劳而无功还罢了，万一要跟胡沙虎一样中了人家的埋伏，我这一世英名可就扔在草原上了。如果宋朝跟蒙古人联合起来，那对咱大金的威胁更大。蒙古人眼界不高，没见过多少好东西，咱们赶紧给他们点儿东西，把他们打发了得了，这仗咱们别打了。

于是，金熙宗派出使臣去见合不勒汗。行了，咱们两家别打仗了，你不是占了我的一些地盘吗？那些地盘都赏给你了。然后金国每年赏赐给蒙古人一些布匹和米之类的生活必需品，允许蒙古人每年来入贡，用自己的奶制品、皮毛、马匹等特产，跟金国人换盐、铁器，但是蒙古人不能进入长城。金国怕蒙古人进入长城之后，看到中原的繁华，起觊觎之心。双方从此之后，罢兵息战，万世和好，一切就OK了。

这实际上证明了，金国拿蒙古、拿合不勒汗没辙。我们说合不勒汗很了不起，原因就在这儿。这时候的蒙古只是草原上的一个部落，还不够强大，而部落领袖合不勒汗居然干了这么多惊天动地的大事儿，敢揪皇帝的胡子，敢杀皇帝的使节，还打败了皇帝的将领，还跟大金第一名将——皇叔梁王完颜宗弼周旋了一阵。

蒙古部落在合不勒汗的带领下，走向了强盛。但人终有一死，合不勒汗带领蒙古部落走向强盛之后，他的身躯却一天天地衰老了下去。

合不勒汗有七个儿子，但是他没有传位给儿子，而是传给了他的堂弟。这是为什么呢？

3. 复仇誓言：草原各部落的仇杀与争战

俺巴孩汗继位后，停止了东征西讨，转为休养生息，发展生产。一心要走"和平"路线的俺巴孩汗，把女儿嫁给塔塔儿部落的首领，以求和平共处。不料，前去送亲的俺巴孩汗却被塔塔儿人绑为人质，送给了敌国大金。那么塔塔儿人为什么要如此对待俺巴孩汗？原本对蒙古部落束手无策的金国，将会怎样处置俺巴孩汗呢？而命运多舛的蒙古部落又将遭受哪些磨难呢？

草原六部

俺巴孩汗继位的时候，蒙古草原是什么样子呢？

当时的蒙古草原上传唱着一首歌谣，大意是：星空旋转着，众部落都反了，不得安卧，你争我夺为财货；草地翻转了，所有的部落都反了，无法下榻。你攻我打，没有思念的时候，只有彼此冲撞；没有躲藏的地方，尽是互相攻伐；没有彼此爱慕，只有相互仇杀。

那个时候，各部落的生产水平都十分低下，人口在增长，而资源是有限的，所以每一个部落要想强大起来没有别的选择，只有信奉丛林法则，强者为王。

如果一个部落实力不行，就会被别的部落消灭掉，或者是被别的部落吞并，做别的部落的奴隶。在这个过程当中，草原上的各个部落都在拼命发展、壮大自己，然后去消灭、吞并别人。这样一来，草原上的牧民个个都练出了一身本领，从小就能纵马驰骋、弯弓射箭，人人能征善战。

在当时的蒙古高原上，有很多部落，蒙古部只是其中的一部。经过各个部落的争战，形成了六大势力集团：蒙古部，塔塔儿部，篾儿乞部，汪古部，克烈部，乃蛮部。

斡难河和不儿罕山附近居住的是蒙古部，这是日后成吉思汗崛起的地方。蒙古部的东边是塔塔儿部，北边是篾儿乞部，南边是汪古部，西边的是克烈部，再往西边是乃蛮部。这六部实力相当，六雄并立。此外还有一些小部落。

俺巴孩汗接过合不勒汗的汗位之后，要想发展蒙古部落的力量，不可避免地要跟其他部落发生冲突，特别是跟占据水草丰美的呼伦贝尔草原的塔塔儿部发生冲突。

一个萨满引发的血案

这个时候，蒙古部落前任可汗合不勒汗的妻弟（也就是小舅子）生病了，就请巫师来跳神驱魔。

当时草原上治病的方法比较简单，一般就是请萨满。而最灵验的萨满是塔塔儿部的，于是，蒙古部落就请了一个塔塔儿部的萨满来跳神驱魔。塔塔儿萨满来了之后，就在合不勒汗妻弟的营帐里开始作法。结果不是很管用，治疗了一段时间之后，合不勒汗的妻弟还是去世了。

合不勒汗的妻弟一去世，大家十分悲痛，认为是塔塔儿部的萨满没给好好儿看病。因为有的人用这种跳神驱魔的方法就能治好，那为什么我们合不勒汗的小舅子却没被治好呢？只有一个解释，就是萨满没给好好儿治。当时草原上的人不怀疑这个方法管不管用，而是怀疑萨满有没有给好好儿治。

于是，合不勒汗的亲属们痛哭之后，就把塔塔儿部的这位萨满给杀了。

消息传到塔塔儿部之后，塔塔儿人是群情激奋。萨满在一个部落里是相当神圣的，他是能跟长生天沟通的，是沟通天界和人间的人。

萨满在文明时代以前的部落中，相当于一个部落的最高精神领袖。有时候，萨满的影响力甚至超过了部落的首领。

塔塔儿人一看，我们的萨满好心好意地去给你治病，你的生命被天神召唤走了是你自己的问题，关我们的萨满什么事儿？你竟然把我们的萨满给杀掉了，此仇不报枉为人。

当时的草原上，报仇是相当神圣的事儿。因此，塔塔儿部点齐了人马杀向蒙古部，要为他们的萨满报仇雪恨。

光明正大不行就玩儿阴的

前面讲过，合不勒汗有七个儿子。死掉的这位，是合不勒汗这七个儿子的舅舅。在他们看来，舅舅被塔塔儿部的萨满给害死了，处死这个萨满是天经地义的，没想到塔塔儿部还打上门来了。

合不勒汗的七个儿子个个英勇绝伦，披挂上马，率军迎战，冲上来就把塔塔儿部打了个落花流水。

塔塔儿部的首领被杀得大败，逃回去之后，忍辱含愤，卧薪尝胆，一年后重整旗鼓，又来攻打蒙古部落。结果又丢了一次人，再次被合不勒汗的七个儿子打得大败，而且有不少人被俘，不少牲畜被抢走。

当时的草原上，生产力水平比较低，人口和牲畜是一个部落最重要的生产资料。这些东西被抢走，塔塔儿人实在咽不下这口气。但是塔塔儿部又打不过蒙古部，怎么办呢？硬的不行来软的，光明正大不行就玩儿阴的。

于是，塔塔儿部派遣使者来到蒙古部落，跟俺巴孩汗说，我们服了，以后再也不想跟你们打仗了。咱们都活在一片草原上，没有必要为了这么一点儿鸡毛蒜皮的事儿就兵戎相见。不如这样，咱们结成儿女亲家，以后世世代代友好相处，您看怎么样？

俺巴孩汗非常高兴。他心想，我从哥哥合不勒汗手里继承了这么一份偌大的家业，哥哥这么信任我，没把汗位传给自己的七个儿子，而是传给我这个堂弟，所以我不能让这份家业败在我的手里。杀敌一千，自损八百，能不打仗当然不要打。既然塔塔儿人主动上门来提亲，俺巴孩就答应把自己的女儿嫁给塔塔儿部的一位首领。

然后，按照蒙古部落的风俗，俺巴孩汗得亲自送自己的女儿去塔塔儿部。

塔塔儿部借刀杀人

俺巴孩汗带着女儿和几个随从，到了塔塔儿人的营地。没想到，刚一到，塔塔儿人伏兵四起，就把俺巴孩汗给捆绑起来了。

有的随从一看形势不对，趁乱跑回蒙古部报信。这一下子，蒙古部落的人非常气愤，说好了双方和好，我们的可汗还送闺女去和亲，你们怎么能行如此不义之事呢？

合不勒汗的大儿子就带着人去质问塔塔儿人，想把自己的叔叔俺巴孩汗要回来。

塔塔儿人一看这挺好，买一送一，本来只想抓个俺巴孩，这下又送上门来一个，二话不说就把合不勒汗的大儿子也捆上了。

抓了俺巴孩汗和合不勒汗的大儿子，塔塔儿人怎么处置呢？塔塔儿人是草原各部里心眼儿是最多的，他们知道，如果把俺巴孩汗和合不勒汗的大儿子给杀掉的话，就要背上不义的罪名，梁子也会越结越深，这仇就没完没了了，所以干脆把这两人献给金国。蒙古人跟金国人打过仗，从胡沙虎到完颜宗弼，金国大军讨伐蒙古部落是劳师无功，金国人丢了很大的面子，被迫向蒙古部落割地，还得赏赐物品，金国皇帝心里肯定是憋了一股火。所以他们就把俺巴孩汗和合不勒汗的大儿子送到了金廷，送到了当时的金熙宗完颜亶的手里，想要借刀杀人。

金熙宗完颜亶非常关心蒙古部和塔塔儿部之间的斗争。两部相争，一方面阻止了蒙古部落对金国边境的侵犯，另一方面也就同时削弱了两方敌人的实力，金国就能坐收渔翁之利。

现在蒙古部落的首领，已经沦为金国的阶下囚，金熙宗会怎样处置俺巴孩汗呢？

俺巴孩之死

金国到了熙宗完颜亶的时候，已经是一个汉化程度非常高的国家了，心眼儿可比塔塔儿人多多了，一眼就看出这是塔塔儿部想借刀杀人，而且嫁祸于金国。

这个时候，金国皇帝有几个选择：

第一个选择，把人退回去。把俺巴孩还给塔塔儿人，你自个儿逮的人你自己看着处理。但这么做，会让塔塔儿人轻视我大金，塔塔儿人把大金的仇人给抓来了，大金却不敢动这仇人，所以这不可取。

第二个选择，把人给放了。把俺巴孩放回蒙古部落，这就不只是塔塔儿人轻视大金了，连蒙古部都轻视大金。而且这样一来，蒙古部跟塔塔儿部就不会结成世仇。

第三个选择，就是把人给杀了。

完颜亶最终做了第三个选择。金国把俺巴孩汗和他的侄子处死，有什么好处呢？会让塔塔儿部和蒙古部结成世仇。我把俺巴孩给杀了，蒙古部人是会恨我，但这两人是塔塔儿人捆上送来的，所以蒙古部人更应该恨塔塔儿人。从此之后，这两个部落兵连祸结，我大金正好从中渔利。这是很典型的以夷制夷，蒙古部人恨塔塔儿人，塔塔儿人就会有求于我大金。

俺巴孩汗送女成亲，没想到平白无故地遭此大难。因此，俺巴孩汗非常愤怒，临终之前瞪大双眼，怒视金国的文武大臣，怒视在场围观的所有人，愤怒地说，我俺巴孩英雄一世，我是好心好意把闺女送到塔塔儿部，没想到塔塔儿人如此龌龊、卑鄙，所以我死不瞑目。如果是在战场上，我兵败被俘，你们怎么杀我，我都心甘情愿，但是你们玩儿这种阴谋手段，

俺巴孩之死

我不服。

俺巴孩汗冲着远处的随从高喊，回去之后要告诉部落里所有人，就是十指磨伤、五指磨光，也要给我报此血海深仇。

然后，金国人就把俺巴孩汗绑在木驴上残忍地处死了。

忽图剌以战迫和

俺巴孩汗的随从看见俺巴孩汗惨死之后，连夜逃回了蒙古部落，对蒙古部落的人一番哭诉。蒙古部落的人听到消息后群情激奋，众志成城，誓要为俺巴孩汗报仇雪恨。

但当务之急是要找出一位俺巴孩汗的接班人。蒙古部落的人推举谁做俺巴孩汗的接班人呢？合不勒汗的四儿子忽图剌。

忽图剌为什么能够继位？忽图剌是天生异人，据蒙古史书记载，忽图剌食量很大，一顿饭要吃一只整羊，喝一桶牛奶。他的手就像巨熊的熊掌一样，一巴掌能把一个健康的男人拍成两截儿。他的叫喊声，隔着七座山都能听到。冬天的时候，他在火炉边上睡觉，结果火星子溅到了他的身上，烧到了他的身体，他以为这是虱子在咬他，压根儿不在意。可想而知，忽图剌至少是一个勇武绝伦的人。

忽图剌做了接班人之后，清醒地认识到，这个时候的蒙古部落要去找金人复仇的话实力不够，毕竟金是一个幅员万里、带甲百万的大国，曾经吞辽灭宋，连两个强大的帝国都不是它的对手。蒙古只是一个生产水平落后、文明程度很低的部落，找大金拼命，时机不成熟，不能脑门儿发热，把祖先留下的这点儿宝贵家业全都糟蹋掉。

那怎么办呢？打着复仇的旗号，先跟金国打几仗，让金国认识到我们蒙古部落的厉害，以战迫和，从金国那里捞点儿好处。

于是，忽图剌率领蒙古部落的勇士跟金国打了几仗，又抢了金国几处草场，金国人就主动提出来要跟忽图剌议和。忽图剌以战迫和的目的达到了。

但罪魁祸首塔塔儿部是不能放过的。忽图剌带领蒙古部落，就跟塔塔儿部干上了。

谁能杀死忽图剌

有一次，打了胜仗归来的忽图剌很高兴，就出去打猎，放松一下心情。游牧民族打猎，既是一种娱乐，也是一种练兵。游牧民族的君主为什么这么爱打猎啊？因为这实际上也是一种军事演习，围歼凶猛机警的野兽都没问题，四条腿的鹿一箭都能放倒，射两条腿的人那不更准嘛。

没想到，忽图剌打猎的时候跑得太快了，随从都没跟上，一个人跑散了，遭到其他部落的袭击。袭击忽图剌的部落跟他并没仇，只是看着他穿戴不错，马也不错，就来抢劫他。

忽图剌毕竟只有一个人，寡不敌众，只好纵马逃跑。他跑的时候经过一片泥潭，马陷了下去，越挣扎陷得越深。

忽图剌一看不好，今天弄不好命丧此处啊。

他观察了一下，站到马鞍上，使劲儿一跳，就跳到了干地上。人出来了，但是陷在泥潭里的马没救了。

没马怎么办？这离家大老远的，什么时候才能走回去？忽图剌心想，刚才袭击我的那个部落有马，既然他们先袭击我，我也不妨去抢他们的马。

于是，忽图剌一个人来到这个部落的营地，把这个部落的几十匹马一口气全给裹走了。

忽图剌被这个部落袭击的时候，他的卫士没有跟上。等这些卫士找过来一看，地上有厮杀的迹象，忽图剌的马陷在了泥潭里，人却不见了。他们就以为，忽图剌已经遇害了。

这些卫士回来之后就报丧，说我们的首领遇害了，没想到忽图剌一世英雄，没有倒在跟金国和塔塔儿人打仗的战场上，却被这么一帮人给害了。

听到忽图剌遇害的消息，整个部落如丧考妣，齐声痛哭。只有忽图剌的妻子非常镇定，她说我很了解我的丈夫，他一顿饭吃一只羊，手就像巨熊的熊掌，一巴掌能把人拍成两半，一叫唤七座山以外都能听得见，什么人能杀死他啊？草原上能杀死我丈夫的人还没出生呢。既然你们也没看见他的尸首，那他一定是在忙别的什么事儿。你们别在那儿哭丧了，他忙完别的事儿，一会儿就回来了。

忽图剌的妻子正这么说的时候，忽图剌就回来了，不但自个儿没事儿，还带着一群马回来了。

这一下，蒙古部落真是太高兴了。大家觉得蒙古部落一定会兴旺发达，将来一定能够消灭塔塔儿部为俺巴孩汗报仇。

为什么大家这么认为呢？除了忽图剌非常能干之外，在忽图剌的子侄当中还有一位非常伟大的人物，这个人叫也速该把阿秃儿。前面说过，把阿秃儿就是勇士的意思。

这位也速该，就是成吉思汗的父亲，是忽图剌的侄子。

忽图剌看到二哥的儿子也速该英武过人，到他年老的时候，就把部落首领的位置传给了也速该，没传给自己的儿子。

蒙古部落很有军事民主制的遗风，传贤不传子，不是父亲死了就一定让儿子继位，而是部落里面谁最勇敢，最能带领部落战胜强敌、兴旺发达，谁才是首领的接班人。

忽图剌死后，也速该继承了蒙古部落首领的职位。但是，也速该很快就遭到了灭顶之灾。这是为什么呢？

4. 横空出世：成吉思汗的诞生

忽图剌汗虽然骁勇善战，却没能报得了黄金家族的血海深仇，于是他将消灭塔塔儿部落的希望，寄托在了侄子也速该身上。这位蒙古部落的勇士也速该，正是成吉思汗的生身父亲。成吉思汗的母亲诃额仑，是也速该从篾儿乞人那里抢来的。正是这位抢来的新娘，生下了一代天骄成吉思汗。成吉思汗是怎样降生的？为什么他刚一出生，也速该就称他是家族的希望、草原的狼王？在他出生时究竟发生了什么惊天动地的大事儿呢？

越看美人越喜欢

也速该从小勇武过人，据说他能拉开七石的硬弓，每次在草原上射猎的时候，他打的鸟兽最多。在跟塔塔儿部和金国打仗的时候，也速该都是前锋，是能在万马军中取上将首级的勇将。

忽图剌在世的时候，非常看重自己的这位侄子，唯一让他挂怀的一件事，就是也速该年纪不小该娶妻了，但他迟迟没有找到中意的新娘。草原上的民族娶妻都是族外通婚，只能找其他部落的人，不能娶本部落的，本部落的人都是一个祖先繁衍下来的。

有一天早上，也速该吃完一只煮熟的羊腿，喝了点儿酒，酒足饭饱之后，在斡难河畔打猎放鹰。这个时候，远处来了一支队伍，男的骑着马，中间有一辆马车。也速该看到车上有一个衣衫艳丽的女子，就打马过去看热闹。

也速该出身黄金家族，一向胆识过人，不把别人放在眼里。但他看到车上坐的女子，清新秀丽，体态丰盈，就动了心了，心想，我这不是到处找美女找不到吗？长生天保佑，这下送上门来一个。

于是，也速该骑着马，跟这支队伍并排而行。他看到马车边上有一个男子，打扮得挺精神，但是看得出来是一个比较懦弱的人。也速该就冲这个男子大喊了一声，你们是从哪儿来的？你们是干什么的？

这个男子赶紧低声回答，我是篾儿乞部落的人，我的名字叫也客赤列都。

也速该其实并不关心这个男子叫什么，他拿鞭鞘指着马车说，这个女子是你什么人？

这个男子回答说，这个女子是我刚从弘吉剌部迎娶的新娘。

弘吉剌部是草原上盛产美女的部落，可以说是远近闻名。也速该一听，就更动心了，越打量这个美人越是喜欢，于是动了抢亲的念头。

据《蒙古秘史》记载，自从俺巴孩汗被金国处死之后，蒙古第一汗国也随之覆灭，草原部落和氏族间仇杀成风，劫掠无度。盗窃马匹，抢夺妇女，这样的事情随处可见。抢亲是当时很常见的婚配方式。

抢来的新娘诃额仑

也速该这个时候也动了抢亲的念头，但是他现在只身一人，人家好歹有一支队伍，没法儿动手。也速该就跟也客赤列都说，你慢慢走，我去办点儿事儿，回来我有话跟你说。

也客赤列都心想，咱俩素不相识，你有什么话要跟我说？你为什么还要让我等你一会儿？

没等也客赤列都发问，也速该打马扬鞭，一溜烟儿没影儿了。此地离自己的部落很近，也速该要去叫他的兄弟们来帮他抢亲。也速该的父亲一共有四个儿子，也速该是老三。他的兄弟一听也速该想抢亲，二话不说，翻身上马。三个人背着弓箭、挎着腰刀骑着马就冲过来了。

也客赤列都的送亲队伍，正往自己的营地走，远远看见三个人骑着马急匆匆赶来。胆小的也客赤列都赶紧问自己的新娘，这三个人气势汹汹地冲了过来，咱们会不会有危险？

新娘抬头看了一眼远方，就知道大事不好，对也客赤列都说，你看这三个人，相貌十分凶狠，眼睛像鹰一样敏锐，性情像狼一样凶残，我估计没有什么好事儿。八成是来抢亲的，你赶紧逃走得了，把我留在这儿。像我这样的女子草原上多的是，如果你真想我的话，等你再娶一个妻子的时候，给她取我的名字就可以了。

然后，新娘把自己身上的汗衫脱下来递给了丈夫，你想我的时候就看看这件衣服，你赶紧跑吧。

这也客赤列都也太没种了，一看那三人冲了过来，要抢他的新娘，他没有拼命保护他的新娘，而是接过汗衫之后，带着随从上马就跑了。

也速该一看也客赤列都跑了，就更轻视这个人了。三骑冲到马车边，也速该让自己的兄弟看住新娘，然后打马去追也客赤列都。也客赤列都连着跑过了几个山坡，不但把新娘扔了，连随从都扔了，幸亏他的马是匹好马，加上也速该急于回去找新娘，所以没有继续追。

也速该来到新娘的身边，非常高兴，怎么看怎么美，就问新娘，你叫什么名字？新娘说，我叫诃额仑。

改变草原历史的女人

也速该用抢亲的方式得到了诃额仑，但他没有想到，正是因为这次抢亲，蒙古部落从此和强大的篾儿乞部落成了宿敌，直到后来成吉思汗完成草原的统一，才结束了部落之间无休止的战争。这是后话了。

诃额仑一看，自己在新婚之日就遭到这样的不幸，丈夫被轰走了，自己被一个不相识的人给抢了，就开始痛哭，哭得非常伤心。

也速该的兄弟跟诃额仑说，你那个丈夫已经逃走了，你看他那熊样儿，我们一来抢亲，他压根儿没想着保护你，而是自己打马就跑，把你扔在这儿。这种男人你嫁他干什么？你就别再想他了，铁了心跟我兄弟也速该好好儿过日子吧。

诃额仑一听，也是这么一个理，慢慢就止住了哭泣。

抢了这么一个美人，也速该很得意，兴高采烈地回到营地，跟忽图剌汗讲，叔叔你看，我抢了一个美人，我这些年一直光棍儿一条，现在终于夙愿得偿，叔叔你应该为我高兴吧？

忽图剌非常看重这个侄子，他都想把首领的位置传给这个侄子，所以一看侄子抢回来一个美人做媳妇，就高兴得不得了，说好，真是太好了，从今天起她就是你的妻子。咱们选日不如撞日，今天就是好日子，今天晚上就给你们成亲。

诃额仑一听，想起自己本来应该今天结婚，但不是跟素不相识的也速该结婚，所以悲从中来，又开始痛哭。

诃额仑一哭，忽图剌就说，你这个女人怎么这么不识好歹，你知道我是谁吗？我忽图剌，是蒙古部落的首领，也速该是我的侄子，将来我要把首领的位置传给也速该。你上哪儿找这样好的丈夫去？你如果嫁给了也速该，将来就是高贵的夫人，相当于蒙古部落的皇后，你有什么可哭的，你应该高兴才是啊！

诃额仑听后也就止住了哭泣，反正事已至此，无可奈何了，再一听原来抢我的是这么个大人物，嫁给蒙古部落首领的侄子，也很不错，于是就不哭了。

诃额仑不哭了，意味着同意嫁给也速该。

忽图剌一看，高兴地说，好，把这个姑娘带下去收拾收拾，打扮得漂漂亮亮，今天晚上就给他们完婚。

到了晚上，草原上点起了篝火，斟上了马奶酒，宰杀了牛羊，烤起了

也速该抢亲

喷香的牛羊肉。蒙古部落的男女老少载歌载舞，兴高采烈，庆祝也速该完婚。大家非常高兴，吃到尽兴而归。然后一对新人，携手进入帐篷，从此开始欢欢喜喜、恩恩爱爱地过日子。

诃额仑，就是蒙古历史上著名的月伦夫人，也就是成吉思汗的生母。

生擒两员敌将

从也速该抢亲这件事，我们可以看出，成吉思汗的生母诃额仑不但有情有义，胆识过人，更是一位能够审时度势、把握自己命运的杰出女性。当她发现一切已成定局无法改变的时候，就毅然选择了适应新的生活。

诃额仑嫁给也速该后，一共生了四个男孩儿和一个女孩儿。其中的老大，就是改变了世界历史的杰出人物——成吉思汗。

也速该跟新婚妻子正甜甜蜜蜜的时候，塔塔儿部又来犯境。忽图刺派人来叫也速该，婚也结了，咱们还得跟塔塔儿人继续打仗，你是我蒙古部落的第一勇士，所以由你来领兵去抵挡塔塔儿人的进犯。

也速该一听，这是责无旁贷，于是告别了新婚的妻子，披挂上马奔赴前线。

塔塔儿部这次派了两员将领，一个叫铁木真兀格，一个叫库鲁不花。也速该果然是天生神力，勇武异常，跟铁木真兀格交战几个回合之后，趁着两马一错的机会，伸手一把抓住铁木真兀格的腰带，就把他从马上生生拽过来了，然后搁在自己的鞍桥上，把他俘虏了。

库鲁不花一看自己的伙伴铁木真兀格被俘了，非常着急，赶紧催马来救。也速该看到库鲁不花来救铁木真兀格，故意放慢了速度。库鲁不花不知有诈，一门心思都在怎么救人上面，没有防备也速该突然回身刺出一枪，正中库鲁不花的马腹，库鲁不花就从马上掉了下来，也成了俘虏。

也速该一战擒获了敌军两员将领，非常高兴，想在第二天乘胜出兵，彻底打败塔塔儿人。

塔塔儿人一看自己的两员将领被俘，不敢掉以轻心，又派出两员将领来跟也速该交战。这两员将领知道也速该只能智取，不能力敌，怎么办呢？诱敌深入，坚壁清野，把也速该引入塔塔儿部的牧场上。

也速该一看塔塔儿人的这个打法，也是一筹莫展，只好派人去求援。援兵很快赶到了，而且统军的将领是也速该的弟弟。也速该的弟弟来了之后，跟也速该讲，咱们退兵吧。

也速该一听就蒙了。自从塔塔儿人将俺巴孩汗出卖给金国，并把俺巴孩汗处死之后，蒙古部落和塔塔儿部落就结下了血海深仇。从此两个部落兵连祸结，战争不断。这个时候，为什么要主动退兵呢？

生下一个非凡的婴儿

也速该的弟弟告诉也速该，叔叔忽图剌不行了，急着让你回去呢。另外，还有大喜事儿在等着你。

也速该说有什么大喜事儿啊，不过就是抓了两员敌将而已，又没能一举荡平塔塔儿部，没有什么可喜的。

也速该的弟弟讲，铁木真兀格和库鲁不花在塔塔儿部都算得上人物，所以才派他们出来迎战你，草原上都知道你的勇武，派出来迎战的自然不可能是小人物，因此擒获两员敌将已是一喜。更大的喜事儿是嫂子快要生孩子了，咱们黄金家族又将添新丁。

也速该一听自己要当爹了，那是喜出望外，也不跟塔塔儿人打仗了，立即退兵，回家抱孩子去了。

也速该凯旋回师的消息，蒙古老营已经知道了。诃额仑跟老营的其他人一样，准备来迎接自己的丈夫。诃额仑当时已经快要生产，行至半途就觉得自己马上要生了，底下的仆人赶紧忙活，找了一处水草丰美的地方，然后搭好帐篷，让诃额仑生产。

过了一会儿，随着一声嘹亮的婴啼划破长空，一个婴儿诞生了。

诃额仑生的这孩子长得十分俊美，大家都交口称赞。这个孩子生出来之后，族中的长辈发现孩子的一只手紧紧握着，张不开。长辈就上来把孩子的小手轻轻扒开，扒开一看，孩子手里握着一块儿凝固的血块儿，颜色像红宝石一样鲜艳。大家觉得这真是天生异人，这个孩子肯定是一个了不起的人物。

孩子出生之后，族中的人已经快马去给也速该报信。很快也速该就赶到了，一听大家说孩子不但长得漂亮，手里还握着一块儿凝血，啼哭声非常嘹亮，划破长空，简直不得了，也速该赶紧三步并作两步冲到妻子卧处，把孩子抱起来一看，果然像大家说的那样，孩子手里握的这块儿凝血呈矛尖的形状。

也速该非常高兴，把孩子高高举过头顶，跟大家讲，这就是草原的狼王，这就是我们蒙古人将来的领袖。看到他手里握的这块儿凝血了吗？这是我们蒙古民族的象征，我们生生不息，历尽坎坷，将来发展的希望，就寄托在这个孩子的身上了。

于是，大家一起拔出长刀直刺蓝天，大声欢呼。大家都为也速该生了这么一个非凡的儿子而感到骄傲。

这是在公元1162年。

尊重英雄的民族

然后，也速该赶紧回到部落的营地，将与塔塔儿部打仗的经过，还有诃额仑夫人生了儿子的事情，都报告给了忽图剌。

忽图剌已经病得很重了，听完也速该的汇报之后特别高兴，我们黄金家族又添新丁了，给孩子起个名儿吧。

也速该一想，我前些日子跟塔塔儿人打仗，生擒了塔塔儿部的勇士铁木真兀格，今天我得了一个儿子，好，就用被我擒获的敌人勇士的名字给孩子命名。

成吉思汗出生

于是，也速该就给自己的儿子取名为铁木真，加上姓就是孛儿只斤·铁木真。从这件事可以看出来，蒙古部落是一个尊重勇士的部落，所以用被擒获的敌人勇士的名字给自己的孩子命名。一般来讲，胜利者是看不起俘虏的，怎么可能用俘虏的名字给自己的孩子命名呢？而在蒙古人看来，铁木真兀格是一个勇士，他为自己的部落竭尽全力，兵败被俘，这不丢人，他能做到这一点很不错。所以我用这个勇士的名字给我的孩子取名，我希望我的孩子长大以后，也能对我们的部落尽忠，像铁木真兀格一样勇敢，一样坚强，一样忠贞。

尊重英雄的民族是了不起的民族。特别是尊重敌方的英雄更了不起，敌人很厉害，你把他战胜了，那证明你更厉害。

铁木真这个词到底是什么意思呢？历来众说纷纭，有人认为是铁的意思，有人说是铁匠的意思，还有人说是铁的变化、化铁为钢的意思。我个人感觉，铁的变化、化铁为钢的意思比较解释得通。也速该这样一位英雄，不可能给自己的儿子起名叫铁匠，难道他希望自己的儿子将来做一个铁匠？如果是铁，跟钢比起来，差太多了，铁百炼才能成钢。

弥留之际的忽图剌，欣慰地看到黄金家族又添了这么一位手握凝血的非凡男丁。他跟也速该讲，我的时间不多了，我希望我死之后，你能接过部落首领的担子，摆在你面前的是一个重担，你不要觉得这是天大的便宜，我是把千斤的重担让你来承担。你看现在草原上群雄并起，咱们蒙古部是强邻环伺，北有篾儿乞，东有塔塔儿，要让咱们蒙古部发展壮大，很不容易。你做事一定要冷静，要大胆，也要细心，这样才能当好一个部落首领。

也速该听了叔父的谆谆教诲，看着行将就木的叔父，内心非常痛苦，不断地流泪，不断地点头称是，说叔叔您放心，您走了之后，我一定会把咱们部落带上兴旺发达之路，不会辜负您老人家的一番厚爱，您放心吧。

忽图剌看到自己所传得人，也就欣慰地闭上了双眼。

9岁就该找媳妇

也速该当上蒙古部落的首领后，并没有像叔叔忽图剌一样称汗。虽然日后成吉思汗的荣光返照到了也速该的身上，但也速该是一个生不逢时的悲情英雄。也速该比叔叔忽图剌面对着更多的仇敌，肩负着蒙古部落复兴的沉重使命。

也速该继位后，经常对外征战，主要是跟塔塔儿部打仗，双方互有胜负。

时光荏苒，岁月如梭，诃额仑夫人又给也速该生了三儿一女。后来也速该又娶了一个小妾，这个小妾也给他生了两个儿子。也速该一共是六儿一女，其乐融融，尽享天伦之乐。

诃额仑夫人生的四个儿子，老大就是铁木真，老二叫合撒儿，老三叫合赤温，老四叫帖木格。这些人后边我们都要提到，这都是蒙古历史上响当当的人物。诃额仑夫人生的女儿叫帖木仑。

也速该的小妾生的两个儿子，一个叫别克帖儿，一个叫别勒古台。

在那个时代，草原上的人要多生儿子，有儿子才有希望。也速该欣慰地看着自己的儿女们一天天地长大，希望这些儿子将来能够担负起振兴蒙古部落的重任。

很快，九年过去了，铁木真已经由一个嗷嗷待哺的婴儿长成一个9岁的儿童。古人寿命短，基本上没有我们现在说的青春期，一过了儿童的年龄就算是成年了，所以也速该要给铁木真张罗婚事了。在现在看来，9岁就张罗婚事，这也太早了。但在古代，由于营养和医疗技术落后，古人的平均寿命都很短。那个时候，蒙古部落医巫不分，有了病就请萨满在那儿跳，跳好的应该很少，跳死的应该是多数。所以，9岁的孩子你不给他张罗婚事，等到20多岁的时候，没准来不及结婚就挂掉了。因此，也速该就为9岁的铁木真张罗婚事。

也速该心想，铁木真的生母、自己的夫人诃额仑，不就是弘吉剌部的人吗？弘吉剌部是草原上盛产美女的部落。干脆去弘吉剌部，给铁木真找一个美女得了。

于是，也速该带着年仅9岁的铁木真，前去弘吉剌部给铁木真找媳妇。

没想到，也速该这一回走上了一条不归之路，让他的家庭遭遇了灭顶之灾，也将自己的儿子铁木真送上了一条坎坷的人生路。

千锤百炼方成钢

第二讲

成吉思汗

袁腾飞讲

5. 少年磨难：铁木真9岁丧父

　　铁木真是手握一块儿战神长矛般的凝血而生的，似乎从这一刻起，就注定了他非凡的一生。然而天将降大任，必先降磨难，英雄豪杰往往要经受一般人难以想象的苦难。而铁木真的苦难，在他9岁这年突然降临到他的头上。从此，幼小的铁木真的命运满是坎坷，必须躲避数次命悬一线的追杀；必须在弱肉强食的草原上艰难求生；必须伺机壮大部落，以报家族的血海深仇……那么，在铁木真9岁这年，到底发生了什么？

找了个新娘孛儿帖

　　也速该为了给自己的儿子铁木真找媳妇，父子俩打马扬鞭，奔向铁木真母亲的部落——弘吉剌部的驻地。

　　他们走到弘吉剌部之后，遇上了一个人，此人叫德薛禅，薛禅在蒙古语中是贤者的意思。

　　德薛禅看到这对风尘仆仆的父子远道而来，十分好奇，就问也速该父子，你们来干什么呀？

　　也速该说明了来意，我是蒙古乞颜部人，我叫也速该，这是我儿子铁木真。我们到这儿来，是想找一个女子给我儿子定亲。

　　弘吉剌部虽然盛产美女，但在弱肉强食、信奉丛林法则的草原上，没有什么优势。而蒙古部落是草原上的六大部落之一，乞颜部黄金家族更是高贵无比。德薛禅就想，如果能跟黄金家族攀上亲，那对于我们弘吉剌部的发展来说，好处实在太多了。

于是，德薛禅马上灵机一动，说了一番话：我昨天晚上做了一个梦，梦见一只雄健的苍鹰，一只爪子抓着太阳，一只爪子抓着月亮，飞到了我的肩上。之后这只苍鹰就变成了人的模样，而且这个人的模样，跟你的儿子简直是一模一样。所以，今天一看到你的儿子，我就知道我的福气来了。你看你这个儿子，眼中有火，面上有光，一看就不是一般人。

前面说过，铁木真出生的时候，啼哭声非常嘹亮，体格健壮，面庞俊美。随着铁木真一天天长大，长得越来越英俊，史籍记载他身材高大，四肢比较发达，天庭饱满，弱冠之年就留着比一般蒙古人都要长的长胡须。更特殊的是，铁木真长着一双猫眼。什么叫猫眼呢？就是灰绿色的眼睛。一般的蒙古人应该是黑眼睛，而灰绿色眼珠就有点儿像高加索人种。

德薛禅一看铁木真的长相，就知道他不是一般人，于是就打定了主意，一定要跟也速该结成亲家。德薛禅跟也速该讲，我们弘吉剌部落的女儿，世代都是绝色美人。我们从来不争抢别人的土地，我们从来都是驾着马车，载着我们的美女，给别的部落的可汗送去。能娶我们这儿的女子的，一定是令人敬仰的大汗。你这会儿真来巧了，我有一个女儿叫孛儿帖，虽然不能说是闭月羞花，但是也出落得亭亭玉立。也速该大人，你有没有兴趣，到我们的营帐，去看看我的女儿？

也速该一听，来得早不如来得巧，那走吧，去看看。到了德薛禅的营帐一看，果然小女子虽然年龄还小，但是亭亭玉立、娇媚可人。而且这个女孩才10岁，只比铁木真大1岁。

也速该当即就定下来了，好吧，相请不如偶遇，就跟你们家结亲了。也速该接着把自己骑来的马当作聘礼，交给了德薛禅，向德薛禅提亲。

德薛禅也明白抬头嫁女、低头娶妻的道理，自己要嫁闺女了，怎么着也得推三阻四一番。但德薛禅又怕什么呢？卖卖乖可以，别卖大发了，人家要是不娶这姑娘，不就麻烦了？所以德薛禅就跟也速该说了这么一番

与孛儿帖定亲

话，你男方应该多次提亲，我们才能答应，如果第一次提亲我们就答应，会觉得我们女方太轻贱。但是你这个儿子太了不起了，目中有火，脸上有光，我不想错过。这样吧，咱也甭搞这形式主义了，你一次求亲我就答应。

然后双方交换信物。德薛禅摆下酒宴，两个亲家喝得非常尽兴。

盖世英雄也怕狗

第二天，也速该告辞的时候，德薛禅动了个心眼儿。

德薛禅跟也速该讲，按理说咱们双方结了亲，应该让闺女跟你走。可是呢，我不像你，有那么好的福气，我们家人丁单薄。这个闺女在我们家长了十年了，我把她送到你们家，人生地不熟，我怕闺女不适应。你们家六个儿子一个丫头，一个儿子不在家，你也不当回事儿。所以，干脆你让铁木真留在我这儿。你儿子就是我女婿，女婿就是半个儿。你放心，我肯定会好好照顾他，不会让他吃亏的。

也速该一想，这道理也说得过去，好吧，就把铁木真留到你这儿。但是我儿子怕狗，你尽量别让狗吓着他。

铁木真是盖世英雄，为什么还怕狗呢？一方面是因为当时铁木真只有9岁，还是个孩子。另一方面是因为草原上的狗，跟咱们中原人养的狗，那可不一样。草原上的狗体格硕大，性情残忍，是要跟豺狼之类的猛兽搏斗的，是用来看家护院的。所以铁木真在那个年龄怕狗也很正常。

另外，这件事情也证明，任何名将也好，天才也好，其实都不是天生的。铁木真在那个年龄，跟一般的小朋友一样，也胆儿小，也怕猛兽，也怕狗。他后来能成为盖世英雄，完全是后天历尽坎坷和磨难的结果。有句话说多难兴邦，对于一个人来说也一样。

也速该把铁木真留在亲家德薛禅这儿，然后翻身上马，就回蒙古部落了。

弘吉剌部离蒙古部路途比较远，也速该行至半途，觉得饥渴难耐，发现前边一块空地上有人摆着酒宴，载歌载舞，在庆祝什么。按照草原民族的习俗，只要草原上有人摆酒宴，路人可以不论亲疏，直接加入庆祝的人群当中，该吃吃，该喝喝，就跟在自己家一样，还不用随份子。而摆酒宴的这拨人，看到有人路过，必须邀请，就算路人没有要吃要喝的意思，你也得邀请人家：远方的朋友，下来喝杯马奶酒，吃点儿肉再走吧。这是最起码的礼数，是当地的风俗。

所以也速该一看有人在摆酒宴，自然就奔过去了。

也速该怎么也没有想到，这群载歌载舞的人，为他开启的是一扇通向死亡的大门，同时也拉开了儿子铁木真坎坷人生的序幕，让幼小的铁木真此后饱尝了人世间的苦难与艰辛。

也速该托孤

在这儿摆酒宴的是什么人呢？塔塔儿人，蒙古部落的世仇。

理论上讲，摆酒宴的时候是忘却一切恩仇的时候，报仇不在这个时候，大家一块儿吃吃喝喝，心地坦荡，有本事咱们上战场一刀一枪地干。也速该抓铁木真兀格和库鲁不花都是在战场上，他以为塔塔儿人也是这么想的。

在酒宴上，塔塔儿人一眼就认出了这是跟他们不共戴天的也速该。天堂有路你不走，地狱无门偏进来。于是塔塔儿人就在也速该喝的马奶酒里，下了慢性毒药。

也速该跟世仇塔塔儿人在一块儿谈笑风生，大吃大喝，然后翻身上马，回到了自己的部落。三天后，也速该毒性发作，腹痛难忍，请萨满来跳神结果无效。也速该刚开始百思不得其解，后来突然想到几天前喝了塔塔儿人的马奶酒，没想到塔塔儿人这么卑鄙，当年俺巴孩汗就是被塔塔儿人出卖，送到金国被残忍处死的。没想到我这次又着了塔塔儿人的道儿了，看来我是勇猛有余而心智不足啊！

想到这里，也速该跟一个叫蒙力克的奴仆说，我送我的儿子铁木真去弘吉剌部定亲，在返回的途中，我遭到了塔塔儿人的暗害，被人在酒中下了毒，看来我的命不长了。我死了之后，我的几个儿子都还小，你一定要帮助他们渡过难关。蒙力克你一定要赶紧到我的亲家德薛禅那儿，把我的儿子铁木真叫回来，我要见他最后一面，我有后事要交代给他。

这就是也速该临终之时催人泪下的托孤之言。《蒙古秘史》写到这一段的时候，流露出来的激动与同情，即使今天读来，仍然催人泪下。

可以说，成吉思汗是背负着几代先辈的血海深仇登上历史舞台的。日后成吉思汗的很多作为，都能从蒙古部落和他的父祖所遭受的坎坷经历当中找到影子。你想一想，在当时奉行丛林法则的蒙古草原上，一个9岁的孩子，一个黄金家族的部落领袖的长子，在父亲被敌人毒害之后，会面临什么样的艰苦和不幸？那么，他又是凭着怎样的勇气和毅力，才能战胜这一切？这个问题，我们后面再讲。

蒙力克听完也速该的托孤遗言之后，赶紧哭着说，主人你放心，我快马加鞭一定把少爷接回来。

蒙力克的智慧

铁木真，在蒙古语里的寓意是铁的变化，百炼成钢。这样的名字，似乎预示着他要经过烈火冶炼，化石为铁、化铁为钢的命运。

当父亲也速该遭到敌人暗害的时候，铁木真才9岁。此时身处弘吉剌部的铁木真，对父亲生命危在旦夕以及自己将要面对的种种磨难，还浑然不知。

蒙力克快马加鞭赶到了铁木真的岳丈德薛禅的营地，跟德薛禅说，我们的老爷呀，想自己的儿子都想病了，因此我们老爷派我来接少爷回去，父子俩团聚几天，我再把少爷送回来。

可以看出，蒙力克这个人非常聪明，他没有说也速该病重，快不行了。他怕万一德薛禅得知了这个消息之后悔婚怎么办？德薛禅本来是想攀高枝，找一个黄金家族的贵人结亲，这下黄金家族有难，德薛禅还愿不愿意把女儿嫁给铁木真，就难说了。万一把我们家少爷扣下来，甚至当奴隶，或者做人质，这就麻烦了。所以，蒙力克没说我们家老爷不行了，而是说我们家老爷想孩子想得不行了。

蒙力克这么一说，德薛禅自然觉得这在情理之中，好吧，那你就把铁木真带回去吧，别忘了过几天再送回来。

于是，铁木真跟着蒙力克翻身上马，回到了蒙古部落。路上蒙力克告诉铁木真，你父亲在回来的路上，遭到了塔塔儿人的暗害，现在已经是奄奄一息，命不久长。你赶紧回去，见父亲最后一面，你父亲有话要嘱咐你。

铁木真一听，心急如焚，快马加鞭，匆忙赶回自己的部落。可惜还是来晚了一步，没能见到父亲最后一面。

铁木真一看父亲已经去世了，就扑在父亲的遗体上，放声痛哭。这才多长时间呀？几天前，父亲还有说有笑，还给我定了亲，我还打算以后娶妻生子，让父亲抱孙子，然后一块儿尽享天伦之乐。没想到父亲在回来的路上，就遭了塔塔儿人的毒手。

铁木真哭的时候，蒙力克的父亲察剌合老人就过来劝铁木真：少主人不要哭了，哭也解决不了问题，人死不能复生。既然也速该首领已经被长生天召唤去了，咱们现在最关键的是要稳住咱们的部众，千万不要让部众离心。然后咱们要想办法发展，把咱们蒙古部落发展壮大。现在这个重担就落在你的肩上了，你不能玷污了黄金家族的荣誉。

察剌合老人这一番话说完之后，诃额仑首先止住了悲痛。诃额仑一想，对呀，虽然丈夫死了，但是留下的一大家子人，六个儿子一个女儿，还指着我抚养，我不能哭。于是，诃额仑强忍悲痛，安慰铁木真说：我的儿啊，察剌合老人说得对，咱们现在最关键的是要安葬你的父亲，然后绝对不能让咱们的部族出乱子。

铁木真只好跟自己的母亲安葬了父亲，这一家子孤儿寡妇，甚是凄凉。

祭祖风波

也速该生前，凭着自己的威望建立了由他所在的孛儿只斤氏以及同族的泰赤乌氏等蒙古牧民组成的强大部落联盟。他的英勇，令草原上的其他部落畏惧三分，不敢轻易来犯。现在也速该这一死，以孛儿只斤氏为首领的蒙古部落联盟就要瓦解了。

咱们讲过，海都汗的两个曾孙子都当过可汗，就是合不勒汗和俺巴孩汗。合不勒汗这一支，发展成了后来的孛儿只斤氏族，而俺巴孩汗这一支发展成了泰赤乌氏族。合不勒汗死了之后，传位给弟弟俺巴孩汗。俺巴孩汗被塔塔儿人出卖之后，被金国的皇帝残忍地处死在木驴上。于是，汗位又传回到了合不勒汗的儿子手中，传给了合不勒汗的四儿子忽图剌。后来，忽图剌又传位给了自己二哥的儿子也速该。也就是说，俺巴孩汗死后，蒙古部落首领的位置就一直在孛儿只斤氏手中。

因此，泰赤乌氏很不满意，但是也速该威名远扬，神勇过人，是一个强大的领袖，大树底下好乘凉，众人都愿意归附在他的旗帜下。也速该在世的时候，泰赤乌氏没有办法。现在也速该死了，泰赤乌氏就想把氏族首领的权力，从孛儿只斤氏手里夺回来。

也速该去世一年之后，轮到祭祖的日子了。祭祖是蒙古民族一件非常隆重的大事，要请来萨满跳神。祭祖结束之后，给祖先上供的肉，各家各户要分而食之。

这一次祭祖，俺巴孩汗留下的两位妃子，作为家族中的长辈召集部众祭祖的时候，竟然没有通知诃额仑母子参加。这等于也速该一死，人走茶凉，连祭祖都不让诃额仑母子参加了。

铁木真的母亲诃额仑，其实是一位很有魄力、具有首领气质的女人。在丈夫也速该死后，她便坚强地承担起了整个孛儿只斤氏家族的重担。9岁丧父的铁木真此后能够成为杰出的英雄，绝对离不开母亲的熏陶与培养。

伟大的母亲

此时，诃额仑得到不让他们母子参加祭祖的消息之后，非常愤怒，赶来质问俺巴孩汗的两位妃子。诃额仑非常清楚，不让参加祭祖意味着有可能被逐出部落，这绝对不是一个好兆头，所以一定要据理力争，维护我们孛儿只斤氏的尊严和权力。

因此，诃额仑转守为攻，气势汹汹地来质问俺巴孩汗的两位妃子：你们做得太过分了，你们以为也速该死了之后，你们就可以为所欲为了吗？也速该还有儿子，总有一天会长大的，你们就不怕他们长大成人之后报复你们吗？为什么不通知我们祭祖？难道有一天，你们把营盘迁走的时候，也不通知我们一声吗？

诃额仑说得义正词严，但二妃也不是吃素的，马上一句句怨毒的话，就从嘴里喷出来了。看来泰赤乌氏贵族在孛儿只斤氏光芒的照耀下，已经忍了很多年，早就等着要翻身做主了。二妃马上说，没有邀请你的道理，我们凭什么邀请你？你为什么就觉得自己应该被邀请？你可以在你自己的帐篷里面祭祖，跟我们没有关系。我们祭祀的时候，绝不会邀请你。你要还质问我们的话，等我们迁营的时候，就不告诉你，把你扔在此地。

两位老妇人十分尖刻，当面抢白了诃额仑一顿。

诃额仑回去之后特别生气，心潮难平，没想到也速该首领去世之后，真的反了天了，把我们孤儿寡妇不放在眼里。

俺巴孩汗的两位妃子也怨恨难平，忽图剌和也速该在世的时候，我们泰赤乌氏忍辱负重，忍了这么多年。现在也速该死了，山中无老虎了，你猴子还想称大王，还在我这儿吆五喝六、指手画脚，你算老几呀？

俺巴孩汗的两位妃子回去之后，就跟泰赤乌氏当时的当家人塔儿忽台抱怨。塔儿忽台听后是火冒三丈，咱们沿着斡难河迁走，就把他们孤儿寡妇扔在当地，让他们自生自灭，看他们能怎么样？

于是，第二天一早，塔儿忽台就下令迁营，整个泰赤乌氏的贵族们带着自己的牧民、帐篷、牲畜，拔营而起，还忽悠了很多也速该部落的人跟着他们一起走，却把诃额仑母子扔在当地，任由他们自生自灭。

那么，诃额仑知道了这件事之后，会做出什么样的反应呢？

6. 祸不单行：兄弟相残闹悲剧

泰赤乌氏的无情抛弃，对于连遭劫难的铁木真一家来说，是个致命的打击。然而，福无双至，祸不单行，正当无依无靠的铁木真一家在死亡线上苦苦挣扎的时候，他的家里却再次上演了一幕令人意料不到的悲剧。这一个个接踵而来的打击，会对年幼的铁木真造成什么样的影响呢？

孤儿寡妇被抛弃

泰赤乌氏贵族抛下诃额仑母子，带着牧民迁走的时候，有位老人站出来劝阻。

这位老人就是也速该临终时托孤的蒙力克的父亲察剌合，他们父子俩一直对也速该家族忠心耿耿。这个时候，察剌合老人站出来劝阻也速该部落里想跟着泰赤乌氏贵族一起走的这些人。察剌合老人主要劝阻的是一个叫脱朵的人。脱朵是合不勒汗的七儿子，也就是也速该的七叔，成吉思汗的七叔祖，属于孛儿只斤氏族，而且是氏族当中的长辈。

察剌合老人拉住脱朵的马缰说，谁走都可以，您老人家不能走啊！您是咱孛儿只斤氏的长辈，您哪能跟着泰赤乌氏走啊？

脱朵回答说，深渊已经干涸了，岩石已经破碎了，我留下来还有什么意思呢？大树底下好乘凉，这道理，咱拿脚指头都能想明白，现在也速该一家剩下孤儿寡妇，能把咱们带到哪儿去呀？跟着他们，咱们免不了被人像牛羊一样宰杀。所以我一定得跟着强大的人走，这天经地义，没有什么不合适的。

察剌合老人一看劝不住脱朵，就劝要跟脱朵一起走的牧民：咱们可不能忘了也速该首领的大恩啊！你家的牲畜，不是当年也速该首领分给你的吗？你这个帐篷是谁给你建的？你身上的皮袍还是也速该首领赏给你的呢，你怎么能忘恩负义呢？

脱朵一听，好你个察剌合，你敢动摇人心，真是活得不耐烦了。他趁察剌合聚精会神地做动员的时候，突然挺起长枪，刺向察剌合。察剌合防备不及被刺中了后背，身负重伤，伏在马背上逃回了营地。

于是，脱朵就带着手下的人跟着泰赤乌氏贵族走了。

是走是留很矛盾

泰赤乌氏贵族为了再次统领蒙古部落，重现俺巴孩汗时代的风光，无情地抛弃了诃额仑母子。正是这种残酷的政治斗争，成了铁木真在冷酷的社会上学步的开始。

面对部众们的叛离，拖儿带女的诃额仑做出了一个惊人举动。诃额仑翻身上马，举起了氏族的象征——九足白旄大纛旗，带着还跟随自己的几十个部众，上马就去追，大喊一声：大家不要走！

脱朵领着人往前走，正在那得意呢，回头一看，诃额仑夫人满脸怒气，高举大纛，几十匹马风一样地闯了过来。跟着脱朵走的牧民，瞬间呆立在当场。诃额仑看起来是一副拼命的样子，谁走就跟谁玩儿命。

诃额仑对大家说：大家都听我的号令，谁也不许往前走了，赶紧回到我们的营地。

脱朵一看跟着自己走的牧民都呆立在当场，依稀从诃额仑的壮举中看到了也速该首领在马上的英姿。虽然也速该首领去世了，首领的夫人俨然就是首领在世。

跟着脱朵走的牧民也想起了也速该。刚才察剌合老人那一番话没有白说，牧民们想起也速该在世时的种种恩情，觉得抛下诃额仑母子确实很对不起也速该。但是，牧民们也很矛盾，觉得留下来是凶多吉少，跟着10岁的孩子能有什么前途？跟着塔儿忽台才有饭吃。一时之间，是走是留，这些牧民不知道该怎么办了。

脱朵是铁木真叔祖辈的人了，年事已高，要真动武可能也不是诃额仑的对手，他也不知道这些牧民的心究竟向着谁，再看诃额仑手持大纛，一副要玩儿命的架势，于是自己拍马走了。

脱朵这一走，有的部众就跟着走了。在这个时候，诃额仑又大声说：你们太欺负人了！你们别看我的儿子现在还小，他们总有长大的时候，你们就不怕我的儿子长大了之后找你们算账吗？你们就忘了也速该首领的大恩了吗？你们这些人目光就这么短浅吗？

诃额仑刚一说完，牧民们就开始议论起来了：是啊，首领平时对咱们不薄，现在人家遭了难了，咱们就弃孤儿寡妇而去，这怎么也说不过去。

诃额仑一看人心有所动摇，就又说了一句：现在何去何从你们慎重选择，我宣布凡是跟着脱朵走的人就是我孛儿只斤氏不共戴天的仇敌！将来有朝一日，我儿子长大成人绝不会放过你们。

诃额仑这么一说，一些牧民就留了下来。这个时候铁木真也冲了过来。母亲这一番话刚说完，铁木真就翻身下马跪在地上，给他的部众磕头：各位叔叔大爷，求求你们了，你们留下来吧。

这些牧民一方面想着也速该首领的厚恩，一方面听到诃额仑夫人放出狠话，一方面又看到少主人铁木真跪在地上，所以除了前面已经跟着脱朵走的那些人，后边的这些部众终于留了下来。

艰难困苦，玉汝于成

可惜好景不长。游牧民族的生活十分艰辛，加上泰赤乌氏贵族不断地来忽悠，最后包括蒙力克家族都离开了诃额仑。

这个时候诃额仑一家已经从部落首领的家人，变成了草原上的一个流民团伙，寡妇带着年幼的孩子，只有一些少得可怜的牲畜，生活的艰难可想而知。诃额仑做了那么多年的首领夫人，现在的处境可是天上地下了。她只好放下身段，带着一家几口人艰难谋生。

诃额仑夫人被迫去采集野果，甚至挖草籽，来养活这几个孩子。随着时间的飞逝，孩子们一天天地长大了，于是他们也开始用弓箭去射鸟兽，自己养活自己。

古人说：艰难困苦，玉汝于成。诃额仑的这些孩子也知道自己不是部落的小王子了，不能再高高在上，衣来伸手、饭来张口的日子没了，得自己养活自己，而且经常吃了上顿没下顿。不管怎么说，这些孩子才十来岁，毕竟力气很小，也打不到什么大野兽，只能抓只兔子、捕条鱼来充饥。一家人只是勉强果腹，不至于饿死而已。

在这种情况下，诃额仑再三告诫自己的几个孩子，现在除了自身的影子之外，我们再也没有伙伴了；除了牲畜的尾巴之外，我们再也没有鞭子了。因此我们必须要紧密团结，就像影子不能离开身体、尾巴不能离开牲畜一样，我希望你们几个兄弟姐妹，要紧紧地团结在一起，不要分开。

虽然诃额仑一再告诫这几个儿子要团结，但是悲剧还是不可避免地降落到了这个家庭。

兄弟之间的争夺

前面说过，也速该和诃额仑生了五个孩子，也速该的小妾也生了两个儿子。

有一次，铁木真和他的同母弟合撒儿，还有两个异母弟别克帖儿和别勒古台一块儿去钓鱼。铁木真和合撒儿是一伙，别克帖儿和别勒古台是一伙。铁木真他们钓了一条非常漂亮的小鱼。这条鱼很漂亮，钓来之后他们不一定要吃，可能是要养着玩儿。没想到这条鱼被别克帖儿和别勒古台给抢走了。铁木真和合撒儿很生气，只好来找母亲告状：我们钓到一条非常好看的小鱼，漂亮极了，却被别克帖儿和别勒古台给抢走了，您得给我们做主。

在铁木真的心目当中，诃额仑是他跟合撒儿的生母，而别克帖儿和别勒古台毕竟不是诃额仑生的，他觉得诃额仑一定会帮他们把这条小鱼要回来。万没想到的是，诃额仑非常识大体，要一碗水端平，甚至还偏向那两个不是她亲生的孩子。

诃额仑义正词严地对铁木真兄弟俩说：不要说了，你们兄弟之间怎么能有这样的争夺呢？我们面临着泰赤乌人的威胁，随时都有生命危险。我一再给你们讲阿兰老祖母五箭训子的故事，你们为什么不能团结呢？以后再有这种事儿不要跟我告状，我不想听了。

铁木真和合撒儿当时毕竟年纪小，俩人非常不服气，一摔门就出去了。出去之后这哥俩就合计，今天他们抢我们的鱼，前几天我们射了一只云雀，刚射下来就被他们俩给抢走了。别克帖儿和别勒古台这俩小子太坏了，跟咱不是一个娘生的，这日子本来就没法儿一块儿过，过不下去干脆拉倒。

哥俩越想越生气，既然当妈的不给咱做主，咱们自己解决吧。不然老这么受欺负，什么时候是个头啊。铁木真和合撒儿一合计，干脆把别克帖儿干掉得了，不然他老欺负咱们。

于是，铁木真和合撒儿俩人带了弓箭就去找别克帖儿。别克帖儿好几次都占了铁木真和合撒儿的便宜，这次又抢了鱼，非常高兴，正在一面山坡上悠然放着家里的那九匹马。他叼着草根，躺在地上，晒着太阳，得意扬扬，根本没有注意到铁木真和合撒儿满脸怒气，拿着弓箭一前一后，悄悄地逼近了自己。

铁木真和合撒儿都是射猎的高手，行动很隐蔽。直到两个人走到面前，别克帖儿才惊讶地看到，自己的异母兄弟拿着弓箭瞄准了自己。

射杀异母兄弟

别克帖儿知道大事不好，看来今天铁木真和合撒儿要跟他算总账了。

铁木真和合撒儿拿着弓箭瞄着他，别克帖儿想跑也跑不了，于是索性盘腿坐在地上说：母亲经常告诫咱们不要自相残杀，经常给咱们讲阿兰老祖母五箭训子的故事，告诉咱们现在除了自己的影子再也没有伙伴，除了牲畜的尾巴再也没有鞭子，我们正面临着仇人的威胁，为什么还要自相残杀呢？我们不要自相残杀，以前都是我错了，我认错好不好？

铁木真和合撒儿俩人心里想，这个时候你才认错，晚了，不杀你难出我们这口恶气，非得把你杀掉不可。所以俩人一言不发，继续怒视着别克帖儿。

别克帖儿知道大势已去，就跟铁木真和合撒儿说，既然这样，我死了就死了，不要再杀我弟弟别勒古台。

话音未落，铁木真和合撒儿就射出了利箭，把别克帖儿给射死了。俩人杀了别克帖儿后回到家中，诃额仑一看俩人脸色阴森恐怖，满脸阴霾，又带着弓箭，立刻明白发生了什么。

诃额仑暴怒了起来，指着铁木真和合撒儿兄弟俩说：你们两个孽子，简直就是杀人魔鬼。铁木真你在我生出来的时候手里就握着一个血块儿，合撒儿你是用草原上一种猛犬的名字命名。你们就像下山的猛虎，你们就像愤怒的狮子，你们就像生吞猎物的恶魔！你们有这么大的本事，为什么不把弓箭对准我们的仇敌呢？我们现在面临的是多么艰难困苦的局面，你们为什么要手足相残？我再三告诫你们，我们现在除了自己的影子没有伙伴，除了牲畜的尾巴没有鞭子，结果你们竟然把自己的兄弟给杀害了。你们这两个逆子，我再也不想看到你们了。

这个时候，铁木真和合撒儿才感觉到自己错了，太对不起母亲了，

射杀异母弟

怎么能让母亲这么伤心呢？在一气之下杀死了自己的兄弟，做出如此亲者痛、仇者快的事情，实在不应该。于是，两个人摘掉了帽子，跪在了地上，祈求母亲的原谅。

诃额仑一看，事已至此，一个儿子已经没了，总不能真的赶走这两个儿子吧？诃额仑只好再三告诫铁木真和合撒儿记住这个教训，以后绝不能再犯同样的过错。而且诃额仑特别疼爱别勒古台，以后别勒古台跟随铁木真东征西讨、南征北战，立下了赫赫战功。铁木真也对这个异母弟弟格外地爱护，因为他已经杀了一个弟弟了，不能让悲剧再次发生。

在这之后，这一家人虽然日子过得仍然很艰难，但是兄弟之间的仇隙化解开了。大家照样在一起玩耍，在一起采集、渔猎。

泰赤乌氏斩草除根

时间一年年地过去，铁木真已经将近15岁了，长成了一个英俊少年，而且孔武有力。渐渐地，孛儿只斤氏的一些老部众陆续回归，铁木真家的帐篷越来越多了，部落的人口也增长了。

消息传到泰赤乌氏贵族的耳朵当中，塔儿忽台这帮人就开始商议：我们不能让小雏鹰长成雄鹰，我们不能让狼崽子长成猛狼，我们要趁他们幼小的时候斩草除根，彻底把孛儿只斤氏给干掉。否则他们长大成人之后，对我们非常不利。

因此，泰赤乌氏贵族就决定偷袭铁木真的营帐，抓住铁木真。

于是有一天，在铁木真他们外出捕猎的时候，看到泰赤乌氏的骑兵风驰电掣般冲了过来。

泰赤乌氏的人想，几个小毛孩子还不好抓吗？没想到这几个孩子一看到远处的骑兵冲了过来，立即翻身上马，一溜烟儿逃进了一片林地。这些孩子整天在这片林子里面采集、射猎，所以对地形非常熟悉。而泰赤乌氏的人不熟悉地形，只能把林子围住，然后发动进攻。

刚一开始进攻，一支利箭飞来，泰赤乌氏打头的骑手立刻就从马上掉了下来。放箭的是谁呢？别勒古台。从这儿可以看出来，铁木真杀别克帖儿的仇，别勒古台并没有记着。

打头的骑手被射死之后，泰赤乌氏的人一看，这几个毛孩子也不是很好对付的，只好把这片林子的出口包围起来。之后他们高声叫喊：我们这次来只抓铁木真一人，跟别人没关系，只要交出铁木真，别的人我们一概不理。

泰赤乌氏的人这么一喊，别勒古台等几个人就打马离去了，只有铁木真还在林子里躲着。

长生天一再示警

铁木真一躲就是三天三夜。这三天三夜，铁木真饿了只能摘一点儿野果吃，渴了只能找一点儿林中的泉水喝。三天三夜下来，铁木真实在是饿得受不了了，心想这么下去就得活活饿死，与其饿死还不如出去跟敌人拼个你死我活，死也死得痛快。

就在铁木真准备离开这片林子，翻身上马的时候，突然间马鞍子掉下来了。铁木真大吃一惊，一看马肚带也没松，腹带捆得挺好，马鞍子怎么突然从马背上掉下来了呢？铁木真一想，这八成是长生天示警，不让我出去，我还是接着在这片林子里躲着吧。

铁木真又躲了三天三夜，这回真的是饿得前心贴后背了。他心想，不管外面的情况怎么样，我怎么着也得出去找点儿吃的，林子里只有野果和泉水，这玩意儿填不饱肚子啊。

于是，铁木真牵着马往林子外面走。根据蒙古史书的记载，铁木真走到路口的时候，突然间一块儿帐篷那么大的巨石不知道从何处飞来，正好挡住了他的去路。铁木真就想，为什么好端端地飞来这么一块儿大石头，把路给挡住了呢？看来这真的是长生天再次示警，不让我出去。

铁木真只好返回林子，继续过野果充饥、泉水解渴的日子。又过了三天三夜，这个时候铁木真要再不出去，可能就真的要饿死了。他把心一横，我不管长生天示不示警，我必须得出去找点儿吃的。

因此，铁木真拔出腰间的佩刀，来到挡路的巨石前，砍掉了旁边的枝枝杈杈，砍出了一条小路，然后走出了这片林子。

铁木真从林子里出来之后，到底有没有被泰赤乌氏的人抓住呢？

7. 虎口脱险：英雄曾为阶下囚

泰赤乌氏贵族害怕渐渐长大的铁木真有朝一日会来报仇，并重新夺回蒙古部落首领的位置，于是决定斩草除根，抓捕铁木真。那么，泰赤乌氏贵族究竟有没有抓住铁木真呢？铁木真落到他们手里，会有什么样的悲惨遭遇呢？

铁木真的惊险越狱

铁木真刚刚走出林子，就被泰赤乌氏的人发现了。

铁木真一看有埋伏，快马加鞭往外跑。没想到泰赤乌氏的人早就布置了绊马索，把铁木真绊得人仰马翻。于是铁木真就做了俘虏，被泰赤乌氏的人给戴上了木枷。

铁木真心想，这下完了，我命休矣，落在泰赤乌氏的人手里可就惨了，他们视我为眼中钉、肉中刺，必欲除之而后快啊。

铁木真没想到泰赤乌氏的人没有杀他，而是把他交给牧民看管，一家一户轮流看管。蒙古部落那个时候没有监狱，抓了重要囚犯只好你们家看一天，他们家再看一天。

据《蒙古秘史》记载，泰赤乌氏的首领塔儿忽台后来说，他原本想要杀死铁木真，但那时有一股不可抗拒的力量阻止了他。虽然这股力量是什么我们无从得知，但可以肯定的是，此时在铁木真身上，已经逐渐显露出一代天骄的王者气质。

于是，铁木真戴着沉重的木枷，被当作囚犯看管了起来。

铁木真觉得这么下去肯定不行。塔儿忽台早晚有一天要对我下手，我必须得找机会逃跑，不能在这苟且偷生。苍天不负有心人，泰赤乌氏的人有一次聚会的时候，负责看守铁木真的是一个少年，而且看管得也不严。看管的少年可能因为别人聚会欢乐去了，把他一个人留下看犯人，心里有气，所以他就应付差事，看管得不认真。

铁木真一看机不可失，时不再来，于是挥起沉重的木枷，一下子就把这个少年看守给打昏过去了。然后铁木真撒腿就跑，可是他身上戴着沉重的木枷，跑也跑不快，跑到一条河边就跑不动了。

这个时候，估计被铁木真打昏的少年看守已经醒了，给大人们报了信，追兵马上就到了。铁木真听见泰赤乌氏的营地已经有了马嘶人喊的声音，然后看到一串火把远远地朝这边来了。在这危急关头，铁木真灵机一动，跳到了这条河里。

泰赤乌氏的人很快就搜到了这条河的河边，找来找去找不到铁木真，这些人就开始议论，铁木真这小子戴着沉重的木枷跑不远，而且跑到这里脚印也不见了，他应该就藏在这附近，咱们好好地搜一搜。

藏在水里的铁木真还真让人发现了。发现铁木真的是泰赤乌氏的一个奴隶，名叫锁儿罕失剌。铁木真不是整个身体潜伏在水里、嘴上叼根芦苇呼吸，他的头就在水面上露着，因为他戴着木枷，这木枷有浮力，跟救生圈的功能相似。

这个时候，锁儿罕失剌就站在河边搜查，他离铁木真藏身的地方很近，于是看到了藏着水里的铁木真，而且跟铁木真四目相对，看了个真真切切。

铁木真一看，坏了，这一下跑不了了，我命休矣。

救命恩人锁儿罕失剌

铁木真没想到，锁儿罕失剌居然会放他一马。

发现铁木真之后，锁儿罕失剌小声地跟铁木真说：你是一个少年英雄，你的眼里有火，脸上有光，你不是一般人。你年纪轻轻就遭此大难，是长生天给你的磨难。你好好儿藏着，你放心，我不会告发你。

铁木真长出一口气，继续在水里藏着。

最后，泰赤乌氏的人没搜着铁木真，商量说铁木真不可能逃到天上去，他戴了一个沉重的木枷，又没有马，能跑到哪儿去啊？一定是刚才咱们搜得不仔细，必须要仔细搜。于是，有的人就拔出腰刀开始砍河边的芦苇，有的人准备下水去搜。

在这种情况下，锁儿罕失剌赶紧对众人说，大家说得对啊，铁木真他走不远，我估计他都不可能走到这条河边，一定是咱们刚才搜得不仔细。咱们别在这儿没完没了，应该顺原路回去再搜一遍。现在黑灯瞎火的，如果搜不到，明天白天咱们再搜，反正铁木真也跑不远。

大家一听，觉得锁儿罕失剌言之在理，于是就返回去了。在大家回去的时候，锁儿罕失剌又走在最后，悄悄地对铁木真说，我救你不为别的，我敬重你是一个小英雄。你这一次脱险后，赶紧回去找你的母亲和兄弟们，如果有人发现了你，你千万别说我救过你。

说完后，锁儿罕失剌也就离去了。

众人都走了之后，铁木真从河里站了起来。铁木真浑身上下的衣服早就湿透了，又戴着沉重的木枷，饿着肚子，黑灯瞎火的，能走到哪儿去呢？铁木真心想，必须得找一个地方隐藏，但藏到哪儿好呢？

铁木真琢磨了一番，决定藏到锁儿罕失剌的家里。锁儿罕失剌发现了我，却没有抓我去领赏，而且之前我被挨家挨户看管的时候，锁儿罕失剌他们家也看管过我，他们家的人不错，对我特别好，给我肉吃，给我奶喝。

因此，铁木真就决定去锁儿罕失剌的家里。但是锁儿罕失剌已经骑马走了，黑灯瞎火的，怎么找到他们家去呢？这里可以看出铁木真的智慧，他早就观察到锁儿罕失剌是一个非常勤劳的牧民，他们家整天都在制作奶酪，所以他们家有一种特征——就是搅奶器搅动的声音。

于是，铁木真戴着木枷就潜入了泰赤乌氏的营地，凭自己的耳朵听，终于听到了搅奶器搅拌的声音。对于这时候的铁木真来讲，这是玉音啊，可算找到恩人家了。铁木真就钻进了锁儿罕失剌他们家，对锁儿罕失剌说：大叔，我没地方去，求你收留我。

锁儿罕失剌看到铁木真，震惊得搅奶器差点儿没掉地上。小祖宗你怎么找我来了？我不是让你跑吗？你这不是害我吗？

在羊毛堆里藏身

锁儿罕失剌大惊失色，一旦被泰赤乌氏的贵族发现铁木真藏在自己家，有可能全家都性命不保。锁儿罕失剌此前放过铁木真已经算是仁至义尽了，没想到铁木真黏上了自己，这不是害人吗？

这个时候，锁儿罕失剌的两个儿子接过话来了。锁儿罕失剌的两个儿子，一个叫沉白，一个叫赤老温，这位赤老温后来是成吉思汗的开国四杰之一。赤老温和沉白接过话头说，兔子被鹰赶得没处躲的时候，兔子藏到草丛里，那草还救兔子呢；羊被狼追得没地躲的时候，羊逃到山上，这山还救羊呢。现在铁木真落难藏到咱们家来，咱们哪儿能见死不救啊？难道咱们连山和草的觉悟都没有吗？

蒙古人说话特别爱用比喻，就像寓言似的。锁儿罕失剌一看两个儿子都这么说，那我的觉悟不能比儿子还低啊，那就豁出去了，救铁木真吧。于是锁儿罕失剌吩咐两个儿子，先得把这木枷给卸了，再把他的湿衣服给换下来，上厨房给他拿一碗煮肉，取一碗马奶，让他吃饱了，喝足了。

然后锁儿罕失剌又一招手，铁木真感觉眼前一亮，出来一个美女，是

死里逃生

锁儿罕失剌的女儿，叫合答安。锁儿罕失剌跟女儿说，去把铁木真哥哥的袍子烤干，然后给他找一身干衣服让他穿着。

最让锁儿罕失剌纠结的是，把铁木真藏在哪儿呢？天一亮，塔儿忽台必然会派人到处搜查，这家里就这么大的地方，能把铁木真藏在哪儿？

小姑娘合答安大眼睛忽闪忽闪灵机一动，就有主意了，一指门口刚剪的一车羊毛，把他藏在羊毛堆里，绝对不会有人想到羊毛堆里藏着人。大家一听，行啊，这主意不错，于是就把铁木真藏到这堆羊毛里了。

可惜我定亲了

锁儿罕失剌和两个儿子忙活别的事儿，就让合答安留下来照顾铁木真。

虽然蒙古高原上昼夜温差比较大，夜里天气比较凉爽，但是毕竟是夏天，人藏在厚重的羊毛堆里还是暑热难当。所以，铁木真待了一会儿就热得难受，跟合答安说，我太热了，能不能把这羊毛给我去掉一点儿？

合答安赶紧跟铁木真说：千万别出声啊，你要想保住自己的性命，就得忍啊，你在河里都躲了那么长时间，这羊毛堆里有什么不能藏的？

当然，合答安也知道铁木真的难受，就给他拿下去了一些羊毛，而且还用袖子给铁木真扇着风，又给他端来吃喝的东西。

铁木真觉得这姑娘实在不错，多善良的一个人啊，而且还漂亮、温柔、善解人意，真是越看越好。于是，铁木真就情不自禁地嘟囔了两句：可惜，真是可惜。

合答安正在照顾铁木真呢，一听他怎么说可惜，就问：你可惜什么？

铁木真说：可惜我定亲了。

合答安毕竟是冰雪聪明的姑娘嘛，一下子脸就红到了耳根子，你这家伙，已经命悬一线，一只脚都迈进鬼门关去了，你还有工夫瞎琢磨？你好好儿躲着吧，天一亮就有人来搜查了，你别胡思乱想了。

铁木真经不住这一晚的折腾，很快就沉沉睡去。

天刚一放亮的时候，合答安就跑进来说：不好了，不好了，塔儿忽台的人来搜查了，你千万要藏好，千万不能出来啊。

铁木真能不听话吗？大气儿都不敢出。合答安把昨天拿下去的那些羊毛，又全给铁木真盖上。过了一会儿，就听见皮靴踏地的声音，一帮人冲进了锁儿罕失剌的家，人声鼎沸，有人在喊，仔细搜搜，铁木真那小子到底藏在哪儿了。

锁儿罕失剌特别紧张，就在这儿琢磨，八成是有人告密啊，因为昨天他们在河边搜查铁木真的时候，就是锁儿罕失剌阻挠的，说不定有人起了疑心了。这帮人进了锁儿罕失剌的帐篷，这帐篷一进门是一目了然，啥也没有。这帮人很不甘心，有的人就盯住了这一车羊毛，走到跟前拔出佩刀就往羊毛里插。

一刀没插着，两刀没插着，要第三刀可就难免了。这个时候，锁儿罕失剌和他的两个儿子都非常紧张，面色大变。

有智慧的蒙古人

关键时刻，合答安说了一句话：你们真好玩儿，这大夏天的，人要是藏在羊毛堆里躲一宿，闷也闷死了，你们一点儿常识都没有，太好玩儿了。

这帮人看着十来岁的小姑娘合答安天真可爱的样子，一想也是，咱别费这劲儿了，这一车羊毛都刨下来多费劲儿啊。锁儿罕失剌是咱们泰赤乌氏的家奴，他就是吃了熊心豹子胆也不敢救咱们的仇人铁木真。也许铁木真藏到别的地方了，那算了，我们走了。

这帮人走了之后，锁儿罕失剌和两儿一女赶紧冲到羊毛车边，七手八脚地把铁木真刨了出来。铁木真也顾不得头上身上满是羊毛，对这父女四人倒头便拜，口中说道：我铁木真今天能捡回一条命，多亏你们四位救我。有朝一日我出人头地，绝对不会忘了你们一家的大恩大德。

锁儿罕失剌说：得了，这话就先别说了，报答的事儿还早呢，你先得活下来，才能出人头地。锁儿罕失剌赶紧吩咐两个儿子：老大你上厨房给他准备肉，给他带上两皮囊的马奶，让他在路上吃喝；然后吩咐老二，牵匹马过来，这匹马没有马鞍子；然后让女儿合答安去给他拿一张弓、两支箭，让他在路上防身。

铁木真拿了肉和奶，背上弓，装好了箭，然后跨上这匹没有鞍子的马，跟锁儿罕失剌一家道别：谢谢各位，以后我一定会报答你们，长生天见证我决不食言。

蒙古人都是骑马的高手，没有马鞍子照骑不误。铁木真骑上这匹裸马，向自己的部落跑去。

锁儿罕失剌给铁木真这些东西是有深意的。第一点：给你肉吃，给你奶喝，但这个肉和奶都是一天的量。因为从这里到你们部落的营地，一天时间足够了，你要是一天回不去你就没吃的，你必须得赶快回去。

第二点：为什么不给铁木真马鞍子？是怕万一铁木真被塔儿忽台的追兵赶上，一看马鞍子就知道这是锁儿罕失剌家的东西，那就等于告诉了塔儿忽台是谁救的铁木真。

第三点：只给一张弓、两支箭。这就更有意思了，一张弓、两支箭只能用来防身，不可用来击敌，万一碰上追兵，弯弓搭箭射死一两个就赶紧跑，不可恋战。如果给他三十支箭，他就有可能恋战，那就危险了，毕竟寡不敌众。

锁儿罕失剌的这些做法，既救了铁木真，又保全了自己。所以说，锁儿罕失剌这个人很有智慧。

可恶的盗马贼

铁木真被困在林子里的时候，合撒儿、别勒古台这几个兄弟回去，找到了他们的母亲诃额仑夫人。为了躲避泰赤乌氏的追杀，他们已经远远地离开了早先的宿营地。所以铁木真颇费了一番工夫才找到了家。

合撒儿眼尖，远远地看到了铁木真，特别高兴，赶紧招呼大家，哥哥回来了！

大家一窝蜂似的迎上来，母子相见，抱头痛哭，诉说各自的遭遇。九死一生啊，长生天保佑，一家人总算又团聚了。铁木真讲，我这不是回来了嘛，大家应该高兴才是啊，不要痛哭，不要悲伤，今天是个好日子。否极泰来，咱们应该商量一下以后的日子怎么过，这个地儿不能待了，咱们另择一处水草丰美之地居住，好躲开泰赤乌氏的追杀。

于是，诃额仑母子迁徙到了一处水草丰美的地方。铁木真每天跟几个兄弟牧马，照顾母亲，操持家务，日子过得和和美美，平平静静。这个时候，铁木真他们家已经由贵族变成了一般的牧民，而且连中等牧民都算不上了，家里最宝贵的财产就是九匹马。这九匹马，在铁木真被擒的时候丢了一匹，他连人带马都被人抓了，然后他从锁儿罕失剌家回来的时候又骑回来一匹，但是骑回来的这匹马不怎么样。所以，铁木真一家对那八匹马格外看重，这是家里最宝贵的财产。

没想到，有一天盗马贼把这八匹马给偷走了。这八匹马一丢，铁木真一家等于遭受了灭顶之灾。

盗马贼偷马的时候，别勒古台骑着铁木真从锁儿罕失剌家骑回来的那匹马打猎去了。直到日薄西山，别勒古台才骑着那匹马回来，肩膀上担着猎物。铁木真看到别勒古台，十分焦急地迎上去说：咱们家那八匹马丢了。

别勒古台一听就急了，没有那八匹马，我们靠什么活啊？所以别勒古台马上说我去追。合撒儿拦住了别勒古台，你打了一天猎，对家里的贡献也不小，加上你又刚回来，满面风尘，要追也是我去追。

铁木真一看，自己作为长兄，保护家中的财产责无旁贷，你们俩谁也别争了，我去吧。于是，铁木真把别勒古台从马上揪下来，自己翻身上马，去追盗马贼。

结识博尔术

铁木真追了三天三夜，来到一户牧民的帐篷外，看到一个英俊少年正在挤马奶。这个氏族跟他们孛儿只斤氏族有亲缘关系，所以铁木真翻身下马问这个少年，有没有看见八匹马从这经过，这八匹马是什么样什么样的，形容了一番。

这个少年一听，就把手里挤奶的工具往地上一扔，对铁木真说，我看到了，这八匹马确实是从我们家门前经过的，但是已经过去好几天了，你是不是就找这八匹马啊？

铁木真焦急之情溢于言表：没错，那就是我们家丢的马，我们家没有这八匹马简直没法儿活。

少年说：你别急，我跟你一块儿去找。

铁木真感慨地说：我和你素昧平生，怎么好意思让你跟我一块儿去找，你给我指个路，我就很感激你了。

少年一摆手：你别这么说，我敬重你是一位英雄，英雄落难更让人同情。我既然敬重你，就跟你一块儿去找。

少年打量了一眼铁木真骑的马，然后说：你这匹马可不行，骑着这马怎么能追上那帮盗马贼呢？

于是，少年从自己家中牵出一匹好马给铁木真骑，他自己也骑上一匹，一块儿去追盗马贼。

路上，铁木真问这个少年：请问壮士尊姓大名。你这么帮我，我日后要好好儿报答你。

少年微微一笑：我的父亲是纳忽伯颜，我是独生子，名叫博尔术。甭说什么报答不报答了，我帮你是心甘情愿，我平生最见不得英雄落难。以后有用得着我的地方，只要招呼一声，我立马就来。

在铁木真的身上，存在着一股让人一见倾心的领袖魅力。博尔术是纳忽伯颜的独生子，家里很富有。铁木真这个时候连中等牧民都算不上了，而且家里的马都让人偷走了。在这样的情况下，博尔术二话不说就帮着铁木真去找马，只能说他被铁木真的人格魅力所倾倒。

博尔术就此成为铁木真的得力干将，日后成为蒙古帝国开国四杰之首，这四杰是博尔术、赤老温、博尔忽、木华黎。

永远的朋友

博尔术跟着铁木真去追盗马贼，追了很久，终于远远地看到了一处缓坡，缓坡上有一片马圈，用围栏围着，马圈里有八匹马，正是铁木真家里丢的那八匹马。

铁木真跟博尔术说：你在这儿观察情况，我去把马圈的围栏打开。

铁木真过去打开马圈，把自己家的八匹马放了出来，然后与博尔术一起返回。这八匹马往外一跑，那些盗马贼自然就看到了，其中一个盗马贼拿着长长的套马杆，骑着马就来追赶博尔术和铁木真。

一看有人追赶，博尔术对铁木真说：把你的弓箭借我一用，我射死这小子。

铁木真赶紧说：这哪儿成啊！你都帮我这么大的忙了，要射死他也得我来啊，你赶着八匹马往回走就是了。

于是，铁木真弯弓搭箭，在马上一回身，一箭射出去，虽然没有射中这个盗马贼，但是也吓得他不敢再追了。这个时候，别的盗马贼可能不在家，只留下这么一个看家的，他毕竟是以一敌二，没有胜算，所以就不追了。

回到博尔术的家，博尔术跟铁木真下了马，进了自家的帐篷一看，老爹纳忽伯颜正在那儿哇哇大哭呢。这是为什么呢？因为博尔术是独生子啊。

看到博尔术平安归来，纳忽伯颜破涕为笑，但也不禁埋怨了几句：你小子跑哪儿去了，你瞧把我给急的，你这太不像话了。纳忽伯颜一看博尔术后面跟着一个人，就问：这是谁啊？

博尔术就把前因后果向老爹交代了一番。纳忽伯颜一听，我儿子原来助人为乐去了，这非常好。

铁木真非常慷慨，对博尔术说：要不是兄弟你帮我，我这八匹马根本就追不回来。这样吧，既然这马追回来了，咱俩对半分，我分给你四匹，我不能让你白出力啊。

博尔术一听就不高兴了，对铁木真说：我是为了要你这四匹马才帮你的吗？我不是说了吗？我觉得你是个英雄，我愿意追随你，我不是冲这马来的。

铁木真一听，更加感动得不知道说什么好了。纳忽伯颜也说：既然你们是这么好的朋友，希望你们的友谊能够一直维持下去，千万不要因为别的事情而改变。

于是，两个人就当着纳忽伯颜的面发誓，这辈子甭管是富贵还是贫贱，咱们永远做朋友。

对于铁木真来讲，这次追马最大的收获，不是这八匹马失而复得，而是结识了博尔术这位一生的朋友。博尔术可以说是铁木真第一位生生死死不离不弃的朋友。

后来，铁木真初点兵马的时候，派自己的弟弟到博尔术家去请博尔术。博尔术二话没说，都没跟自己的父亲打招呼，弄条毯子往肩上一扛，牵着自己的马就投奔到了铁木真帐下，从此开始跟定了铁木真。博尔术这个人，沉雄鸷勇，善战知兵。铁木真发迹以后，博尔术成为他帐下的第一大将，帮助铁木真出谋划策，冲锋陷阵。甭管是运筹帷幄还是决胜疆场，博尔术都立下了赫赫战功。

铁木真能从艰难的生存环境中走出来，最后成了统一草原的成吉思汗，离不开这些杰出人才的帮助。

铁木真从死里逃生到这八匹马失而复得，已经经历了太多的磨难。我们常说否极泰来，物极必反。那么，这些磨难过后，是不是会有什么好事儿在等着铁木真呢？

8. 时来运转：找到靠山脱里汗

　　自从铁木真9岁丧父，他的童年就充满了坎坷，历尽了苦难。15岁的时候，铁木真终于等到了命运的转机。这一年，铁木真不但迎娶了对自己一生命运有着重大影响的妻子孛儿帖，更重要的是铁木真找到了一个强有力的靠山，从此再也不是那个任人欺凌的落魄贵族了。那么，铁木真的这位强大靠山究竟是谁？铁木真又是凭借什么，从他那里获得保护的呢？

娶回了美丽的新娘

　　铁木真一家人本来愁眉不展，一看铁木真找回了这八匹马，立刻破涕为笑，得知铁木真还结识了博尔术这么一位讲义气的朋友后更是高兴，所以家里的日子又开始红红火火地过起来。

　　一晃几年过去了，眼看铁木真一天天长大了，诃额仑就对铁木真说：当初你父亲给你定了一门亲事，你的未婚妻是弘吉剌部德薛禅的闺女孛儿帖。现在这个姑娘也长大了，在他们弘吉剌部都是出了名的美女啊。弘吉剌部本身就产美女，她是美女中的美女。而且德薛禅亲家重情重义，没有因为咱们家道衰落就来退婚。现在你也老大不小了，到了谈婚论嫁的年龄，就去把你这位美丽的新娘迎娶回来，给咱家增添人口。

　　铁木真一听，当然非常高兴，他跟自己的未婚妻已经有小十来年没见了。于是，铁木真带着自己的两个兄弟合撒儿和别勒古台，骑上马就奔自己岳丈家的营地而去。找到德薛禅家的营地之后，德薛禅一看自己的女婿高大英俊、一表人才，把姑娘嫁给这样的人，他也放心。

因此，德薛禅热泪盈眶地拉着铁木真的手说：我早就听说了你不幸的遭遇，泰赤乌氏的人嫉妒你、迫害你，没想到你还活得好好儿的，长这么大了，我非常高兴，你的岳母和妻子都很想见到你。

一家人见面其乐融融，在营地完了婚，相当于小两口儿正式办了结婚手续。办了手续之后，就要把孛儿帖送到铁木真家。

德薛禅也知道铁木真目前的日子过得不是太好，所以就给孛儿帖陪嫁了大量的皮毛等物品。然后，孛儿帖的母亲一直把孛儿帖送到铁木真家。

特别值得一提的是，孛儿帖陪嫁的物品中，有一件珍贵的礼物——黑貂皮袄。

在那个时候的草原上，人们的生活方式比较原始，没有流通的货币，人们往往用物物交换的方式来获得自己需要的东西。对于游牧民族来说，皮毛和牲畜就是最为普遍的财产。但黑貂皮袄很少见，即使放在今天也是非常昂贵的。

孛儿帖把这件黑貂皮袄作为嫁妆送到铁木真家，铁木真家收到这份礼物很高兴。特别是诃额仑，一看这孛儿帖头戴高帽，身穿红衫，风姿绰约，漂亮高挑儿，打心眼里喜欢，婆媳关系也非常融洽。孛儿帖又见了自己的小叔子和小姑子，给每个人送了一件衣服作为礼物。

从此之后，孛儿帖跟铁木真就开始了恩恩爱爱的夫妻生活。铁木真后来做了大汗，妻妾无数，但是对孛儿帖夫人始终十分敬重，孛儿帖不但担当起了皇后的角色，甚至在某种程度上也担当起了军师的角色。铁木真在很多关键时刻做出的重大决策，都是听了孛儿帖的话。孛儿帖曾经被人抢走受辱，但是铁木真对她的敬爱没有一点儿改变。以后铁木真每次率军出征，陪王伴驾的是那些年轻貌美的姬妾，孛儿帖夫人则留守老营，但留守老营恰恰说明她是在给铁木真看家产。也就是说，这个重担铁木真交给谁都不放心，必须要交给孛儿帖才放心。由此可见，孛儿帖夫人对铁木真的影响非常大。

另外，铁木真后来虽然跟好几个妻妾都有孩子，但只有跟孛儿帖夫人生的儿子最后分到了铁木真的遗产。所以很多外国人，包括不了解成吉思汗家庭的中国人，就以为成吉思汗只有四个儿子。拿破仑就曾说：我不如成吉思汗，他的四个虎子都争为其父效力，我没有这种好运。其实成吉思汗肯定不止四个儿子，最起码他跟忽兰夫人有一个儿子阔列坚，但是一般人的意识中就认为成吉思汗只有四个儿子，长子术赤，二子察合台，三子窝阔台，四子拖雷，因为只有这四个儿子分到了成吉思汗的遗产，这四个儿子都是孛儿帖所生。

铁木真的婚姻，可以说是他人生最重要的一个转折点。这个转折意味着，铁木真已经走过了苦难的年代，逐渐成长为一个年轻有为的部落首领，越来越多的人争相跑来归附他。

与脱里的交情

铁木真迎娶孛儿帖之后，小日子和和美美地过起来了。可是，凭着他当时的力量要想发展壮大还是比较困难，必须还得有贵人相帮。那么在当时有谁能够帮助铁木真呢？

我们前面讲过，当时的蒙古高原有六大部落，除了蒙古部之外，还有五大部落，东边是塔塔儿部，北边是篾儿乞部，南边是汪古部，西边是克烈部和乃蛮部。

铁木真所属的孛儿只斤氏，包括我们前面讲的泰赤乌氏，都是蒙古部落里边的。我们来看这五大部落与蒙古部落的关系，塔塔儿部是仇敌，篾儿乞部也是仇敌，汪古部谈不上有交情，乃蛮部离得远，只有克烈部的可汗脱里跟铁木真一家有交情。

什么交情呢？当年脱里汗的父亲去世之后，把汗位传给了脱里，但脱里的叔叔起兵造反，夺了脱里的汗位，脱里没办法只好投奔了乃蛮部。脱里给了乃蛮部大量的物资和财宝，让乃蛮部帮他出兵夺回汗位。

结果乃蛮部拿了东西不办事儿。我们常说拿人钱财替人消灾，乃蛮部是拿了钱财不给你办事儿。最后脱里走投无路，只好去求蒙古部落当时的首领——铁木真的父亲也速该。

也速该这个人古道热肠，当即就拍胸脯保证说没问题。也速该很快就出兵打跑了脱里汗的叔叔，把克烈部的位抢了回来，又交还给了脱里，而且他不要任何报酬。所以脱里汗感动得不得了，说你的恩德不但我记着，我的子子孙孙都会记得，我们家世世代代都要报你的恩德，这个恩没有完的时候，除非我这个家族绝嗣，否则的话我世世代代报答你。

听了脱里的话，也速该当时也没往心里去，没想到自己有朝一日会被仇人毒死，儿子也饱经磨难。也速该可能回来之后把这个事儿当个笑话跟诃额仑一讲就完了，但是诃额仑是一个很有心机的女人，一直记着这事儿。当年咱们那么惨的时候，咱没脸去见人家，你说你让人家帮你什么？你跟人家地位太悬殊了，你让人家怎么报恩？顶多收留你，所以你到那儿也就是寄人篱下，弄不好你这小小的部落就被克烈部给吞并了。现在行了，咱们这个部落已经稍微有点儿起色了，可以要求脱里履行诺言了。

于是，诃额仑就跟铁木真讲了这一番话，既然脱里跟你的父亲曾经结为安答（结为兄弟），那么这个时候我觉得他不会弃咱们母子于不顾。咱也有点儿资本了，你拿着你岳丈家陪送的这件珍贵的黑貂皮袄作为礼物，去求见脱里，争取让脱里帮助咱们。

铁木真听完这话，觉得非常有道理，就带着自己的弟弟合撒儿和别勒古台，去克烈部求见脱里汗。

黑貂誓言

克烈部人多势众，所以很容易找到。

铁木真一见脱里汗，连忙俯身下拜，然后捧出这件黑貂皮袄。铁木真既要抬高对方，又不能贬低自己。我得让你觉得我不是来求你的，我要是低三下四地求你，那咱俩就永远不平等，而且我得让你知道我也出身高贵。

我们来看看，铁木真是怎么跟脱里汗说的：当年我的父亲曾经跟您结为安答，所以今天我把您看成是我的父亲。我也没有什么好东西送给您，只有我岳丈家送的一件黑貂皮袄，我觉得还能拿得出手，因此把它献给我的父亲您，请您笑纳。

铁木真这番话，先把他爹也速该抬出来。我爹也速该帮您夺回过汗位，您还记得吗？这言下之意，为什么结为安答您心里清楚，这笔账您忘不了，不用我说出来，我说出来就没劲了，显得我是来讨债的。这话不能说透，我一点您就明白。

铁木真这几句话真是滴水不漏，句句都说到了点子上。先说我父亲跟您结为安答，脱里一想对啊，今天我能坐上这汗位多亏人家老爹也速该啊，所以这个恩我必须得报。不用铁木真提醒，脱里就明白了自己应该干什么。再说你看这孩子多会说话啊，人家没说你该报我的恩了，或者说我有事儿求你，你必须帮忙，人家没说这个，人家说我来看自己的父亲。这一下子，把双方的距离就拉得很近了。

脱里心想，这孩子给足了我面子，还送我这么贵重的一件礼物，家里就这么件值钱的东西给我送来了。所以脱里是心花怒放，脸上的每一条皱纹都舒展开了，这孩子简直太可爱了。脱里捧着这件黑貂皮袄高兴得不得了，当场就表示说，那些离你而去的人，我一定要给你召集回来；那些分散了的部众，我一定要替你聚拢起来。我要让你的人紧紧地聚拢在你的身边，就像胸依附于喉、臀依附于腰一样绝对不可分离。你放心，我一定会帮你。

这就是脱里对铁木真的黑貂誓言。铁木真一番甜言蜜语，就达到了

黑貂誓言

目的。脱里已经许下了庄重的誓言，从此以后铁木真就可以大树底下好乘凉了，真是抱上了一条大粗腿。当时草原六大部落中，克烈部是非常强盛的。铁木真跟脱里形成了一种庄重的契约关系，这个契约关系不仅仅体现在保护与被保护上，实际上这种关系是双方的。

脱里也不傻，他为什么愿意给铁木真提供这种帮助？因为他看出来铁木真这个人，按我们现在的话讲是一只潜力股，将来他前途无量，我对他的投资不可能血本无归，傻事儿谁干啊？脱里要那么傻的话，也不可能做克烈部的大汗，他知道帮助铁木真壮大之后，就是给自己树立了一个外援，将来自己有难的时候，也有个帮手。

学会冶铁很重要

铁木真和脱里的这份庄重的契约，一直持续到公元1203年，也就是铁木真完成草原统一的三年前。在此期间，铁木真忠诚回报了脱里，帮助脱里粉碎了各种内部叛乱和外敌入侵。

同时，铁木真也依靠脱里的力量壮大了自己。契约达成之后，铁木真的地位就更加巩固了，大家看到小主人铁木真已非吴下阿蒙了，他已经抱上了草原上最粗的一条大腿，所以很多人都来投奔他。

这个时候投奔铁木真的人里边，有一位铁匠。这个铁匠很有名，叫札儿赤兀歹，他背着自己打铁的工具来见铁木真。札儿赤兀歹打铁的手艺非常高，而且可以带徒弟把自己的这套绝技传下去。千万不要小看了这一点，当时草原各部争雄，打制出优良的兵器实在太重要了，比如刀、矛，还有弓箭。

在汉朝的时候，汉军与匈奴打仗，有人说汉武帝最强盛的时候，一个汉朝士兵可以打四十多个匈奴兵，我们先不讨论这个数据是怎么统计出来的，先不管这个数据有没有夸大的成分，总之当时的匈奴不是汉朝的对手，一个重要的原因就在于汉军装备的精良。

当时的汉军士兵身穿用金属制成的护甲，头戴铁盔。而匈奴人不会冶铁，匈奴人的铁器主要靠一些畜产品跟中原王朝交换，但是中原王朝把铁当作国家专卖的重要战略物资，是限制向匈奴出口的。所以，很多匈奴骑士用的箭，箭头都是用鱼骨、兽骨磨成的，根本无法射穿汉军身穿的护甲。因此，匈奴跟汉军打仗才处在下风。

草原民族一旦学会了冶铁，它的威力就相当于今天有些国家掌握了核武器，那就不得了了。札儿赤兀歹把冶铁的技术传到铁木真的部落，对铁木真部落的发展壮大起了非常重要的作用。后来铁木真能够统一草原各部，除了他的部下英勇善战之外，跟兵器的精良也有非常大的关系。

而且札儿赤兀歹老人还给铁木真带来了一位帮手，这个人叫者勒篾。札儿赤兀歹老人把者勒篾带到铁木真面前，对铁木真讲：你在斡难河畔出生的时候，我也在那里，当时我就下定决心让我的儿子做你的仆人。但是我的儿子当时还小，他没法伺候你，帮不上你什么忙，所以我就把他带走了。现在他长大了，我把他带回来，请你收留他，让他做你的伴当，为你鞍前马后出生入死。

铁木真欣然收下了者勒篾。这个时候，铁木真已经有两个铁杆儿伴当了，一个是博尔术，一个是者勒篾。铁木真家族的日子越来越红火，日益兴旺发达。

铁木真遭受了那么多的磨难，看似苦尽甘来，有了好日子过，娶了媳妇又认了义父。但是铁木真的磨难还远远没有结束，很快他将迎来人生中更为残酷的打击。

意外的打击

铁木真跟自己的新婚妻子孛儿帖恩恩爱爱过了差不多一年。

这一天早上，伺候铁木真的母亲诃额仑的老保姆豁阿黑臣已经早起干活了。豁阿黑臣耳朵很灵，听到了一阵急促的马蹄声。豁阿黑臣经验十分丰富，一听就知道至少有三百多匹马奔了过来，这肯定不是来串亲戚的，肯定是非抢即盗。豁阿黑臣判断一定是泰赤乌氏的人又来了，他们看到我们日子过好了又来捣乱。所以，豁阿黑臣就冲进诃额仑的帐篷大喊：主人赶紧起来，不好了，不好了，泰赤乌人来偷袭了。

诃额仑一听，一骨碌就披上衣服爬起来了。成吉思汗的小妹妹帖木仑年纪还小，所以诃额仑一把把帖木仑抱在自己的怀里就翻身上了一匹马。铁木真这个时候虽然日子过好了，归附他的人也越来越多，但不是说归附他的人的财产都是他的。人家归附他，他不能把人家的财产给没收了，要是这样的话，谁还归附他啊？所以甭管铁木真这日子过得有多好，马还是那九匹。

诃额仑抱着铁木真的妹妹骑了一匹马，铁木真一骨碌爬起来，也骑了一匹马。铁木真的四个弟弟——合撒儿、合赤温、帖木格、别勒古台，一人一匹马。然后铁木真那两个忠实的伴当——博尔术和者勒篾，也一人一匹马。已经骑走了八匹马，剩下的一匹马也跟着跑了，等于九匹马全没了，孛儿帖没马骑怎么办？豁阿黑臣赶紧套上一辆牛车，让孛儿帖坐在牛车里，然后赶着牛车就跑。

实际上，这次来的不是泰赤乌氏的人，而是篾儿乞人。那么，篾儿乞人为什么要跟铁木真过不去呢？

大家别忘了，铁木真的母亲诃额仑就是他爸也速该从篾儿乞人也客赤列都手里抢过来的。篾儿乞分为三个部落，也客赤列都是其中一个部落的领袖脱黑脱阿的弟弟。所以，现在脱黑脱阿要给自己的弟弟也客赤列都报仇，你们家当初把我弟媳妇给抢了，现在我也来抢你们家。

这样一来，最危险的就是孛儿帖了。铁木真不知道这个情况，却把孛儿帖给扔下了。可能会有人觉得这铁木真太不像话了，大丈夫不能保护妻子，有何面目立于天地之间？

其实不是这么回事儿。你看铁木真让自己的妈抱着妹妹跑，然后带着四个弟弟跑，带了两个伴当跑，铁木真也有他的考虑，妈是不能不管的，自打爹被仇人害死，这么多年自己跟着妈颠沛流离，是妈含辛茹苦把自己拉扯成人，没有妈哪有自己的今天啊？几个弟弟都是自己事业上的帮手，博尔术和者勒篾来追随自己出生入死，要是你把他们扔下，以后谁还追随你啊？相反，孛儿帖是一介女流，当时的草原民族几乎不杀女人。最多就是抓俘虏，没有生命危险，因此只好把孛儿帖留下。危急时刻，人的反应完全是一种本能。

铁木真也不是说把媳妇留在这儿就不管了，他想把别人都安顿好，再回来找孛儿帖。铁木真也可能心存侥幸，孛儿帖一个人目标小，好逃跑，可能侥幸逃脱了，那不就大家都安全了吗？

那么，孛儿帖这次能不能侥幸逃脱呢？

9. 初试锋芒：救回妻子孛儿帖

面对篾儿乞人的偷袭，势力仍然弱小的铁木真只有举家逃亡。这次不期而至的打击，令铁木真认识到，在这弱肉强食的草原上，一味逃避并不是长久之计，只有主动出击，才能求得生存。于是，铁木真逃脱了敌人的追击后，便向曾发下誓言要帮助自己的义父脱里，还有自己的结拜兄弟札木合求援。那么，脱里和札木合真的会帮助铁木真吗？

孛儿帖被抢

孛儿帖坐上一辆牛车逃跑，但牛是什么速度，马是什么速度，这牛能跑得过马吗？所以一会儿工夫，孛儿帖的牛车就被篾儿乞人追上了。

篾儿乞人追上牛车之后，就问豁阿黑臣，车里是什么东西，你们干什么去？

豁阿黑臣当时很沉着冷静，就跟篾儿乞人讲：我是铁木真家的用人，刚剪完羊毛出来，我也不知道营地发生了什么事儿，怎么这么乱呢？

篾儿乞人将信将疑，骑着马转了一圈，因为他们没逮到铁木真，也没逮到孛儿帖夫人，所以他们赶紧打马向着铁木真的帐篷冲过去了，准备把铁木真和孛儿帖夫人甭管谁抓一个是一个。然后，豁阿黑臣赶紧挥鞭赶着牛车前进，反正多走一步就离生存的希望近了一步。没想到漏船偏遇打头风，牛车走了没多远车轴断了，这下根本跑不了了。

这个时候，篾儿乞人又回头追上来了。篾儿乞人本来就对豁阿黑臣的话将信将疑，到了铁木真家的帐篷，掀开帘子一看一个人都没有，所以很快又追上牛车，掀开车帘一看，如花似玉的孛儿帖夫人正坐在车中。

这几个篾儿乞人哈哈大笑，上去就把孛儿帖从车里抱了出来，哎哟，真是一团好柔软的羊毛，既然逮不到铁木真，逮到他的媳妇，也算报了当年他父亲抢我们篾儿乞人媳妇的仇了。篾儿乞人抱走了孛儿帖，然后把豁阿黑臣也给抓走了。

孛儿帖夫人没能逃脱篾儿乞人的毒手，就这样被抓走了。

在孛儿帖被抓的同时，铁木真保护着家人，逃进了不儿罕山。当时的不儿罕山树林茂密，沼泽遍地，是藏身避难的好地方。篾儿乞人见铁木真他们已经跑到山上去了，抓不到了，也就撤退了。篾儿乞人想，虽然没有逮到铁木真，但是抢到他的夫人也算是报了当年的一箭之仇。

铁木真这才知道，原来这次来的不是泰赤乌人，而是篾儿乞人，是另一拨仇家，也才知道自己的妻子孛儿帖被抓走了。铁木真不禁悲从中来，放声大哭，非常后悔当时为什么不带着妻子一块儿跑，妻子落于敌手，难免要受到敌军的侮辱。

铁木真在树林里躲了一段时间之后，就让自己的弟弟别勒古台、合撒儿和伴当博尔术、者勒篾这些人出去看一看，篾儿乞人是不是真的撤走了，你们至少要在外面待三天，如果三天之内篾儿乞人没有回来，就证明这不是他们的诱兵之计，等咱们出去给咱们打一个埋伏。如果他们真走了，你们回来报信。

铁木真的弟弟和伴当出去调查了一番，回来报告说，篾儿乞人看来真的是走了，而且嫂夫人真的是被篾儿乞人抢走了，不要心存侥幸了。

向脱里求援

铁木真这才战战兢兢地从树林里出来。这个时候的铁木真，心情是既激动又侥幸又愤怒，五味杂陈。他觉得不儿罕山是一座神山，保住了自己的命，所以把腰带解下来搭在肩上，把帽子摘下来提在手里，然后对着不儿罕山行了九跪之礼，用马奶酒来祭奠不儿罕山。铁木真对着神山讲：幸亏有像幼鼠一样灵敏的豁阿黑臣老人，像狐狸一样聪明的豁阿黑臣老人，她最早发现了敌人，所以我们才得以逃脱，才能来到不儿罕山；这山上的林木又如此茂密，能够给我们提供藏身之地；这山上又能够给我们提供食物和饮水，所以我一家才得以幸免。

等于是不儿罕山救了铁木真一命，所以铁木真隆重地祭奠了这座神山。日后蒙古的帝王祭奠不儿罕山是一项非常特殊的礼仪，差不多相当于中原帝王封禅泰山。

祭奠神山之后，铁木真从山上下来，收集星散的部众，然后把被篾儿乞人砍倒的帐篷重新支起来。铁木真接下来要考虑的是怎么找篾儿乞人复仇，谁能够帮我把心爱的妻子从篾儿乞人手里夺回来呢？铁木真想来想去，觉得只有他的义父脱里能够帮自己。

于是，铁木真就向母亲说：我要去向脱里求援。

铁木真带着两个弟弟合撒儿和别勒古台，见到脱里之后，就说了自己刚刚遭遇的不幸，并且说出了来意：我希望父汗您能够出兵，帮助我打败篾儿乞人，然后把我心爱的妻子也就是您的儿媳妇孛儿帖给夺回来。

脱里一听这话，马上表态说：没问题，你给我的黑貂皮袄，本身就是孛儿帖带来的嫁妆。当初我答应过你，要把离你而去的人帮你召集回来，把星散的部众帮你聚拢回来。我言出必行，说到一定会做到，你放心，我们一定帮你夺回孛儿帖，消灭万恶的篾儿乞人。

为什么脱里在这个时候如此大义凛然、如此爽快地答应了铁木真的请求呢？铁木真这个时候又滑到了人生的低谷，脱里为什么愿意帮他？我们前面讲过，他们之间已经形成了一种庄重的契约关系，铁木真是脱里的附庸，脱里帮助铁木真就等于给自己树了一个外援，除了这个原因之外，脱里本人跟篾儿乞人也有大仇。

脱里在7岁的时候被篾儿乞人掳走为奴，篾儿乞人让他穿一件破羊皮袄，整天在草原上放羊，吃不饱，穿不暖。后来脱里的父亲打败篾儿乞人，才把脱里从篾儿乞人手里救了出来。因此，脱里也想借着这个机会，找篾儿乞人报仇。

脱里告诉铁木真，咱们这次不打则已，既然要打，就给篾儿乞人一次毁灭性的打击，要不然咱们把孛儿帖夺回来了，他们元气未伤，等我们一撤军没人帮你了，他们卷土重来，你还得来我这儿求兵，这多没意思，所以咱们就给篾儿乞人一个永生难忘的教训，最好是彻底把他灭了。这样的话，光靠我克烈部没有把握。你不是结识了一位安答（兄弟）札木合吗？他现在在草原上也是一方人杰，麾下兵精粮足，人多势众。你能不能去找一下札木合，咱们三家共同出兵，让札木合出两万，我也出两万，再加上你的部众，这样就是牛刀杀鸡，巨石击卵，一定能把篾儿乞人彻底消灭。

结义兄弟札木合

札木合是草原上札答阑部的领袖。札答阑部早在辽代就非常有名，是一个大部落，而且跟铁木真是一个祖先，都是孛端察儿的后代。

铁木真和札木合义结金兰，是铁木真流浪的时候的事儿。当时，两个部落毗河而居，铁木真和札木合情投意合，于是两个人就结拜了，互赠动物的后腿骨作为信物。这是两人第一次结拜。后来两个人又互赠箭矢，札木合赠给铁木真一支他自己做的鸣镝（响箭），铁木真也赠给札木合一支箭，两个人又二次结拜。

铁木真一听，还是父汗有远见，说得对。从脱里的大帐出来，铁木真就跟自己的两个弟弟别勒古台和合撒儿说：札木合是我的兄弟，我跟他义结金兰，他现在势力非常强大，是一个大部落联盟的领袖，所以我去求援，他不会坐视不理。

别勒古台和合撒儿就说：大哥你就不用去了，你赶紧回咱们的部落整顿兵马，回头人家各出两万，咱手下二三百人，这也不合适。

铁木真一听言之有理，我这俩兄弟真不错，就跟别勒古台讲：如果这次你们出使成功，札木合被你们说动肯出兵帮我夺回孛儿帖，我们夫妻俩一定给你们行礼。

别勒古台一听，说大哥你说这话就见外了，哪有哥哥嫂子给弟弟行礼的道理，再说我这做弟弟的帮助你们，把嫂子夺回来也是义不容辞的事儿嘛。

咱们前面讲过，别勒古台还有一个兄弟别克帖尔，跟铁木真不是一个娘生的，小时候跟铁木真他们哥几个不和，铁木真他们哥几个还把别勒古台的亲兄弟别克帖尔给射死了。但是，现在这一家子非常团结，看不出这几个兄弟不是一个娘生的，有什么隔阂。其实，更关键的一点是篾儿乞人袭击的时候，不光是掳走了孛儿帖，而且把别勒古台的娘也给抢走了。

所以，铁不真是想把自己的媳妇给抢回来，别勒古台是想把自己的娘给救回来，双方都有亲人被篾儿乞人掳走，都怀着深仇大恨。

擒贼先擒王

合撒儿和别勒古台到了札木合的驻地之后，把前因后果跟札木合说了一番，转达了铁木真的话：篾儿乞人来偷袭我，使我陷入苦难当中，我的妻子也被夺走了，现在被窝里就剩我一个人了，我的心也碎了，肝也在痛，作为安答你能体会我的仇恨吗？你能不能出兵帮我夺回我的妻子？

札木合跟篾儿乞人也有仇。草原上当时六大部落彼此之间互相攻伐、你争我夺，你杀过我的人，我抢过你的东西，这种事都太常见了，所以各部落之间基本上都有仇。

札木合一听这话，马上就回答说：请转告你们的哥哥——我亲爱的铁木真安答，没有问题，我作为安答一定会帮助他，我听到我的安答遭到不幸，我也非常心痛，我们要把篾儿乞部的男人杀光，抢夺他们的妻女，掠走他们的财物。你回去告诉铁木真安答，这忙我帮定了，我也出两万人。

值得注意的一点是，札木合在这个时候就以联军统帅自居了，说我出兵两万，让脱里汗出兵两万，你们再带上自家的人马，咱们三路兵马会合，杀向篾儿乞人。

铁木真因为势力弱小，依附脱里汗，所以他必须要跟脱里汗的部队会合之后再一起出发。等大军到达会合地的时候，发现札木合已经到了三天了。札木合看到脱里汗和铁木真率师前来，非常不高兴。为什么？因为你们迟到了。札木合就冷着脸跟脱里汗这些人说，咱们草原上的人既然约会就不能迟到，就是刮风也不能失约，就是下雨也不能误期，结果你们迟到了三天，这太不像话了。

脱里汗一听，赶紧赔着笑脸说：对对对，我们迟到是不对。因为脱里汗的部落大又比较分散，所以部队出发的时候调兵比较费劲儿，所以来晚了。从这件事就能看出来，虽然札木合年纪轻轻，但他的势力还是非常强大的，俨然就是三部联军之首。像脱里汗那么强大的势力，都得对札木合言听计从，排兵布阵打仗都得听札木合的。

札木合就把铁木真和脱里汗，还有手下的将领聚集在一起，然后跟他们说：篾儿乞人一共分成三部分，居住在三个地方，抢孛儿帖夫人的那一部是最主要的，他们的首领叫脱黑脱阿。听说他抢走了孛儿帖之后，把孛儿帖给了自己的弟弟赤勒格尔做夫人。其他两个部落虽然出兵了，但差不多是跟着混的。所以冤有头债有主，擒贼先擒王，咱们三路大军拧成一股绳，直捣脱黑脱阿的老营，把脱黑脱阿消灭掉，然后救出孛儿帖，才是万全之策，那两个部落咱们先放一放。

铁木真一听，当下就表示赞同，并且跟自己的父汗脱里，还有安答札木合表示：我愿意打先锋。实际上，他是想赶紧把自己的媳妇救出来。

然后，三路大军就趁夜出发，准备偷袭脱黑脱阿的营地。

射杀俘虏来发火

札木合善于用兵，有着丰富的作战经验。这次制订的袭击敌方主要目标的计划，得到了脱里汗和铁木真的一致认同。三部联军同仇敌忾，人数上也占有绝对的优势，即将发动进攻。

但大军一出发，好几万人在草原上行动，保密工作不可能做得滴水不漏。这一次克烈部出兵两万，札答阑部出兵两万，史籍没有记载铁木真的部落出兵多少，但起码这两部联军就有四万人了。那真是旌旗蔽日、刀枪耀眼，草原上很少有过这么大的阵势，小动物惊惶地到处乱窜，以为是大规模围猎，自己的末日到了。

篾儿乞部落里面捞鱼和捕雕的人也看到了这支大军，赶紧报告脱黑脱阿说：不得了，大军奔我们的营地来了，好几万人，数都数不清，遮云蔽日。

脱黑脱阿一听，立马带上几个心腹，家也不要了，老婆孩子全扔了，翻身上马就去找篾儿乞部另一个首领答亦儿兀孙，两个人逃了。

对方是群龙无首，一盘散沙，所以札木合指挥三部联军非常顺利地打进了脱黑脱阿的营地，在营地里面翻了个底朝天，凡是抵抗的男子全部被杀死，妇女儿童一概被掠为奴隶。

铁木真在找自己的媳妇，别勒古台在找自己的老娘。因为别勒古台的老娘年老色衰了，所以脱黑脱阿就把她给了一个贫苦的牧民。别勒古台挨个儿帐篷找，总算是找到了，但是当别勒古台一掀门帘从前门进来的时候，他老娘却从后门出去了，俩人没见到。他老娘说：早有贵人给我儿子看过相算过命，说我儿子有帝王之相。（后来铁木真统一蒙古高原，做了大汗之后，别勒古台就是亲王，也可以说有帝王之相。）但是我现在被篾儿乞人掠走，被迫失身从贼，所以我不能给我儿子丢人，就让我的儿子当我已经死了，我没脸见儿子。因此，她就跑了。

别勒古台等于没找到自己的娘，所以特别气愤，就射杀篾儿乞人的俘虏来发泄怒火。别勒古台开弓放箭，甭管是青壮年，还是老弱妇孺，见一个射一个，一边射一边高声大喊：还我母亲！

在蒙古史书中，从此再也没有关于别勒古台母亲的记载了，而别勒古台也因此变得残忍起来，杀人如麻。但他是个勇武过人的将才，至死追随铁木真，是铁木真成就霸业的得力助手。

苦苦寻找孛儿帖

别勒古台没有找到自己的老娘，铁木真有没有找到自己的媳妇呢？

铁木真也非常悲痛，找了半天也没找到媳妇。这个时候，铁木真看到队伍当中有一个老妇人打扮得雍容华贵，跟一般人不一样，他就把这个老妇人叫过来问：你是什么人啊？

老太太说：我是篾儿乞人首领脱黑脱阿的正妻，你们夜里来偷袭的时候，有人来报信，我丈夫上马就跑了，所以你们没有逮到他，但是我们没跑掉，就做了俘虏。

铁木真就问：我妻子孛儿帖被你们掠来了，你见没见过她。

脱黑脱阿的妻子一琢磨：孛儿帖是你妻子啊，我还真见过，确实是我丈夫脱黑脱阿把她掠来了，我丈夫把她许配给赤勒格尔当媳妇了。

虽然铁木真之前也知道这个消息，但是毕竟没有被人证实，所以还心存一丝侥幸。一听老妇人这么说，铁木真有点儿泄气，也更加焦急地问：他们俩成亲了没有？

老妇人嗫嚅了半天说不太清楚，铁木真一看她的表情也就明白了八九分。

这个时候，脱里和札木合的部队已经扫荡完了篾儿乞人的营地，三路合兵一处去攻打另一个篾儿乞人首领合阿台。脱黑脱阿和答亦儿兀孙逃走的时候，不知道是过于匆忙还是别的原因，没有通知合阿台。合阿台一部独挡三部联军，你想他能是对手吗？合阿台这一部很快又被打了个稀里哗啦，基本上被消灭了，连合阿台本人都被俘了。篾儿乞人经此一战是大伤元气，等于从草原六部当中被除名了，虽然民族还没有灭亡，但是离死已经不远了。

铁木真心下还是挂念着自己的妻子，这最重要的一件事儿还没干呢。他看着营帐里乱哄哄的人群来来往往，根本看不清楚哪个是自己的妻子，于是大哭起来：我的妻子，你是不是已经死去了，咱俩今生还能不能再见？

铁木真绝不放弃，一边哭一边找，终于看到了跟他的妻子孛儿帖一起被掠的老仆人豁阿黑臣，这一下子分外激动。豁阿黑臣也很激动：小主人，没想到你们来救我们了。然后铁木真赶紧问：你怎么没和孛儿帖在一起？孛儿帖在哪儿？豁阿黑臣说：原来我们是在一起的，坐一辆车出逃，结果乱军一冲我们就被冲散了，不知道孛儿帖被冲到哪儿去了。豁阿黑臣手指了一个方向，说大概是往那个方向跑了。

铁木真一听，赶紧让手下人安顿好豁阿黑臣，翻身上马奔那个方向追了过去。

那么，铁木真究竟能不能找到自己的妻子孛儿帖呢？

10. 兄弟反目：与札木合反目成仇

在脱里和札木合的帮助下，铁木真几乎歼灭了宿敌篾儿乞部落。振奋人心的胜利，令铁木真重拾了复兴蒙古汗国的信心；同时，作为黄金家族的直系后裔，蒙古部落名正言顺的继承人，铁木真也受到越来越多草原牧民的拥护。然而，一直支援铁木真并为他出生入死的结拜兄弟札木合，却突然与他决裂，甚至反目成仇。铁木真和札木合之间究竟发生了什么？铁木真又将如何应对这个突变呢？

重情重义大丈夫

铁木真一路大叫孛儿帖，追过去之后，终于发现在前面一辆马车上坐着的一个人非常像孛儿帖。

于是，铁木真挥鞭驱散路上的行人冲到这辆车上大喊孛儿帖。果然，车上坐的正是自己的妻子。孛儿帖也是喜出望外，从马车上跳下来，跟自己的夫君紧紧拥抱在了一起。

铁木真这个时候是喜极而泣，抚着孛儿帖的头发说：贤妻你受苦了，对不起，我来晚了，这个时候我才把你找到，真的很抱歉，对不起。

两口子总算是久别重逢。于是，铁木真就派人给脱里和札木合传话，说我要找的人已经找到了，今夜就可以休战，就地扎营，问自己的父汗和安答，你们看行不行？

脱里也好，札木合也好，本身就是来给铁木真帮忙的，既然铁木真说要扎营了，那自然他们也不会反对。于是就地扎下营盘，等天亮再去收拾残局。

前面不是说孛儿帖被脱黑脱阿赏给自己的弟弟赤勒格尔了吗？大军打进篾儿乞人营地的时候，这赤勒格尔哪儿去了呢？原来赤勒格尔仓皇出逃，一边逃跑，一边埋怨自己：赤勒格尔你这个可恶的黑乌鸦，竟然想吃白天鹅，竟然侵犯了孛儿帖，给我们篾儿乞人带来了灾祸。现在铁木真带人杀了过来，偌大的草原上，我连躲的地方都没有，只能跑得远远的。

于是，赤勒格尔就远远地跑了，从此消失在了历史的垃圾堆里，不见于史书记载。

虽然铁木真从篾儿乞人手中救回了爱妻孛儿帖，但是此时距离孛儿帖被抢，已经过去了九个月，而且让所有人没想到的是，孛儿帖居然怀着临产的孩子。由于孛儿帖在篾儿乞部落时，曾失身于赤勒格尔，所以谁也无法认定这孩子的父亲到底是谁。

孛儿帖夫人回到铁木真的营地后不久，就生了个儿子，这个儿子就是铁木真的长子术赤。术赤这个名字在蒙古语中是客人的意思，所以看得出来，铁木真对这个孩子是不是自己的也没有把握。但孛儿帖夫人并没有因为这段经历而遭到丈夫的冷落，相反，铁木真每到关键时刻都会对自己的妻子言听计从，术赤也一直受父亲的信任。

也就是说，铁木真这个人确实是有情有义。回到一个老问题上，妈跟媳妇掉河里了，先救谁。铁木真在那种情况下选择了先救自己的母亲，但是他绝对不是抛弃了自己的妻子，而是借来四万人马兴兵复仇，并且在明知妻子受辱的情况下，仍然对妻子一往情深。

跟札木合一块儿过日子

铁木真救回了孛儿帖，夫妻俩破镜重圆，仇敌篾儿乞遭到了毁灭性的打击。这个大功，要归于铁木真的父汗脱里和安答札木合。

于是，三家开始分战利品。札木合坚持要把战利品分成三等份，一人

夫妻重逢

一份。铁木真坚辞不就，对札木合和脱里说，我这次能够救回孛儿帖，就是靠父汗和安答相助，你们已经帮了我的大忙了，我怎么能再要这份战利品呢？但是札木合一再坚持，咱们不是说好了嘛，有难同当，有福同享，你不要这算怎么回事儿？好像我们是为了战利品才来帮你的，我们是为了情义。

铁木真推辞不过，只好说，既然这样，你们非要分我一份，我也不能伤了父兄的面子，我可以收一部分，但是绝不能平分，我要最少的那一部分就可以了。我拿点儿意思意思就得了，我不拿你们心里不痛快。所以铁木真就拿了这么一点儿战利品。

特别有意思的是，篾儿乞人逃走的时候，老弱妇孺好多都扔在营地里了，其中有一个小孩儿，当时才几岁的样子，长得非常可爱，粉妆玉琢似的，戴着貂皮帽，穿着貂皮袄，蹬着鹿皮靴，白白净净的。铁木真特别喜欢这个孩子，虽然是仇敌之子，但他特别喜欢，就把这孩子抱起来送给了自己的母亲诃额仑。诃额仑身上伟大的母爱迸发出来了，欢喜得不得了，就把这个孩子认作养子，视同己出。

这个孩子叫曲出，在后来成吉思汗统一蒙古高原、建立蒙古帝国的过程当中，为成吉思汗出生入死，成为他麾下著名的大将。这样的事在以后还会一再上演，诃额仑夫人一共收了四个养子，都是敌对部落的孩子，可见诃额仑夫人也是一位伟大的母亲。

铁木真的妻子夺回来了，还给母亲弄了个干儿子，战利品也分完了，这个时候三家人马就要各回各家了。脱里先走了，剩下札木合和铁木真。札木合就对铁木真讲：你父汗也走了，你现在部落的势力又不是很强大，不如这样，咱们两个人结营而居，咱们住在一块儿，你把你的母亲和弟弟们都接来，以后咱们就像一家人一样一块儿过日子，你看怎么样？

札木合邀请铁木真跟他联营，铁木真当然很乐意了。因为铁木真怕自己势力弱小，仇家再来追杀就麻烦了，如果有札答阑部这么强大的一个后盾，这不是挺好的事儿嘛。所以，铁木真就带着自己的母亲、弟弟，还有自己的部众一块儿来到了札木合的札答阑部营地，开始并营而居。

第三次结成安答

并营的时候，札木合提出要跟铁木真再来一次结拜。一般咱们说义结金兰，结拜一回就完了，他们要第三次结成安答，不清楚这是一种什么风俗。

札木合和铁木真虽然都是孛端察儿的后代，但是铁木真的门第比札木合要高贵很多，是黄金家族的直系血统。据说札木合的祖先是孛端察儿抢来的一个女人生的，所以也有可能札木合这一支不是孛端察儿的后裔，是别人的种。但是札木合的势力要比铁木真大得多，在三部联军讨伐篾儿乞人的过程当中，可以看出来，札木合相当于三部联军的统帅，由他排兵布阵，他说怎么打就怎么打，谁左翼谁右翼，在哪儿会合，何时进攻，都是他安排的。

这个时候札木合跟铁木真结拜，不像小时候俩小孩儿互赠礼物那么单纯了。两人都有点儿各取所需的意思，你图我门第高贵，我图你势力强大，但是不管什么原因，两人第三次结拜为安答了。

两人第三次结拜的过程中，最有意思的是互赠礼物。札木合把从篾儿乞首领答亦儿兀孙那儿抢来的金腰带给铁木真系上，把从答亦儿兀孙那儿抢来的白马驹送给了铁木真；铁木真把从篾儿乞另一部首领脱黑脱阿那儿抢来的金腰带给札木合系上，把从脱黑脱阿那儿抢来的一匹宝马送给了札木合。等于两人谁都没破费，礼物都是抢来的，但比起小时候你给我一块儿动物骨头，我也给你一块儿，你给我一支箭，我也给你一支箭，这个礼物珍贵多了。但是动物骨头也好，箭也好，都是自己亲手做的，那个时候两人结拜绝对是出于天真无邪的童真，出于两个小朋友互相之间的友爱。

第三次结拜虽然礼物贵重多了，金腰带、宝马，但不再是自己动手做的了，都是在战争当中抢来的。所以这哥俩第三次义结金兰的目的，可能是这个意思：如果再有这种打仗发财的机会，咱哥俩还一块儿干。

两个人第三次结拜之后，相亲相爱地过了一年多。据说铁木真跟札木合两个人晚上是在一个帐篷里睡，盖一床被子，表示两个人亲密无间，非常友爱。

时间就这么过了一年多，铁木真的势力在逐渐壮大，札木合也想壮大自己的势力，尤其是想让铁木真跟着自己干。铁木真和札木合，两个人都才略出众，都有着雄心壮志，都希望自己能够统一草原各部，从而登上可汗的宝座。这样一来，两个人之间难免会产生矛盾。

俗话说得好：天无二日，国无二主，一山不容二虎。所以这两人之间出现矛盾是再正常不过的了。

兄弟散伙，独立发展

有一天，札木合跟铁木真两个人一同出去巡视，来到了一处水草丰美的地方。札木合走在前面，铁木真走在后边。

札木合突然转过身来，拿着马鞭指着靠山傍水的那块儿水草丰美的地方说：铁木真安答，你看见没有？如果是靠山扎营，牧马的人有帐篷住；如果是靠水扎营，放羊的人有饮食吃。

说完之后，札木合打马扬鞭，扬长而去。铁木真呆立在当场，不明白札木合安答说这话是啥意思，他有什么话不说透了，让人不太明白，回去问问我娘吧，我娘有学问，见多识广，没准儿能知道这话是啥意思。

铁木真回来之后，见到自己的母亲诃额仑夫人，就把札木合的话转述了一遍，请老娘给解一解，他说这话什么意思？诃额仑夫人还在琢磨的时候，铁木真的妻子孛儿帖就发表了她的见解。

孛儿帖说：我听说札木合安答这个人，素来是喜新厌旧，听他这话的意思，是厌烦咱们了，就是说他是放马的，咱是放羊的，猪狗不同槽，吃不到一块儿，想让咱们走人。既然他是这个意思，咱们也没有必要老跟着他，咱们这势力也越来越大了，部众也越来越多了，干脆咱们离开他吧，咱们另谋发展。我觉得这是一个好办法。

铁木真听完之后，一拍大腿，说我媳妇有见地，说得对，札木合肯定是这个意思。那好吧，咱们下次移营的时候，就不跟他走了。也有史籍记载说，铁木真连夜就拔营离开了札木合。

札木合和铁木真俩人一起住的这一年多，暗地里谁都没少做工作，没少从对方那儿挖人。甭管哪个世纪，最宝贵的都是人才，要想成大事儿，离开人才是不可能的。铁木真深知这一点，而且他的身上早就有了一种领袖魅力，札木合的不少人都被铁木真吸引了，想跟着铁木真干。对于这种情况，札木合看在眼里记在心头，只是不便发作。再这么住下去，我札答阑部就成了你铁木真的了，所以我必须得把你轰走。

这个道理非常简单，打个比方说，札木合就像是一个大企业的老板，做得有声有色，风生水起，很成功，铁木真就是乡下的一个小穷亲戚。这乡下小穷亲戚来投奔大老板，大老板很高兴地收留了他，念及咱俩小时候是一块儿光屁股长大的，一个村子里玩儿大的，现在我发达了，不能忘了朋友，安排你当个副总。结果老板发现你想单干，你不但想单干，你还挖我的人，搁谁身上，谁也得把这副总给开了。道理就这么简单。

于是，铁木真就跟札木合散伙了。铁木真这一散伙，确实带走了很多札木合的人。从这儿可以看出，孛儿帖夫人确实很有远见。当时的草原部落，分裂成了那么多部，长年厮杀，这些牧民也厌倦了。宁做太平犬，不做乱世人，在哪儿都是这么一个道理。那谁能领导我们统一起来呢？能够担此重任的，大概就是札木合和铁木真这两位青年才俊。只有这两位青年才俊，能够领导我们统一。所以牧民们面临着一个站哪边的问题，到底是站在札木合的阵营里，还是站在铁木真的阵营里。这个选择，在当时可以说是非常容易，拿脚指头都能想明白，谁的势力大、谁腰粗，我站谁阵营里呗。如果铁木真不跟札木合散伙，老是依附于札木合，那可就没人往他这个阵营里站了。

所以孛儿帖夫人让铁木真赶紧跟札木合散伙，铁木真听了孛儿帖的话，从此走上了独立发展的道路。

可见，孛儿帖作为智者德薛禅的女儿，对成吉思汗的一生产生了重要的影响。她是成吉思汗敬重的妻子，因为每到关键时刻，孛儿帖都会充当起谋士的角色，在丈夫犹豫不决之时，为他出谋划策。

收留了背叛自己的人

分营之后，铁木真的势力，比分营之前强大多了。

铁木真向别的地方发展，经过了一个泰赤乌人的营地，泰赤乌人一看铁木真来了，而且势力壮大了，吓得拔营就跑。泰赤乌人走得比较匆忙，就把一个漂亮小男孩儿扔在了营地当中。铁木真又捡了一个粉妆玉琢的小男孩儿，又交给自己的母亲诃额仑来抚养，成了诃额仑的第二个养子，叫阔阔出。

铁木真这次拔营而走，有很多人来归附他。史籍上说有二十多个氏族部落来归附铁木真。归附铁木真的这些人，分成几种：

一种是以个人的身份来投奔铁木真的。像后来成为成吉思汗开国"四狗"之一的忽必来，还有者勒篾的弟弟速不台。这些人都是身怀绝技的高人，为铁木真以后的征战和统一立下了赫赫战功。

另一种是原来离开铁木真的乞颜氏的贵族。包括合不勒汗的后代，比如说铁木真的叔叔、堂叔、堂兄弟们，都来投奔铁木真。当年铁木真母子落难的时候，这些人背信弃义离铁木真而去，现在一看铁木真势力壮大了，就回来投奔铁木真。铁木真也非常大度，当初我落难时候的事儿，那就不说了，既然你们现在又回来投奔我，我也一概收留。这些人后来在铁木真统一蒙古草原的过程当中，有的成了他的帮手，出生入死，南征北战；有的改不了三姓家奴本色，又背叛了他，成了他的仇敌，被他诛杀。

铁木真毫不犹豫地收留了曾经背叛过自己的亲戚，从这一点可以看出，铁木真此时已经具有了成大事者的心胸和气魄。铁木真日渐显露的王者魅力，也吸引了越来越多的人前来投奔。

豁儿赤带来的吉兆

其中，有一个来投奔铁木真的人很有意思。这个人叫豁儿赤，他是什么人啊？他跟札木合同族。札木合同族的人都来投奔铁木真，说明札木合家族内部已经开始分裂了，说明札木合部落的人更看好铁木真。而且豁儿赤这个人，身份非常特殊，他是个萨满，就是我们讲的巫师。萨满是能与神沟通的人，一般是代长生天传达旨意的人，所以萨满的地位非常重要。

豁儿赤来了之后，大大咧咧地跟铁木真讲：按理说，我跟札木合同族，我不应该背叛他来投奔你。我之所以做出这么重大的抉择，背叛了我的同族来投奔你，是因为长生天天神给我托梦，这个梦十分真切，我现在想起来还历历在目，梦中有一头白色的神牛，拱倒了札木合的营帐，这头神牛拱札木合营帐的时候太使劲儿了，一只角拱折了。这头神牛一边拱札木合的营帐，一边大喊还我角来，然后札木合就跑了。这是我梦中的一个场景。然后我又梦见另一头神牛背上驮着你铁木真的营帐，跟我们大家讲，这铁木真是你们的国王，我要把人间的王国献给他，让他在人间称王。我做了这个梦之后，明白了札木合不是真命天子，你铁木真才是我们长生天选定的大汗，所以我来投奔你。

然后，豁儿赤还大言不惭地跟铁木真说：我这个梦给你带来了吉兆吧？将来你要是真的做了蒙古的大汗，你怎么让我快活啊？这明显就是要回报嘛。

其实稍微动点儿脑子一琢磨，就能看出豁儿赤的这段话是胡说八道。豁儿赤说这话有两个目的：一是为自己背叛札木合的行为涂脂抹粉，二是在铁木真这里骗取荣华富贵。

但是铁木真在这个时候特别需要这么一个人，来鼓吹自己是长生天指定的大汗。所以铁木真当时就表示：如果我将来真能做国王，我就封你为万户。

我们知道草原上人丁稀少，没有多少人口，现在全世界的蒙古族人加到一起才一千多万。在那个时代的草原上，封一个人做万户，真的是不得了，那相当于中原王朝的亲王了。

没想到豁儿赤这小子贪心不足，他对铁木真说：我给你送来这么大的一个吉兆，你做了国王就给我封个万户啊？那不行，你还得从全国挑三十个美女给我做妻子，你还得让我当你的智囊，国家的大事儿小事儿都得听我的，因为我能和长生天沟通啊，你们谁能知道长生天想什么，长生天的旨意是什么？你们不知道，只有我知道，所以你得让我做你的智囊，什么事儿都得听我的。

铁木真这个时候可能没有想到，自己日后会是草原上叱咤风云的一代圣君，所以就满口答应下来。问题是以后不断有豁儿赤这号人物，投到铁木真帐下，给铁木真带来吉兆，然后要求铁木真封赏。

后来铁木真当了大汗之后，确实履行了诺言，封豁儿赤为万户，然后从全国挑了三十个美女给他做老婆。可见，铁木真是非常守信义、重诺言的一个人。

那么，铁木真是什么时候才登上汗位的呢？

袁腾飞讲

成吉思汗

第三讲

草原雄鹰始飞翔

11. 初登汗位：成为蒙古部落的可汗

铁木真很快被部众推上汗位，但是他的势力还非常弱小。此时的铁木真清醒地意识到，必须积极寻找外部盟友的帮助，才能生存和壮大。令铁木真想不到的是，曾经为他出生入死的安答札木合，不仅没有给予支持，反而挑起了战争。那么，札木合与铁木真兄弟之间的这场战争，究竟是怎么回事儿呢？

找个老大去打架

咱们前边讲过，蒙古部落以前是有可汗的，比如合不勒汗、俺巴孩汗、忽图剌汗。但是自从忽图剌汗以后，蒙古就再也没有可汗了，所以当时的蒙古部落是一盘散沙，经常遭到塔塔儿、篾儿乞这些部落的欺侮。

公元1183年，随着铁木真年龄的增长和势力的壮大，这些来投奔铁木真的蒙古部落的贵族，酝酿着拥戴铁木真做蒙古的大汗。需要注意的是，这个蒙古指的是蒙古部落，不是现在意义上的蒙古民族。

这些人拥戴铁木真做大汗的时候，他们的誓词特别有意思：我们决定立你为可汗，你做了可汗之后，我们打仗的时候愿意做你的先锋，为你击败所有的敌人，然后把抢来的美女和营帐都奉献给你。在草原围猎的时候，我们愿意把野兽赶得无处躲藏，然后把这些猎物都奉献给你。如果我们不遵从你的命令，你可以把我们杀掉，把我们的头颅抛在野外，没收我们的财产，把我们的妻子、儿女都作为奴隶。我们共同拥戴你为我们蒙古部落的大汗，希望你能接受这个汗位。

从这个誓词当中能看出什么呢？能看出铁木真的这些叔叔、堂叔和堂兄弟拥戴年仅22岁的铁木真做可汗的目的何在。他们希望铁木真带着他们去打仗，去围猎，等于就是铁木真领着大家发财，不论打仗还是围猎，自然大家都有收获。虽然大多数战利品给了可汗，但是你吃肉我们也能喝到汤。实际上，这帮人拥戴铁木真当可汗，就是找一个老大，好带着他们去打架。

可是这个可汗，跟铁木真心中的可汗相差十万八千里。铁木真觉得，我要做了可汗就应该大力治理这个部落，把它变成一个国家，然后我要统治这个国家。

但是行远必自迩，登高必自卑。理想再高远，路还是得一步一步走。不管怎讲，这些人拥戴铁木真做蒙古部落的可汗，铁木真欣然接受了。

铁木真手下的这些拥护者看他做了可汗，自然也非常高兴。比如说我们前面讲过的速不台，这个时候就跟铁木真表示，你做了大汗之后，我会像警觉的老鼠一样保护你的财产，像勤奋的乌鸦一样为你聚集财物，像大汗的毡帐一样保护你的安全。我就是勤奋的老鼠，我就是警觉的乌鸦，我就是能抵御寒风的毡帐，我会保护你，让你冻不着，免受风霜之苦。

也就是说，这些人纷纷向铁木真表忠心。

铁木真非常高兴，今天终于实现了父祖的遗愿，做了蒙古部落的可汗。铁木真跟自己的部属说，如果我能得到天地神明的保佑，真正完成草原的统一，做了草原之主，你们就跟我一起永享荣华富贵，你们都是我世世代代的好朋友。

这意思是，只要你们跟着我，咱们吃香的喝辣的，世世代代享受荣华富贵。

一手抓内政

铁木真一做可汗，就有了跟以前的可汗明显不同的做法。他要建立一整套规章制度，而且这些规章制度要成为后世遵照的典范。

首先，铁木真要建立一支绝对忠于自己的武装力量。这支武装力量的蒙古话翻译过来就是箭筒士，就是一帮弓箭手。铁木真知道，自己的这些叔叔和堂兄弟拥戴自己为可汗，并不是真心服从自己的统治，所以依靠他们是不行的，必须有绝对忠于自己的武装力量。因此，他召集了一帮箭筒士，作为自己的贴身侍卫。

然后，铁木真安排手下的人各司其职。放羊的要把羊喂得肥肥的，放马的要把马喂得壮壮的。专门制作武器的人，一定要把刀做得十分锋利，能够砍断铁甲；生产箭的人，箭头要能射穿多少张生牛皮，这些都有严格的规定。特别是负责饮食的人，这个非常重要，如果被敌人收买，在饮食当中投毒的话，那咱这一票人可就全玩儿完了。所以在蒙古部落，还有日后的蒙古帝国、大元王朝当中，负责饮食的人绝对都是组织上最信任的人，不是说随随便便来一个人就能当厨子，就能给大汗做饭。

在当时的草原上，只抓内政建设是不行的。这个时候，铁木真的势力还非常弱小，仍旧处在其他部落的威胁之下。铁木真很清楚单打独斗成不了气候，所以要积极寻求外部盟友的支持。

一手抓外交

铁木真首先要争取的盟友，就是父汗脱里和安答札木合。于是，铁木真派人去把自己称汗的消息告诉父汗脱里和安答札木合。

脱里听说铁木真称汗，非常高兴，说你们立我的孩子为汗，这非常好，早该如此了，你们蒙古部落怎么能没有自己的可汗呢？你们这么做是对的，我非常高兴，我会永远支持铁木真，也希望你们忠于自己的誓言，要永远忠于他。我克烈部作为铁木真的盟友，会永远支持蒙古部的可汗。

使者欢天喜地地回去向铁木真报信。铁木真听了，自然也非常高兴。

派到札木合那儿去的使者，境遇完全不一样。使者到了札木合的营帐，报告说你的兄弟铁木真已经被我们拥立为可汗了。札木合非常不快，但是铁木真身份高贵，现在也有了不少部众，没有理由跟人家翻脸。札木合只好强压怒火，他不好意思直接指责铁木真，就指桑骂槐，骂拥立铁木真做可汗的两个人，一个是阿勒坦，一个是忽察儿。

札木合说，阿勒坦和忽察儿这俩人太不地道，我跟铁木真安答在一起的时候，你们为什么不拥立他做可汗？非要等我俩分开了之后，你们才拥立他做可汗，这是什么意思？这不是破坏我跟铁木真安答的关系吗？回去告诉铁木真安答，小心这俩人。你们既然已经立了铁木真做可汗，那就立吧，但你们要忠于自己的誓言，别朝三暮四、朝秦暮楚。同时告诉铁木真安答，让他开开心心地做他的可汗，我永远是他的好安答。

札木合的真实心思其实是这样的，既然你称汗这件事我反对不了，我也拿你没辙，那我就告诉你小心身边的这俩人。而且札木合表明了一个意思，如果我跟铁木真安答闹掰了，那肯定是这俩人离间的结果。

札木合上面的话是言不由衷，就如我们前边举的那个例子：我身为一个老板，你来投奔我，我把你带起来了，你生意也做大了，然后你自立门户，还成了我的竞争对手。现在你一称汗，肯定就会存在草原上的牧民往哪边儿站的问题，他们到底是站到我札木合一边呢，还是站到你铁木真一边呢？所以，札木合心里非常不痛快。

使者回来之后，就把札木合说的话告诉了铁木真。铁木真听完之后，沉吟片刻，想了一想说，看来我这个札木合安答，心胸过于狭隘了，甭管他了，他爱怎么想就怎么想吧，但我绝对不会违背跟他结拜时候的诺言。我知道他心里不痛快，我也知道他对我是必欲除之而后快，但是允许他不仁，我不会不义。既然他说出这样的话，那由他去好了，咱们千万不要挑衅札木合，但是大家要做好防备。万一札木合有什么挑衅的举动，或者说他要进攻咱们，咱们也别让他打个措手不及。

铁木真已经料定，自己跟札木合安答之间早晚要有一场战争。

札木合的借口

札木合曾经三次与铁木真结为安答，并多次为铁木真出生入死，可以说，铁木真的成功少不了札木合的鼎力支持。虽然对于铁木真称汗一事，札木合非常不悦，但是铁木真号召部众防御札木合的进攻，是不是太过谨慎了呢？

事实证明，铁木真的判断非常精准。而且札木合兴兵来攻打的时间，比铁木真想象的还要快。

札木合很快就找到了一个攻打铁木真的借口。他找了一个什么借口呢？

札木合有一个兄弟，领着一帮人跑到铁木真的部落里偷马。他们偷的牧民不是一般人，而是铁木真的叔叔，叫拙赤。他们把拙赤家的马给偷了，但偷马时响动太大，马一叫唤，拙赤就醒了。马是牧民家最宝贵的财产，咱们讲过铁木真家的八匹马丢了，铁木真追了几天几夜也要把马给追回来。拙赤一看自己家的马被偷了，那是怒从心头起、恶向胆边生，赶紧拿上弓箭追了出来。

拙赤远远地望见前面黑乎乎的人影在跑，那肯定是盗马贼。拙赤大喊一声："你把马给我留下！"随后不管三七二十一，搭弓放箭，一箭就奔着这些盗马贼射出去了。

札木合的弟弟活该倒霉，也不知道这拙赤真是神箭手还是蒙的，这一箭太准了。只射了一箭，札木合的弟弟"哎哟"一声就翻身落马了，当场被射了个透心凉，死了。

这些盗马贼一看带头大哥死了，也顾不上偷马了，先把首领的弟弟抬回去吧。

札木合一瞅就急了，好你个铁木真，我正想收拾你没个借口呢。你可真行，我弟弟也就偷你们家几匹马，你竟然把我弟弟给射死了。札木合也不管拙赤是蒙的，还是特意要射死他弟弟，反正就是找个开战的借口，要为弟弟报仇。你媳妇被抢了，你还跟人家篾儿乞人拼命，非要把人家篾儿乞部落消灭了不可；我弟弟被你射死了，咱们能有完吗？

于是，札木合立即发动部众，派人联络塔塔儿部、篾儿乞部、泰赤乌氏等部落。凡是跟铁木真有仇的部落，他都给联合起来，组成了一个反铁木真联盟，组织了十三部人马，共三万大军，要跟铁木真决一死战。

很快，札木合的联军就浩浩荡荡地向铁木真杀过来了。

煮了七十锅人肉

铁木真听到札木合起兵的消息时，正在山里打猎呢。一听札木合组织了三万大军来进攻自己，铁木真赶紧回去组织人马。

铁木真也组织了十三部人。你来十三部，我也来十三部，十三部对十三部，问题在哪儿呢？札木合召集的这些人，都对铁木真怀有深仇大恨，一定要弄死铁木真，这帮人才称心如意。而铁木真组织的这十三部人，第一部是诃额仑的部属。诃额仑这个时候已经是老年人了，老太太穿上牛皮的盔甲，骑上战马，举起祖先留下的长矛，然后领着自己的部属上了战场。第二部是铁木真的兄弟们和他的箭筒士。从第三部到第十一部就是铁木真的叔叔、堂叔、堂兄弟们，这些人虽然拥戴铁木真为可汗，但是他们在战场上不会真的为他去玩儿命，他们是见便宜就上，见吃亏就躲。剩下的第十二部和第十三部是旁支尼鲁温蒙古人。所以，铁木真这十三部的力量并不强大，基本上是一群乌合之众。

双方在草原上拉开阵势，刚一照面，铁木真的部队就被打了个落花流

十三翼之战

水，被冲得稀里哗啦。札木合这十三部联军，个个怀着对铁木真的深仇大恨，举着明晃晃的战刀，骑着快马，一阵风就冲到了铁木真的队列面前。箭如飞蝗，遮天蔽日，然后大队人马就像一股狂风似的席卷而来。铁木真的部下哪儿见过这阵仗，所以刚一交战，就被杀得稀里哗啦，退到了斡难河岸。

铁木真第一次独自领导的大战就这样惨败了。这一仗就是蒙古历史上有名的十三翼之战。

铁木真这一仗虽然败了，实际上元气未伤，伤亡的人并不多。因为铁木真的军队跟札木合的联军一照面，就兵败如山倒，大部分人都是打马就跑。很多人都没跟札木合的联军交上手，一看前面的人都在跑，自己也就撒腿往后跑。

所以铁木真虽然打了败仗，但是并没有像以前的篾儿乞人那样，被打得到了亡族灭种的地步。

对铁木真来讲，更加可喜的是什么呢？札木合联军打胜了之后，对待俘虏极其残忍。

中国历史上，对待俘虏的方式有很多种。有的优待俘虏，将其化为己用；有的干脆全部杀光，以绝后患。札木合对待俘虏的方式是非常残忍的。札木合弄了七十口大锅，里面烧着滚烫的开水，然后把凡是支持铁木真部落而被他俘虏的人，全部扔到大锅里给活活煮死了，等于是煮了七十锅人肉。

成大事者的必备素质

札木合这么一干，大失人心，与铁木真对人的友善、仁爱就形成了鲜明对比。

前面讲过，铁木真对先弃他而去然后再回来的部众是宽宏大量的，绝对不会说你当初背叛我，我跟你没完，只要回来，就还是亲如一家。铁木真对待他的部下也是体恤有加，打仗都是自己冲锋在前，撤退都是自己断后。铁木真是这样的一个人，跟札木合形成了鲜明对比。

作为一个合格的领导者，光有威严是不够的。一个成功的领导者，必须得有一颗包容的仁爱的心，你得包容别人的缺点，你得爱惜你的百姓，爱惜你的部众，甚至爱敌人。因为你有了一颗仁爱的心，所以你才能散发出崇高的人格魅力，你才能有那种夺人双目的领袖气场。

凡是在乱世中能够脱颖而出取得成功的人，都有一种能力——会控制自己的情绪，喜怒不行于色，特别是不能因为个人的私仇而滥杀无辜。

《孙子兵法》讲："主不可以怒而兴师，将不可以愠而致战。"主不可以怒而兴师，是说作为君主，不能因为哪个国家得罪了我，一拍桌子就要灭了他。将不可以愠而致战，是说将军不能因为别人气你，说你不敢打，是缩头乌龟，你就去跟人拼命。作为君主要对一国负责，作为将军要对三军负责，所以必须好好控制自己的情绪。今天甭管你是一个企业还是一个单位的领导者，你要对你的团队负责，不能因为你控制不住自己的情绪，使大家陷入危险的境地。

札木合的军事实力虽然远远强于铁木真，但是一场胜利之后，他这种小人乍富的本性就暴露出来了，谁跟着铁木真，我就把谁活活煮死。札木合这个人就这样，心胸太狭隘了，干不成大事，没有人愿意来投奔他。他心情好的时候收留你，遇上他哪天心情不好，他就拿你做汤了，谁受得了这个。

所以，铁木真能成功，札木合成功不了。铁木真在少年时就历尽坎坷，历练出了宰相肚里能撑船的气度，泰山崩于前而不变色。一时的失败，没有什么了不起的，没有过不去的坎儿。暂时的失败，暂时的退却，是为了明天的进取，是为了更大的成功。

从这个意义上来讲，铁木真明显比札木合棋高一筹。其实在中国历史上，甚至世界历史上都是这样，一个成功的领导者，仁爱心、包容心是必不可少的。

因此，十三翼之战，铁木真虽然败了，札木合虽然胜了，但是由于札木合煮了七十锅人肉，把俘虏全都给做成肉汤了，所以札木合反而大失人心，有越来越多的人，包括札木合自己部落的人，都投到了铁木真的麾下，铁木真的势力反而更加壮大了。

12. 势力扩张：打败可怕的对手札木合

十三翼之战，是铁木真一生中唯一的败仗。铁木真兵败撤退之后，没想到，部落内部又爆发了激烈的冲突。而可怕的对手札木合也不想给铁木真一丝喘息的机会，很快又发动猛攻。那么，内外交困的铁木真，能否经受住札木合的第二轮猛攻呢？

得人心者得天下

十三翼之战结束之后不久，札木合手下的两个部落首领，就率领本部人马来投奔铁木真。从战胜者集团加入战败者集团，需要非常大的勇气。让铁木真更加高兴的是，当年接受他父亲也速该临终托孤的蒙力克也归来了。

也速该临终的时候，托孤给蒙力克，让蒙力克好好照顾他留下的孤儿寡妇。但是蒙力克辜负了先主的重托，投奔了其他部落，甚至铁木真跟札木合分营的时候，蒙力克都没有来追随铁木真。

可见，蒙力克是投机意识极强的一个人。那么，蒙力克在这个时候来投奔铁木真，说明了什么呢？说明蒙力克已经看准了铁木真行，所以才会来投奔。

铁木真经过十三翼之战，事业不但没有走下坡路，反而蒸蒸日上。敌营将领的倒戈，老部下的归来，都使铁木真的势力得到了壮大。但是，以铁木真目前的实力，要想成功抵御札木合十三部联军的进攻是远远不够的。铁木真必须尽快壮大自己的力量。

札木合率领十三部联军打了胜仗之后，志得意满，不但对待俘虏十分残酷，对于其他部落也是任意欺凌。有一个札木合统治下的小部落，遭到札木合的欺凌，没有办法，只好到草原上打猎谋生。

这个部落在打猎的过程中，遇到了铁木真。当时铁木真在一座山上打猎，看到这个部落的人也在这儿打猎，就特别关照他们，故意把猎物往这个部落那边赶。

所以这个部落这一天收获颇丰。当时，他们有四百多人在那儿打猎，打猎结束之后，发现收获很多，就留下二百人在猎场守卫，剩下的二百人把猎物送回营地。

铁木真就过去问在猎场守卫的这些人，你们吃的、穿的、住的缺不缺。这个部落的人说，我们没想到今天能打到这么多猎物，所以没做好准备。铁木真一听，马上派人把自己部落里的食物和御寒的衣物给他们送过来。这二百多人一看铁木真不但把食物送过来了，连锅都给送过来了，都特别感动。

要知道，草原上铁器十分缺乏，得到一件铁器真的是很不得了的事情，铁木真却把自己部落的锅都给送了过来。要没有锅的话，你怎么煮肉啊？你不能天天在火上烤串吃，这玩意儿费工夫，还没有汤喝。

这个部落的人感动地说，你看札木合这么压迫咱们，铁木真对咱们这么好，咱们干脆跟他一块儿过吧。这二百人当晚就到铁木真的营中过夜了。铁木真非常高兴，就收留了这二百人。

第二天天亮了，把猎物送回营地的那二百人回来了。跟铁木真一起过夜的这二百人，就把自己的遭遇都告诉了自己的同胞。你看，札木合压迫我们，把我们扔在一边，甚至还掠夺我们，不管我们的死活。反过来，你看，铁木真给我们食物，给我们衣物，甚至还把锅给我们送过来，这才是真正仁慈的君主。这样的好君主太难得了，我们应该归顺他，跟着他共创一番事业。

这个部落的人一合计，就决定投奔铁木真。

这个部落的人归降铁木真，很快有了示范效应，越来越多的人从草原的四面八方来投奔铁木真。这些人都讲，札木合残暴无道，平白无故地压迫我们。而铁木真能把自己的衣服脱下来给我们穿，把自己嘴里的食物抠出来给我们吃，把自己的帐篷让给我们住。铁木真这样善待大家，为大家着想，真是一个好君主。

宽容的力量

有一天铁木真去打猎的时候，遇到了泰赤乌氏贵族下属的一个部落。大家一看，这是泰赤乌人的部落。仇人相见分外眼红，拔刀的拔刀，拉弓的拉弓，就跟铁木真讲，这帮人都是泰赤乌人，是咱们不共戴天的死敌，大汗，咱们把他们一勺烩了算了，正好咱们人多，他们人少。

铁木真赶紧制止了手下，别别别，人家又没有什么恶意！人家不是来跟咱们寻仇的，咱们打猎，人家也打猎，这个地方也不是咱们的猎场，不能不让人家打猎。打猎归打猎，咱们别打人。

然后，铁木真策马向前，问这些人，你们来这儿干什么呀？

这帮人一看铁木真过来了，非常害怕，这可是跟我们部落有仇的铁木真啊，当初我们部落的首领塔儿忽台没少折腾人家。于是，这帮人的首领赶紧回答说，我们确实是泰赤乌氏部落的人，但是泰赤乌氏的贵族一直虐待我们。我们在苦苦地挣扎，我们生活不下去，所以才出来打猎，没想到，冒犯了大汗您，请您恕罪。

铁木真赶紧问，你们有粮食没有？说很少。有帐篷没有？没有，没有地儿住。铁木真一听这话，赶紧说，既然你们没有帐篷住，就不妨跟我们一起住，跟我们同营。然后明天咱们一块儿打猎，有什么猎物，我一定会分给你们。

到了第二天，铁木真果然要兑现自己的诺言了。怎么兑现诺言呢？铁木真的做法，跟与对待之前受札木合欺负的小部落的人一样。那个时候打猎讲究的是围猎，大家从猎场四面八方行进，然后把猎物赶到一块空地上，大家一起弯弓射箭也好，拔刀砍杀也好，把猎物消灭掉。铁木真又是故意把猎物往这些人的地盘赶，故意让他们多打到猎物。这下又把这些人给感动了。没想到，铁木真对我们这么好。于是他们回到自己的部落里，开始宣扬铁木真的恩德。

这些人一宣扬铁木真的恩德，部落里前来归顺铁木真的人就越来越多。这些人投奔铁木真是出于一种什么心理呢？其实在这些人看来，铁木真的部落，或者说铁木真建立的这个政权，特点是井然有序，颇有章法，稳重温和，赏罚有度，合乎道德。在当时的草原上，甚至可以说是慈悲人道的。

在这一点上，铁木真把所有的对手都远远地甩在了身后。铁木真的对手的部落，可以讲基本上还处在原始状态，没个规矩、没个章法，赏罚全凭部落首领的个人好恶，首领一高兴怎么都行，首领不高兴怎么着都不行，不像铁木真有一套完善的制度。

可以说，铁木真的部落，在这个时候已经初步具备了国家的雏形。所以归附铁木真的人越来越多，铁木真的势力越来越大。

庆功宴成了泼妇吵架

来的人多了，内部的矛盾难免也就多了。

前面讲过，来归附铁木真的人是各怀心思。特别是铁木真的叔叔、堂叔、堂兄弟们，这些人归顺铁木真，就是希望建立一个松散的部落联盟。铁木真是我们的共主，然后领着我们外出抢劫、打仗，回来之后别干涉我们的内政，我们想怎么干就怎么干。有点儿有福我们享、有难你来当的感觉。他们推举铁木真为可汗的誓词里，讲得也很明白，就是希望作为可汗的你，领着我们去打仗、打猎、抢东西，就希望你干点儿这个，别的事儿你甭管。

这跟铁木真的设想可以说是天差地别。铁木真实际上是想建立一个以他和他的家族为核心的强有力的中央政权。用中原王朝的话说，就是一个中央集权的政权。所以，铁木真跟各怀心思的部属肯定会发生冲突。

有一次，铁木真打了一个小仗，取得了胜利。胜利之后，自然要摆下宴席庆贺一番。没想到，在酒宴上出事儿了。

出什么事儿了呢？铁木真叔叔家有俩媳妇儿：大老婆豁里真，二老婆额别该。铁木真就邀请这俩人也一块儿入席，然后由负责安排酒宴的失乞兀儿给这些贵族斟酒，还要一座一座敬酒。失乞兀儿斟酒的时候，先给诃额仑斟酒。当时铁木真部落的女性肯定以诃额仑为首，她是可汗的母亲。

给诃额仑斟完酒之后，失乞兀儿就按照座位顺序，给额别该倒酒去了。给额别该倒完酒之后，下一个轮到豁里真。没想到，失乞兀儿刚刚要给豁里真倒酒，豁里真站了起来，一个大嘴巴就扇到了失乞兀儿的脸上。失乞兀儿被打傻了，我没招谁、没惹谁，我好心好意地给你倒酒，你给我一嘴巴是什么意思？豁里真就开始撒泼，指着失乞兀儿的鼻子大骂，说给诃额仑倒完了要给我倒，你知道吗？我是大老婆，你知道吗？你奉承那个小妖妇，为什么先给她倒？

额别该一听这话，也不干了，两个人就站起来开始对骂。好好的一场庆功宴，变成这两个泼妇撒泼的场所了。诃额仑气得说不出话来，毕竟是人家自家的事儿。铁木真看着自己的两个婶婶为老不尊，在这儿瞎折腾，也不知道如何劝解。

这个时候，挨打的失乞兀儿不干了，我好心好意地倒酒，你凭什么给我一嘴巴？失乞兀儿越想越生气，就哭上了，一边哭一边说。他说什么呢？他说当年也速该在世的时候，我可没有受过这种羞辱。言下之意是什么呢？就是说你铁木真太窝囊了，我怎么着也算是先主的老臣了，在你爸爸也速该的时候，我就在这部落里混，那个时候都没人敢动我一手指头，现在你做了大汗，结果我平白无故让人打了一嘴巴，还没人管这事儿。我太冤了，我咽不下这口气。

失乞兀儿一边哭一边走出了帐篷。铁木真听到这番话，能不生气吗？气得胸口一起一伏，但毕竟这俩人都是自己的婶婶，他拿这俩人也没辙。所以铁木真就在那儿好言相劝，劝到这两个人都止住了骂声，也不扭打了，两个人又回到了座位。

结果，铁木真这口气没消，又发生了一件更让他生气的事儿。

铁木真的怒火

蒙古人都是骑马来喝酒的，大家在这儿饮宴喝酒，总得有人照料马匹。

谁来照料马匹呢？铁木真让自己的弟弟别勒古台作为总管。没想到，铁木真一个族兄的马夫不开眼，竟然去偷铁木真的马缰绳。你说你偷谁的不行，偏偏要去偷铁木真的马缰绳？

从这一点也能看出来，当时蒙古部落经济确实不发达，比较贫困，连可汗的马缰绳都有人惦记。要不是穷到一定的份儿上了，他也不至于干这个事儿。

这个马夫偷铁木真的马缰绳的时候，被别勒古台看见了。别勒古台当然很生气，你知道这是谁的马缰绳？这是可汗的马缰绳，你都敢偷。别勒古台上来就打了这个马夫一个耳光。

这个马夫捂着脸就跑了，去找自己的主人，也就是铁木真的堂兄撒察别乞。马夫说了前因后果，撒察别乞不明是非，一听就火了，打狗还得看主人呢！别勒古台，你算什么东西啊？你竟然打我的马夫。

于是，撒察别乞来找别勒古台，一见面二话不说，拔出刀来就砍。幸亏别勒古台身手矫健，躲得快，没砍到要害处，但是也砍到了别勒古台的肩头，血流不止。

铁木真把这一幕看得真真切切。刚才庆功宴成了泼妇吵架，铁木真那口气就没咽下去，你们这些所谓的长支王公，仗着是我的叔叔辈，你们太欺负人了。当年我们母子落难的时候，你们谁都不管，没有一个人仗义援手。现在我们发达了，你们又一个个来投奔我。投奔我就投奔我吧，你们整天还想吃五喝六，还想骑到我的脖子上拉屎，哪有这好事儿？

铁木真把帽子一扔，就蹿了起来，冲到了别勒古台和撒察别乞跟前。铁木真跟别勒古台讲，你怎么能忍受这样的侮辱呢？铁木真表面上是在埋怨别勒古台，实际上，他的仇恨都记在撒察别乞身上了。

别勒古台还真是仁厚，为了平息自己兄长的怒火，他就对铁木真讲，不要紧，这点儿小伤不算什么。你看咱们今天打了个大胜仗，又有这么多人来投奔我们，大家伙都挺高兴的，别为这个事儿伤了和气。大哥，你回去吧，甭管了，我包扎一下伤口就完了。

铁木真说，算了？这都已经骑到咱们头上作威作福了，怎么能算了？你算了我算不了。铁木真抄起一根搅奶的杆子，一顿乱揍，打得这帮人全躺在地上了，然后又踹了几脚，这才恨恨作罢。

然后铁木真下令，把那俩老妖婆给我抓起来，就是她们俩捣乱，搅了今天宴会的兴致，然后害得我兄弟挨刀。别勒古台还在边上劝铁木真，别别别，那是咱们的婶婶啊！你打了哥哥就行了，再把婶婶抓起来算什么。但是铁木真正在气头上，不由分说，让人抓起来，让她俩接受点儿教训，以后别整天挑三拨四、吃五喝六的。

把这两人抓起来之后的第二天，撒察别乞主动来找铁木真求饶。铁木真当然也是求之不得，真把这俩婶婶关在这儿也不是个事儿，你还得管饭。一看既然撒察别乞来求饶了，那就就坡下驴吧。铁木真让撒察别乞把这两人领回去，以后别让她们再惹是生非。

从这件事可以看出来，铁木真的部落扩大的一个结果是内部矛盾凸显出来了。内部不和，必然给外人以可乘之机。

大破札木合联军

札木合上一次把铁木真打得大败，没想到，铁木真不但很快就缓过来了，而且势力越来越大。

所以札木合又策动各部联军，向铁木真杀来。札木合这次是一定要把铁木真消灭掉，绝不能再让他虎口脱险，死灰复燃。

铁木真得到消息后，请教自己的头号大谋士，也是帐下第一大将博尔术，札木合又要领兵进攻我们，你看我们应该怎么跟札木合作战？

博尔术不愧是一代名将，给铁木真分析说，敌人这次远道而来，气焰嚣张，他们渴望速战速决。如果我们跟他们正面交战，对我们非常不利。我们是在主场作战，在咱们的一亩三分地上，咱们拖死他们，耗死他们。中原有个成语"一鼓作气"，等敌人师老兵疲、丧失斗志的时候，我们再反攻，必获全胜。

铁木真一听，太有道理了，拍着博尔术的肩膀说，你真不愧是头号大谋士，就听你的。于是，铁木真下令，敌人来了，任他百般叫骂，谁也不许出营交战，严防死守。

札木合领着这些人呼啸而来，漫山遍野，高举战刀，骑着快马冲过来，到了铁木真的营地一看，人家营门紧闭，根本就不跟你打仗。札木合哈哈大笑，你看，铁木真都不敢跟我作战，兄弟们上，一鼓作气踏平他的营地。札木合的军队刚一冲，博尔术率领箭筒士们万箭齐发，把札木合的军队射了个人仰马翻。札木合只好撤退，重整旗鼓再来进攻，又被射了个人仰马翻，只好再退去。

这样打了几次，札木合这边就泄气了。这你咋整啊？人家不跟你打，你强攻吧，人家都给你射回去了。怎么办呢？札木合只好下令扎营。但是札木合这次进攻的时候，准备工作做得很不充分。他认为还跟上次一样，只要他的大军一到，铁木真的部队就会作鸟兽散。所以，他根本就没有做打持久战的准备，特别是食物带得不够。

我们知道游牧民族打仗，本身就不怎么准备食物，主要靠外出打猎获取食物。札木合食物没带够怎么办呢？只能出去打猎。

博尔术登上山坡，眺望札木合的部队，发现札木合的部队乱作一团，都在那儿忙着打猎，忙着填饱肚子呢！博尔术就跟铁木真讲，时机到了，敌人已经乱套了，肚子都填不饱，绝对没有战心。咱们这个时候发动进攻，定能大获全胜。

铁木真一听这话，立即下令，给我冲出去，杀！铁木真的部下待在营里，以逸待劳，肉吃得饱饱的，奶喝得足足的，一身力气正无处发泄呢。之前札木合的人来挑战，又百般辱骂了铁木真的人一番。所以，铁木真的人憋了一肚子火。可汗一声令下，三军将士跃马横刀，直冲向札木合的部队。

札木合的好多人还在忙着打猎，找吃的，没打着猎物的继续打猎，打着猎物的正架着锅煮肉。没想到，铁木真的部队在这个时候发动了进攻，片刻间，札木合的部队就跟雪崩一样溃散，被杀得人仰马翻。札木合的部队是联军，不全是札木合的子弟兵，好多都是请来的客军。这些军队才不给你玩儿命打，首先就崩溃了。

札木合一看，完了，这仗输定了。三十六计，走为上计。札木合扔下部队翻身上马，很快就逃得无影无踪。札木合的部队一看，主帅都跑了，我们还在这儿玩什么命啊？所以纷纷逃跑，只恨爹娘少生了两条腿。

这样一来，铁木真大获全胜，大破札木合联军，斩首无数。札木合联军没死的基本都做了俘虏，经此一战元气大伤。

铁木真终于打败了可怕的对手札木合。不久，又有一个更大的机会摆在铁木真的面前，让他有机会击败另一个老对手。

13. 面对背叛：忍常人所不能忍

铁木真大破札木合联军之后，实力进一步壮大，不仅帮助自己的义父脱里重新夺回了汗位，更是借全国讨伐塔塔儿部之机，大败了世仇塔塔儿部。然而，正当铁木真逐渐走向成功的时候，发生了两件让铁木真意想不到的事情。不但让铁木真再次饱尝世间的冷暖，更让铁木真进一步感受到政治的残酷。那么，这两件事究竟是什么，它对成年后的铁木真又有着怎样的影响呢？

脱里又丢了汗位

细心的人可能已经发现了一个问题，之前铁木真打仗的时候，总会向自己的强大靠山也就是他的义父脱里求援。为什么这两次跟札木合大战，铁木真却没有向脱里求援呢？

原因很简单，这个时候，脱里正在草原上流浪呢！脱里走背字儿了，汗位又被人抢了。这次被谁抢了呢？被脱里的亲弟弟给抢了。咱们讲过，脱里做克烈部的可汗，也是命途多舛，一波三折。他父亲把汗位传给他，结果被他叔叔给抢了，还是靠铁木真的父亲也速该帮他把汗位夺了回来。夺回汗位之后，他更知道这个汗位来之不易，不能轻易丢失，所以他就把能够威胁到自己汗位的人基本都杀了。

脱里有四个弟弟，他杀了俩，剩下了俩。剩下的这俩，有一个跟他关系很好，叫札合敢不。还有一个跟他关系一般，知道脱里这个人刻薄寡恩，不定什么时候翻脸，所以就隐忍不发，保命为上，等待时机。功夫不负有心人，这个弟弟趁着脱里一不留神，发动了政变，把脱里给赶跑了。

脱里无家可归，只好流浪，投奔了西辽。但是西辽这个时候也是内乱不断，根本就顾不上帮助脱里。而且脱里跟当时的西辽皇帝不和，被西辽皇帝一怒之下给赶出去了。脱里只好在草原上到处流浪，甚至走到了西夏境内。脱里赖以为生的就是五只母羊和一峰骆驼。当年的草原六雄之一克烈部的可汗，如今落到了这步田地，也很令人心酸。

铁木真大破札木合之后，势力进一步壮大了。铁木真这人有情有义，甭管是他的亲人、他的战友，还是他的恩人，他都是有恩必报。既然我跟我的父汗有神圣庄严的契约关系，现在父汗落难，我绝不能坐视不理。

于是，铁木真派人到草原上，到处寻找他落难的父汗。

可汗挤羊奶

铁木真派出的使臣找到脱里的时候，一看，这老头儿正在挤羊奶呢！这个使臣上前说明来意，我家可汗铁木真派我来请您，帮您夺回汗位，恢复部众。

一听这话，脱里感动得是老泪纵横啊！亲儿子都顾不上我了，弟弟都跑了，结果铁木真这个义子没白认，当年他爹帮我复过一回汗位，现在他又要帮我复一回汗位。

铁木真把脱里迎来，在离自己营地不远的地方，给他分发了牲畜，安排了营帐，然后帮他收拢部众。铁木真每次攻打其他部落，战利品都要分给脱里一份。这样一来，脱里的势力就渐渐地恢复了。

脱里毕竟执掌克烈部多年，他的兄弟一看脱里又回来了，只好投奔乃蛮部去了。于是，脱里重掌了克烈部的汗位。这个时候，跟脱里关系特别好的那个弟弟札合敢不已经流亡到了蒙古跟金朝的边境一带。铁木真又派人把札合敢不也迎请过来，交还给脱里。

脱里这次能够夺回汗位，恢复部众，完全是因为铁木真仗义援手。

所以从此之后，虽然铁木真还是对脱里恭恭敬敬，父汗、父汗地叫着，但在实际上，铁木真已经从脱里的附庸变成了脱里的盟友，至少是平起平坐了。可以说，铁木真已经完全走上了独立发展的道路。

脱里对铁木真首先是非常感谢，你看人家父子俩都搭救过我。此外，脱里的心里也难免有点儿酸溜溜的，这铁木真本来是我的儿子，是我的附庸，现在翅膀硬了，自然不会对我言听计从了。

因为心理有点儿不平衡，脱里就经常干点儿特别让人看不起的事儿。比如说，脱里夺回克烈部的汗位之后，有一次跟篾儿乞人打仗，取得了胜利之后，他就把战利品全独吞了，没有分给铁木真一份。大家觉得脱里这个人真不够意思，你刚缓过来就干这种忘恩负义的事儿。

脱里越瞅铁木真，越觉得气不顺，这小子翅膀越来越硬，他会不会将来威胁到我呀？他原来一文不名，来找我帮忙的时候，只有一件黑貂皮袄，是我把他扶植起来的。脱里再看自己的儿子，绝对没有铁木真的气度，肯定不是铁木真的对手。所以现在我在的时候，铁木真还给我个面子，我要不在了，他还不把我的部落给吞并了啊？

脱里越想越不对，怎么办？干脆先下手为强，把铁木真干掉得了。

草原上的鸿门宴

你看这个脱里，真是利令智昏了！怎么能想出这样的损招呢？居然想把救命恩人铁木真给干掉。

打定主意之后，脱里召开宴会，请铁木真前来，想在酒宴上对铁木真下手。但是，脱里部落当中有明白人，知道不能这么干。如果咱们这么干，传出去岂不被天下英雄耻笑啊？这叫什么事儿啊？所以这个明白人在宴会上就坐到了脱里跟铁木真中间，把脱里和铁木真分开了。然后，这个人在酒宴上不断地向铁木真使眼色。蒙古人以肉食为主，所以蒙古人随身都佩带着切肉的小刀。这个人一边冲铁木真使眼色，一边不住地抚摸自己的那把小刀。

铁木真是何等聪明的人，从小到大经历过多少腥风血雨。于是，铁木真不动声色，草草地吃了几块肉，喝了两碗酒，就站起来对脱里说，对不起，父汗，家里突然有点儿急事，我不能陪您老尽兴了，改天咱们再叙。说完之后，扬长而去。

脱里来不及动手，只好作罢。然后，脱里部落的人就议论说，你看咱们的大汗，真是老糊涂了，利令智昏，他怎么能干这样的事儿呢？你说他这一辈子，7岁的时候被篾儿乞人给掠走了，13岁的时候被塔塔儿人给掠走了，汗位又被他叔父占了，是靠人家也速该给抢回来的。这一次又被他弟弟赶走了，是靠铁木真把他的汗位抢回来的。这老小子没什么本事，好不容易有了今天，结果他还要对救命恩人下手，真是不知好歹。

可见，脱里这么干真的是猪油蒙了心，等于是好日子过腻了。

铁木真对脱里的所作所为，也是看在眼里记在心头。但是毕竟还没到发作的时候，现在还需要联合脱里一致对敌。所以铁木真隐忍不发，没有跟脱里撕破脸。

铁木真能够成就千古霸业，与他自身的性格是密不可分的。铁木真虽然发觉了脱里的阴谋，但他没有选择与脱里公开翻脸，而是选择了隐忍，小心地维系着与脱里的微妙关系。因为在草原群雄并立的形势下，铁木真现在还不能失去脱里这个重要的盟友。

很快，一个与克烈部联合对敌的机会就降临了。

敌人的敌人可以做朋友

什么机会呢？毒死铁木真父亲也速该的塔塔儿部把金国的皇帝给惹恼了，金国要派大军讨伐塔塔儿部。

金国由丞相完颜襄亲自领兵。完颜襄知道草原民族不好对付，他们不跟你两军对阵，兵对兵、将对将地打，而是来无影去无踪，在草原上开展游击战。所以金国也要以夷制夷，联合草原上的其他部落对付塔塔儿部。金国自然知道谁跟塔塔儿部的仇最大，那肯定是铁木真的部落。

于是，完颜襄派人来联络。铁木真觉得这是一个大好的时机，为父祖报仇的时机终于来到了。俺巴孩汗是被塔塔儿人出卖，绑去送给了金国皇帝，被金国人钉死在了木驴上，这是一桩大仇。然后，铁木真的父亲也速该又是被塔塔儿人给毒死的，父祖之仇不共戴天。

虽然金国残忍地处死了俺巴孩汗，跟蒙古人也有仇，但是对于铁木真来讲，跟塔塔儿人的仇更大。暂时先甭管金国跟我有没有仇，最起码我跟塔塔儿人是直接的仇敌。敌人的敌人可以做朋友，国与国之间没有永恒的朋友，也没有永恒的敌人，只有永恒的利益。既然现在金国来联络一块儿出兵，铁木真就答应出兵去攻打塔塔儿人。铁木真还派人去联络自己的父汗脱里，说既然金国人找咱们一块儿出兵攻打塔塔儿人，我请父汗跟我一起出兵。

脱里13岁的时候被塔塔儿人掠走为奴，所以他跟塔塔儿人也有仇，因此他也愿意出兵。这次有大国相助，这场仗一定是只有便宜占，没有亏吃，意味着又能抢到很多战利品，能够壮大自己部落的实力。于是，脱里就跟铁木真约定一起出兵。

铁木真出兵之前，召集自己的部众，向自己的依附者——包括他的叔叔和堂兄弟们——传下将令，什么时候咱们集合，一块儿去攻打塔塔儿人，千万不要误了日期。铁木真特别叮嘱自己的堂兄撒察别乞。

结果铁木真等了好几天，也没有等到撒察别乞的部队。铁木真一怒之下，就率领本部人马出发了，跟脱里合兵一处，然后配合金军去攻打塔塔儿人。塔塔儿人怎么能经得起大金、蒙古、克烈联军的进攻？很快就被打得落花流水。

联军取胜之后，金国丞相完颜襄非常高兴，认为脱里和铁木真部有功。完颜襄跟这两个人讲，塔塔儿人无故背叛了我们，你们不是大金的官军，帮助朝廷歼此逆贼，有功于社稷。所以我要奏明皇上授予你们官职，你们等着吧。

完颜襄说到做到，回京复命的时候，向皇帝奏明了情况。皇帝也很高兴，就下旨封脱里为王爵。脱里本身是克烈部的可汗，金国又封他为王，从此以后，脱里就被称为王汗了。

按说铁木真也立下了大功，他的部队比王汗的部队更加奋勇争先。那么，铁木真封了个什么官呢？铁木真的封号比王汗低得多，铁木真的封号叫札兀惕忽里，这是个什么东西呢？相当于招讨使，三品官。

这说明在当时金国朝廷的心目当中，王汗的地位还是高于铁木真的。

又收了一个干弟弟

不管怎么讲，铁木真拿到札兀惕忽里这个称号，就证明他也是朝廷命官了。从此以后，铁木真再征讨其他部落，可以打出一个旗号，我奉大金朝廷的命令来征讨你。

铁木真知道，大金朝廷也是自己的仇敌，但是这个仇敌要放到后边，先借着大金这杆大旗，消灭其他部落。

前面我们讲，草原六雄之一的篾儿乞人已经被打得元气大伤了，这次塔塔儿人又被打得元气大伤，六雄已经去了两雄。

塔塔儿人被击败之后，铁木真和王汗从塔塔儿人的手里掠夺了不少战利品。塔塔儿人的驻地在蒙古高原的最东边，隔着大兴安岭跟金接壤。相对而言，塔塔儿人接触中原文明比较多，文明程度比较高。所以，铁木真得到了塔塔儿部落的很多精美的器具，比如镶宝石的绸缎和衣服、镶玉的金腰带。

在清理塔塔儿部落营地的时候，铁木真发现塔塔儿人扔下了一个小男孩。这个小男孩长得很漂亮，衣着华贵。铁木真又把这个小男孩交给自己的母亲诃额仑来抚养。这个小男孩就成了诃额仑夫人的第三位养子，叫失吉忽秃忽。诃额仑夫人看到这个小男孩之后，比看到前面的曲出和阔阔出还高兴。她说，这个孩子一定是有根基的人的后代，他会给我们这个家族带来吉祥，他会兴旺我们这个家族。自从这个小男孩被诃额仑夫人收为养子之后，铁木真就对自己的这个干弟弟特别看重，专门安排仆人照顾他的饮食起居，时刻挂在心上。

有一次，失吉忽秃忽出去玩儿的时候，下起了大雪。铁木真在家里很担心，这个孩子怎么还不回来，照顾他的人也真不靠谱，这大雪天把他带到哪儿去了？过了不久，照顾他的仆人自个儿回来了，铁木真一看大怒，我弟弟哪儿去了？仆人说他打猎去了，走着走着没影了。铁木真气得挥起鞭子就抽打这个仆人，我把我弟弟交给你，你竟然把他给弄丢了。他才十几岁，万一被狼吃了怎么办？万一在外边冻饿而死怎么办？铁木真抽得这个仆人满地打滚求饶。

正在这个时候，失吉忽秃忽满身雪花，一掀帐帘回来了。铁木真立刻转怒为喜，把鞭子一扔，一把把自己的干弟弟抱了过来说，我担心死了，你干什么去了？

失吉忽秃忽说，我呀，追鹿去了，一个鹿群三十头鹿，我打死了二十七头。铁木真一听非常高兴，我的弟弟真厉害，十几岁的年龄，一个人能打死二十多头鹿。铁木真赶紧派人沿着失吉忽秃忽的来路寻找，果然发现了二十七头死鹿。所以，铁木真对自己的这个干弟弟更加疼爱，看来我这个干弟弟文武双全，不但能文，而且能武。

果然，失吉忽秃忽长大之后，成为铁木真家族最聪明的人，最后做到了蒙古帝国的大断事官，颁布法律，厘清诉讼，相当于最高法院院长，对黄金家族的贡献极大。

我们看到，这些都是敌对部落的小孩，被铁木真养大，然后这些人就忠心耿耿地为铁木真卖命，不像《赵氏孤儿》之类的故事，长大以后要替父祖报仇。他们是心甘情愿地为铁木真出生入死，出谋划策，治理国家。

从这里可以看出，铁木真和他的家族真的是让这些孩子感动。

砍了长支贵族

铁木真与干弟弟感情很好，可是铁木真的堂哥把他给惹急了。

这位堂哥就是撒察别乞。当年撒察别乞伤过铁木真的亲弟弟别勒古台，这个仇还没报。铁木真攻打塔塔儿部的时候，让撒察别乞出兵，撒察别乞不但不从，竟然趁着铁木真攻打塔塔儿部的机会，偷袭铁木真的老营。

当时铁木真的主力去攻打塔塔儿部，所以老营留下的人并不多，因此受到了一些损失。铁木真凯旋以后，听说这件事儿，大怒。好你个撒察别乞，你违背了自己的誓言，当初你是怎么跟我发誓，要忠于我的。我打仗的时候，你要鞍前马后地追随我。你自己说了，一旦不听我的命令，我就可以砍下你的人头，然后把你的妻子、儿女充作奴隶，没收你的财产和牲畜。这次，你不但不听我的命令，反而还偷袭我的老营，我绝对不会善罢甘休。

铁木真回师之后，立刻率领大军讨伐撒察别乞。这次讨伐当然非常顺利，就如巨石击卵一般，把撒察别乞和他的弟弟泰出全部俘虏了。这俩人被押到了铁木真面前。铁木真厉声指责他们，你们这么做不对，违背了自己的誓言。俩人无话可说，铁木真一挥手，你们当初许下了诺言，所以你们要兑现承诺。一挥手，推出去砍掉。刀斧手上来就把这俩人绑出帐外，不一会儿人头落地。

这俩人被杀掉之后，部落中的其他人受到了很大震动。为什么这么讲呢？因为这俩人在合不勒汗的后裔当中，属于长支贵族，而铁木真属于幼支贵族。撒察别乞和泰出的祖父是合不勒汗的长子，所以当初他们分遗产的时候，就把部落里最精锐的勇士带走了。也可以说，当年合不勒汗手下的精华全都集中在他们手里。所以，他们就有一种不可一世的优越感，蔑视其他部落成员。

这一次，铁木真毫不留情地把撒察别乞给处决了。铁木真传递出一个强烈的信息，不要仅仅把我看作你们的弟弟、你们的侄子，我更是你们的可汗。咱们亲戚归亲戚、君臣归君臣，朝廷之上不论亲戚，只论君臣。你们每个人都要严守本分，别把我惹怒了。

部落中其他的贵族一看，哎哟，铁木真连长支贵族都敢杀，谁也不敢再有二心了。但有一位贵族不里孛阔还是不服。不里孛阔觉得铁木真这么做不对，没大没小，没长没幼，就想挑战铁木真的权威。

谁敢挑战铁木真的权威

有一次，在斡难河畔开大会的时候，不里孛阔出言侮辱别勒古台。

不里孛阔觉得别勒古台好欺负。上一次撒察别乞砍伤了别勒古台，别勒古台都说没事没事。因此他想拣软柿子捏，就出言挑衅别勒古台。

别勒古台一下子火了。别勒古台知道这个时候自己用不着再忍了，我的汗兄铁木真已经基本上完成了蒙古部落的统一，你挑衅我，出言侮辱我，不就是侮辱大汗的权威吗？于是，别勒古台就跳出来，要跟不里孛阔决斗，以摔跤的方式决斗。

不里孛阔仗着自己身高体壮，比别勒古台有优势，就答应跟别勒古台摔跤决斗，没问题，正要好好教训教训你小子。本来按照两个人的身板，不里孛阔绝对可以摔倒别勒古台。但是不里孛阔也知道，自己这么做是以下犯上，又看见铁木真满脸怒气在那儿坐着，所以他心里就有点儿打战。这一打战，在意念上一输，就干不过别勒古台了，很快被别勒古台摔倒在地。别勒古台抓住不里孛阔的肩，这正是铁木真求之不得的局势，铁木真就想让别勒古台杀死不里孛阔。

清除异己

于是，铁木真看着别勒古台，用自己的牙咬着下嘴唇，这么一示意。别勒古台会意，就把不里孛阔抢起来，"啪"地一下，把不里孛阔的后腰给扭断了。

然后，别勒古台把死尸往地上一扔，扬长而去。其他人噤若寒蝉，吓得面面相觑。这别勒古台把亲王级别的长支贵族给摔死了，而且啥事儿没有，扬长而去。

此后，再也没有人敢挑战铁木真家族的权威了。过去追随其他家族的人也纷纷来投奔铁木真，铁木真的势力越来越大。

在铁木真的势力壮大的同时，他的安答和老对手札木合也没有闲着。札木合决定再组织一个反铁木真的联盟，然后跟铁木真决一死战。

14. 王者气度：成大事者必有大胸怀

在征讨乃蛮部的战争中，王汗经不住札木合的挑唆，在战争的关键时刻突然退兵，使铁木真陷入异常艰难的境地。之后，札木合又组织草原上的敌对部落，要与铁木真决一死战。那么，作为蒙古草原上冉冉升起的一颗巨星，铁木真会怎样面对义父王汗的背信弃义？怎样击败老对手札木合？

王汗临阵脱逃

眼看着铁木真的势力越来越强大，反对他的人也越来越不甘心，暗中串联，准备联合起来反对铁木真。

当然，这些人积蓄力量也需要时间。铁木真利用这个时间也在不断地发展壮大自己，同时小心翼翼地维持跟他的义父王汗之间的关系。铁木真虽然很礼貌地称王汗为父，但是他知道，这种联盟可能不会长久。但毕竟到目前为止，王汗还是铁木真的盟友，小毛病是有的，但是没有在大的方面做过什么对不起他的事儿，所以铁木真还要继续维持两部之间的关系。

其实铁木真与王汗之间，是因为有共同的利益，要一起开疆拓土，要去征服其他部落，要抢夺战利品。因为有这个共同的目的，所以两个部落才能联合起来。铁木真与王汗酝酿的下一个大的行动，就是去征讨乃蛮部。

乃蛮部在蒙古高原上的六部里边，是最偏西的一个，已经具备了国家的雏形。乃蛮部有固定的官职，还有文字，文明程度相当高。

乃蛮部又分成两大部落，由两个可汗统治。这两个可汗，一个叫塔阳，一个叫不亦鲁黑，两个人是亲哥俩儿，各统一部。

铁木真和王汗合兵征讨乃蛮，主要的对手是不亦鲁黑。不亦鲁黑派遣大将前来应战。铁木真和王汗的联军远道而来，不亦鲁黑的部队可是以逸待劳，因此联军跟乃蛮军激战一天，不分胜负。联军不熟悉地形，而乃蛮军是轻车熟路，占有地利，联军打得非常吃力。

这个时候，札木合在王汗军中。札木合挑唆王汗说，你看这仗打得这么吃力，为什么呢？因为铁木真想保存实力，他是出工不出力，你看他的部队总是姗姗来迟，他还诚心让大部分手下人去投奔乃蛮，这明显是要削弱你的势力啊！等于他跟乃蛮人设了个局，下了个套儿。你傻乎乎地钻了进来。

王汗本来对铁木真就有醋意，再听札木合一挑唆，就觉得是这么个道理，铁木真这小子是拿我当枪使。王汗越琢磨越觉得札木合说得有理，就要单独撤军。王汗部下有明白人，就厉声斥责札木合，你说这个话，有什么根据吗？你为什么要陷害你的安答铁木真呢？札木合就不说话了，眼瞅着王汗，您看着办。

王汗终于一拍大腿，走，不上他的当了，传令下去，不要熄灭篝火，全军立即撤退，晚了也许就来不及了。

王汗在这次攻打乃蛮的过程当中，就这样背信弃义，突然退兵了，剩下铁木真苦苦支撑。

但是王汗一退兵，很快就尝到了恶果。怎么回事儿呢？他被不亦鲁黑手下的大将追上来了。王汗匆忙退兵，不亦鲁黑正好出动大军痛打落水狗。所以王汗大败，被乃蛮军队团团围住。

王汗这回是偷鸡不成反蚀把米，眼瞅着老命不保，只好硬着头皮去向铁木真求援。

以德报怨

铁木真曾经帮助王汗重新夺回了汗位，却差点儿被王汗在酒宴上谋害。为了共同的利益，铁木真一直隐忍不发。然而，在攻打乃蛮的战争中，王汗竟然再次背信弃义，结果自己反倒身陷危难之中。现在王汗厚着脸皮向铁木真求援，铁木真会救他吗？

铁木真的确胸怀博大。虽然王汗阴险地撤军，摆了我一道，但是你现在有难了，我绝对不会袖手旁观。铁木真派出了麾下第一名将博尔术去救援王汗。

这次不只是王汗被包围了，他的儿子桑昆也被人家包围了。而且桑昆已经在战斗中摔落马下，眼看就要被活捉了。这个时候，博尔术飞马赶到，赶紧把桑昆救起。博尔术率军杀开一条血路，打退了乃蛮军队，救出了王汗父子。札木合一看，铁木真派军队把王汗给救了，于是就逃走了。

王汗父子非常感动，对铁木真讲，当年你的父亲也速该帮我夺回了汗位，现在你又救了我一命，我真不知道该怎么报答你。

铁木真只好说，我救你老人家是应该的，你千万别往心里去，谁让咱们是父子呢！但是我希望父汗以后千万不要再听信小人的谗言，不要再干让亲者痛、仇者快的事儿。铁木真知道有人在挑拨离间，而且这个人很可能就是札木合。

王汗满面惭愧，满口答应，你放心吧，以后我再也不干这种事了。

王汗非常感谢博尔术，就赠给博尔术一件礼服，外加十只金杯。博尔术领完礼品回来，直奔铁木真的大帐，一进大帐就跪下了，口称有罪。

铁木真非常惊讶，赶紧把博尔术扶起来，你为我立了这么大功，你有什么罪啊？

博尔术说，我作为您的箭筒士之长，应该一步不离您的左右，连眼睛都不眨地保护您的安危。王汗赠给我一件礼服、十只金杯，我不得不去领，我领礼服和金杯的这段时间，没有尽到保护您的责任，所以我来请罪。

铁木真赶紧把博尔术扶起来，兄弟，你言重了，咱们别那么见外。

由此可见，铁木真的部下对铁木真忠心到了什么程度。

这一次因为札木合挑唆成功，王汗临阵脱逃，铁木真跟乃蛮部打了个平手。

再次大败札木合

札木合逃走之后，继续召集所有痛恨铁木真的部落，比如泰赤乌氏、塔塔儿部、篾儿乞部，再次联合在一起，召开了反铁木真联盟大会。大家在会上一致推举札木合为可汗，号称古儿汗。

古儿汗的意思是众汗之汗。札木合用这个称号，足以证明这是一个以札木合的札答阑部为首的松散的联盟。联盟成员是出于对铁木真的仇恨和恐惧才走到一起的，实际上并不完全服从札木合。

为了彰显联盟的神圣，这帮人还祭告天地。他们杀了一头牛、一只羊、一匹马，举行了隆重的祭祀仪式。以札木合为首的反铁木真联盟再次形成，他们厉兵秣马，准备跟铁木真决一死战。

铁木真知道札木合已经刀出鞘、箭上弦了，赶紧派人去见王汗。王汗也知道，考验自己跟铁木真的关系到底有多铁的时候到了，自己必须得出兵。所以，王汗点起人马，跟铁木真合兵一处，准备攻打札木合。

大战之前，双方都要派人进行侦察。王汗这边派自己的儿子桑昆和自己的弟弟札合敢不，做先锋去侦察。铁木真这边派自己的堂叔阿勒坦和堂兄忽察儿去做先锋，侦察联军的行动。

札木合联军走到哪儿了，士气如何，装备如何，都被侦察得清清楚楚。所以，铁木真和王汗的联军对于札木合部队的情况一清二楚。

双方人马越来越近，在草原上列好了阵势。

王汗的先锋桑昆只带了几百人，所以没被札木合放在眼里，觉得就这点儿人，还不够我塞牙缝的。札木合下令全军出动，进攻桑昆。桑昆遭到札木合的进攻之后，知道后边有人接应，所以且战且退。

交战的地形对铁木真和王汗的联军十分有利。铁木真和王汗的联军占据了地利，居高临下，严阵以待。

札木合的部队也不是饭桶，也明白人家占了地利。那怎么办呢？我军占不了地利，就要占天时。怎样才能占天时呢？札木合的手下有两个大萨满，是那种最高级别的萨满，据说能够呼风唤雨。这两个萨满说好办，我们让老天爷降下一场暴雨，降到铁木真和王汗联军的头上，把他们浇成落汤鸡，然后我们趁机出兵，必然大获全胜。

札木合一听好主意啊，就让这两个萨满开始作法。两个萨满先弄一盆清水，然后往清水里投上几枚石子，开始念念有词。还真神了，顷刻间，天空中乌云密布，很快就暴雨倾盆。

这件事在蒙古人的史籍上是有记载的，没法儿解释这是什么原理。不知道是凑巧了，还是这俩人真有法术。可最有意思的是，没等札木合这边乐出声来，风向就变了，这场暴雨没浇在铁木真联军的头上，反而都浇到札木合联军的头上了。

这场暴风雨非常猛烈，札木合的士兵都睁不开眼，风刮着雨点子打到脸上，生疼生疼。将士们身穿的皮袍和铁甲浇了水之后，又重又冷。所以，札木合的部队一下子士气全没了。

铁木真一看，长生天显灵了！札木合的萨满都在给我帮忙，他们呼风唤雨，却把这风雨唤到自己的阵地上了。于是，铁木真有了必胜的信心，下令发动猛攻，很快就把札木合的联军打了个稀里哗啦。

札木合的联军大多是乌合之众，等着在战场上拣便宜。他们是不会给札木合卖命的，真到玩儿命的时候，一溜烟就跑了。所以，札木合的联军迅速土崩瓦解，铁木真大获全胜。但是铁木真没来得及给札木合毁灭性的打击。

为什么呢？铁木真中箭负伤了。不知道从哪儿飞来一箭，射中了铁木真的脖颈。铁木真当时就昏过去了，部队一下子没有了统帅，只好停止了追击。

赤胆忠心者勒篾

看到铁木真完全昏迷不醒，他的两个箭筒士之长——博尔术和者勒篾非常着急。者勒篾冒险拔出了插在铁木真脖子上的这支箭。这是很危险的，弄不好箭一拔，流血不止，大汗就没命了。箭拔出之后，者勒篾就用嘴为铁木真吸伤口里边的瘀血，然后吐到一边。

等者勒篾把瘀血吸出来，铁木真就苏醒过来了。铁木真苏醒过来之后，跟者勒篾说了一句话："渴，要喝水。"铁木真说完这句话，又昏过去了。者勒篾一看，这战场上哪儿有水喝呀，不如到敌营里边，去给大汗找点儿马奶喝。

于是，者勒篾就把自己的衣服脱掉，光着身子潜入敌营，去给铁木真找马奶。者勒篾在敌营转了一圈，发现敌营里边也没有马奶，只找到了一桶酸奶酪。者勒篾赶紧拎着这桶酸奶酪逃了回来。

铁木真喝了酸奶酪之后，终于醒过来了。铁木真醒后，发现自己的周围有好多瘀血，就问者勒篾，这是怎么回事儿？

者勒篾就说，您中箭负伤，我把您伤口的瘀血吸了出来，吐到了地上。可能铁木真觉得有点儿脏，就皱了皱眉，你为什么不吐远点儿啊？者勒篾说，不行，我必须不眨眼地盯着您，保障您的安全，一步都不敢远离。

铁木真一听，是这么回事儿。再一看，者勒篾光着身子，而且自己喝到了酸奶。他就问者勒篾，这酸奶是哪儿来的？者勒篾说，是我潜入敌营给您弄来的。

铁木真一听这话就不高兴了，你潜入敌营，万一被人家逮住，这多危险啊？者勒篾说，您放心，我把衣服都脱了，就是在做准备，万一敌人逮住我，我就说我是想来投奔他们的。结果被您发现，把我的衣服给扒光了，还把我绑了起来，准备天一亮就处死我。我瞅准机会逃了出来，继续来投奔。敌人肯定不会起疑心，还会给我衣服穿，我再瞅准机会跑回来不就完了吗？

铁木真听完之后，感动得不得了，立马坐起来说，你者勒篾真是忠心耿耿。当年篾儿乞人偷袭我的时候，我藏在不儿罕山上，就是你三番五次下山打听消息，救过我一命。这次，你又帮我把脖子里的瘀血给吸出来，你又救了我一命。然后你又到敌营盗来酸奶给我喝，又救了我一命。你前后救了我三次，我将铭记在心，不但我铭记在心，我的子子孙孙也会铭记在心。

正是因为铁木真有了这些忠心耿耿的将领，所以日后才能取得非凡的成就。成吉思汗能够统一草原，成为一代圣主，不但会识人，也会用人，更会宽宏大量地体谅人。

收服名将哲别

因为铁木真对部下宽容仁厚，所以吸引了越来越多的忠义之士，心甘情愿地为他鞍前马后地出生入死。

札木合联军被打散之后，联军的部众纷纷前来投奔铁木真。其中有一个人，叫只儿豁阿歹。只儿豁阿歹来投奔铁木真的时候，跟铁木真说，记不记得有一次，你骑着一匹宝马，然后一箭飞来，就把你这匹宝马给射死了。

铁木真一想，是有这么一回事儿。那回特别危险，不知道从哪儿飞来一箭把我的宝马给射死了，然后我从马上掉了下来，幸亏部下又给我牵来一匹马，要不然我就要做俘虏了。

只儿豁阿歹微微一笑，对铁木真说，射死你那匹宝马的人就是我，这次差点儿把你给射死的人还是我。现在我看出札木合大势已去，所以我诚心诚意来投奔你。如果你能任用我，我愿意用一身武艺为你出生入死。

铁木真闻言大喜，你真是太难得了，你的高贵品质简直像金子一样闪闪发光。一般人绝不会承认差点儿射死我，没想到你居然毛遂自荐，主动承认说当初差点儿射死我的就是你，不怕我的惩罚。你这个人不但武艺高强，而且品质优良，你就跟着我干吧。为了纪念咱俩的缘分，我给你改个名，你别叫只儿豁阿歹了，改叫哲别。

在蒙古语里，哲别就是箭的意思。只儿豁阿歹从此改名哲别，后来成为成吉思汗开国"四狗"之一，跟随成吉思汗南征北讨、东征西战，一直打到高加索山脉，成为一员不世出的名将。

铁木真的胸怀

值得一提的是，联军当中有成吉思汗的死敌——泰赤乌氏的首领塔儿忽台。

联军被打败之后，泰赤乌氏的首领塔儿忽台惶惶如丧家之犬，不知道往哪儿逃命才好。眼看着部众离心离德，塔儿忽台自知大势已去。在这种情况下，塔儿忽台的随从起了歹意。他一想，塔儿忽台是铁木真可汗的死敌，如果我们擒获了塔儿忽台，把他献给铁木真，这可是大功一件啊。

于是，塔儿忽台的随从叫上了自己的两个儿子，找准机会一块儿动手，趁塔儿忽台不备，上去就把塔儿忽台给捆了。捆了之后，往马上一担。爷儿仨上马，快马加鞭，奔着铁木真的营地就去了。

收服哲别

这塔儿忽台一丢，塔儿忽台的家人很快就发现了，立即上马来追。塔儿忽台的随从爷儿仨一看，追兵人数多呀，眼看就要追上了，只好拔出刀来架在塔儿忽台的脖子上，对追兵喊，你们再敢往前追一步，我就宰了塔儿忽台。

塔儿忽台是泰赤乌氏的贵族，是俺巴孩汗的后裔，跟铁木真有亲缘关系。塔儿忽台觉得就算到了铁木真那儿，铁木真也未必会杀死自己。如果我的家人非要在这个时候救我，万一这随从一狠心，一刀子下去，我立马就完了。于是，塔儿忽台高声喊叫："你们别过来，不用救我，让我去见铁木真，我死不了。"

塔儿忽台的家人一听这话，只好退去了。因此，塔儿忽台的随从爷儿仨就带着塔儿忽台，去见铁木真。

眼瞅着离铁木真的大帐越来越近，塔儿忽台的随从转念一想，铁木真这个人非常重情义，而且他最恨卖主求荣的人。塔儿忽台跟铁木真是亲戚，铁木真未必忍心杀塔儿忽台。而咱们把塔儿忽台抓来，说不定铁木真不杀塔儿忽台，咱爷儿仨的脑袋反而搬家了。干脆这么办，咱们把塔儿忽台给放了，去见铁木真。

于是，这爷儿仨一合计，就给了塔儿忽台一匹马，您还是回去吧。这爷儿仨见到铁木真之后，就跟铁木真讲，我们本来已经把塔儿忽台逮着了，准备献给您。但是我们知道大汗您宅心仁厚，最恨卖主求荣的人，所以我们又把他给放了。

铁木真一听这话，捻须大笑，非常高兴，你们非常了解我，这么做就对了。如果你们真的绑了你们的头领来，我肯定把你们爷儿仨都杀掉。咱们不能做这种卖主求荣的人。你们来，我接纳，我该重用你们还重用你们。我跟塔儿忽台的私仇是我们之间的事儿，以后我们在战场上见个高低，我要凭本事消灭塔儿忽台。你们这么做，我非常高兴，你们就留在我的帐下吧。

　　铁木真凭借这种高人一筹的领袖魅力和政治智慧，陆续击败了自己的对手。这个时候，铁木真的势力已经如日中天了，但是距离他统一整个蒙古草原，距离他真正成为草原上的众王之王，还有相当长的一段路要走，还有更强大的对手在等着他。

15. 大仇得报：铁木真消灭塔塔儿部

自从找到了王汗这个强大的靠山，在王汗的庇护下，铁木真召回了大量部众，迅速壮大了自己的势力。铁木真不但登上了蒙古部落大汗的宝座，而且两次打败了札木合大军的进犯。如今，铁木真终于有实力去消灭世仇塔塔儿部，为自己的家族报仇雪恨了。那么，铁木真的复仇行动会一帆风顺吗？他在复仇的过程中，会有什么意外收获呢？

目标：塔塔儿部

铁木真收兵之后，派人去找王汗的部队。

这个时候，有快马来报，札木合投奔了王汗，两个人拔营走了。铁木真听后非常不高兴，这个王汗作为自己的义父，怎么能收留自己的仇人呢？父子之间的嫌隙越来越大了。

铁木真的弟弟别勒古台就跟铁木真讲，既然他们跟咱们不是一条心，咱们也就别去找他们了，不如趁此机会消灭我们的世仇塔塔儿部，为祖先报仇。

铁木真一想也是，强扭的瓜不甜，既然王汗已经跑了，找他也没有意义了，干脆一鼓作气去消灭塔塔儿部。

这个时候，铁木真已经强大到可以单独作战了。之前，铁木真不论是跟篾儿乞部打仗，还是跟札木合联军作战，都要拉上王汗一起。现在，他已经有实力单独去跟世仇塔塔儿部作战，为父祖报不共戴天的血海深仇了。

塔塔儿部已经两次败在铁木真手下了。第一次是公元1196年，咱们前面讲过，塔塔儿人反叛金朝，金朝派丞相完颜襄来讨伐。当时铁木真和脱里帮助金朝大败塔塔儿部，因此脱里受封王爵，成了王汗，铁木真也成了大金朝廷的命官。第二次是札木合联军来犯，铁木真跟王汗合兵一处，又大败了塔塔儿部。塔塔儿部经过这两次失败之后，虽然没有灭亡，但是已经元气大伤。

因此，铁木真听了别勒古台的建议之后，决定这次要给塔塔儿人以毁灭性的打击，不能再像以前那样打成击溃战。这回要打歼灭战，彻底灭了塔塔儿部。

于是，公元1202年，铁木真召集部众，准备对塔塔儿人发动最后一击。

要想彻底消灭塔塔儿部，只使用部落间你争我夺的方式是做不到的。这也是蒙古部落几代人一直没能消灭塔塔儿部的主要原因。而铁木真，作为日后统一草原、称霸世界的杰出领袖，清醒地认识到，统领一群乌合之众不是长远之计。

铁木真决定改良军队。那么，铁木真到底使用了什么方法，将他的部众训练成纪律严明、所向披靡的蒙古铁骑呢？

违反纪律的代价

铁木真在出兵之前，宣布了两条战场纪律：

第一条是打仗的时候，要听主帅的号令，令行禁止，要专心打仗，不能抢劫财物，打完仗之后，抢得的财物大家平分。

第二条是大家要摆好阵势作战，需要后撤的时候，要听命令才能后撤，一定要退回原地，你从哪儿出发的，还要回到哪儿。退回原地之后，要返身再战，凡是退回来不肯返身再战的人，一律斩首。

铁木真宣布这样严厉的战场纪律之后，他的部属就由一帮乌合之众向正规军的方向发展了，不再是原来两个草原部落打群架似的感觉。这样一来，塔塔儿部自然不是蒙古部落的对手了。

在铁木真的正规军面前，塔塔儿人兵败如山倒，人员损失无数。大多数塔塔儿人一看抵抗没有希望，就放下武器投降了。基本上可以说，经过这一战，草原六雄之一的塔塔儿部从此退出了历史舞台。

但是在一片大好形势下，也有让铁木真非常不愉快的事儿。开战之前，铁木真宣布了两条纪律但还是有人公然违抗铁木真宣布的纪律。谁呢？一个是他的堂叔阿勒坦，一个是他的亲叔答里台，还有一个是他的堂兄忽察儿。

这三个人仗着自己辈分比铁木真高，年龄比铁木真大，不听铁木真的号令，私自抢夺财物。铁木真勃然大怒，派了自己手下"四狗"当中的两位——哲别和忽必来，去把他们抢来的财物夺回来，并且要用军法处置这三个人。

所谓军法处置，弄不好就要杀头。众将一看，刚打了个大胜仗，他们三人虽然犯了错，但瑕不掩瑜，他们在战场上也不是没出力，而且还是铁木真的叔叔和哥哥，大家都是一个祖先繁衍下来的。众将觉得这样不合适，纷纷跪地求情。

铁木真一看众将求情，只好就坡下驴，毕竟叔叔和哥哥也不能说杀就杀。所以铁木真就说，本来我是应该惩处你们的，看在众将求情的分儿上，这次就饶了你们，下不为例。

然后，铁木真命令哲别和忽必来把这三人抢夺的财物收走，分给其他人。等于这次的战利品就没他们三人的份儿了。众将一看，我们的可汗铁木真真是执法如山、不徇私情，可汗的叔叔、哥哥抢了东西都给收走，好样的，跟着这样的主君有前途，好好干吧。

超过车轴高的男子一律杀死

处理了违抗纪律的人之后，铁木真召集心腹众将开会，对于这些归降的塔塔儿人怎么处理啊？

对于铁木真来说，消灭塔塔儿部，绝不仅仅意味着给祖先报仇。那些遥远的仇恨远远比不上杀父之仇来得深切。铁木真的父亲也速该正是被塔塔儿人在酒里下毒，才含恨离世的。铁木真童年的坎坷与磨难，九死一生的痛苦经历，完全是拜塔塔儿人所赐。那么，面对不共戴天的仇人，铁木真会怎么做？他会把塔塔儿人赶尽杀绝吗？

铁木真最后拍板，说出了自己的意见。这塔塔儿人是我们不共戴天的世仇，咱们家有多少人被塔塔儿人害死，我父亲被塔塔儿人毒死了，俺巴孩汗是被塔塔儿人送到金国后残忍处死的，血海深仇不共戴天，咱们绝不能留下仇人之子。原先为什么塔塔儿人能野火烧不尽，春风吹又生？就是因为咱们没有把他们彻底消灭，所以这次斩草要除根。怎么除根呢？超过车轴高的男子一律杀死。

这个车轴是什么东西呢？有人说是两个辖辖之间的轴条，还有人说是辖辖的直径。甭管究竟是什么，按今天的标准来看，应该是在一米二上下，也就是儿童的身高。超过这个身高，一概要杀死。

铁木真下令夜里就要执行，再三要求保密，不能让塔塔儿人知道，知道了他们就有准备了。他们现在都是俘虏，已经放下武器了。然后大家都去做准备。

铁木真的弟弟别勒古台一出帐，就遇到了一个归降的塔塔儿人首领也客扯连。也客扯连一看别勒古台出来，就问别勒古台，你们刚才开会，商量什么来着？别勒古台也不知道是怎么着了，当时也没喝酒，不是喝醉了，但他跟也客扯连实话实说了，我们商量好了，要把你们塔塔儿人超过车轴高的全杀掉，然后他甩手走了。

也客扯连一听，简直是五雷轰顶，赶紧跑回自己的部落，说铁木真的弟弟亲口说的，要把咱们超过车轴高的男子全都杀掉，咱们塔塔儿人就要完了。事到如今，咱们得拼了，才能为塔塔儿人留下几粒种子。

塔塔儿人听到这个消息，就骚动起来了，全部出动找家伙，没有长刀，随身带着的吃肉用的短刀也行啊。然后大家退到山上，砍树建寨子。等铁木真的军队扑到塔塔儿人大营的时候一看，人去营空，都跑山上去了。山上黑灯瞎火怎么找啊？只有等到天亮再进攻。

这一夜的工夫，塔塔儿人做好了简易的防守准备，滚木礌石都准备好了，还砍倒一些树做了路障。

等第二天蒙古人来攻的时候，这些塔塔儿人已经豁出去了，怎么着都是死，捅死一个蒙古人够本，捅死两个就赚一个。蒙古人远的，就用滚木礌石往下砸，近的就冲上去厮杀，不行就抱着蒙古人一块儿滚下山崖，同归于尽，临死也要拉个垫背的。

找了个美女也速干

这些塔塔儿人虽然最后全部被消灭了，但是蒙古人的损失也很大。铁木真气急败坏，怒火中烧，再三吩咐保密，塔塔儿人是怎么知道的？谁把这消息泄露出去的？下令进行调查。不用查，别勒古台就承认了，是我说的，我在门口碰到也客扯连，就跟他说了。

铁木真更生气了，也客扯连跟你有什么关系呀？哥哥我再三嘱咐你的话，你竟然不听！这么多蒙古勇士白白牺牲了，这都是你别勒古台犯下的大罪。以后凡是咱们商量大事的这种会议，你别勒古台都别参加了，等会开完了，吃饭的时候你再进来。

别勒古台从此被排除在蒙古部落的核心领导层之外。别勒古台这个时候还能说什么呢？只能点头称是。然后铁木真说，给你个将功赎罪的机会，把也客扯连抓来见我，活要见人，死要见尸。

别勒古台领命，翻身上马出去了。没多少工夫，别勒古台回来了，而且带回来一个女子。别勒古台对铁木真讲，也客扯连实在是找不着，也许已经死在乱军之中，活不见人，死不见尸。然后，别勒古台指着地上跪着的女子说，这个女子是也客扯连的闺女，大汗您就拿她消消气吧。

铁木真就向低头跪着的女子发火，都是因为你的父亲也客扯连，我们死了这么多蒙古勇士，现在既然你父亲毫无踪迹，就要把你斩首，把你碎尸万段才解气。

铁木真刚说完这话，跪着的这个女子就吓瘫了，勉勉强强喊了一句话：饶命。

铁木真一听这句话，宛如莺啼，实在是太好听了！铁木真立刻心就软了，再一看这个女子瑟瑟发抖，瘫软在地。铁木真是个大英雄，但他也有温柔心，这个时候就起了怜香惜玉之心。铁木真说，要饶命也行，抬起头来，让我看看你。

这女子一听，可汗让抬起头来，就听话地抬起头来了，四目相对，两人就来电了。

于是，铁木真就不想杀她了，对她说，你要想让我饶了你的命，没问题，但是你得给我当小老婆。因为铁木真已经有妻子孛儿帖了，所以只能当小老婆。

这个女子赶紧点头答应，没问题，我愿意服侍可汗。

铁木真一听，挺满意，然后就吩咐军中的老妈子，把她带出去，洗澡换衣服，今天晚上就要成亲了。到了晚上，举行了婚礼。铁木真特别高兴，问这女子，你叫什么名字啊？这个女子说，我叫也速干。铁木真点点头，真漂亮，好一个也速干，真是个美女。

铁木真又问，你爸爸也客扯连犯了那么大罪，可能已经死在乱军之中，你恨不恨我啊？你想，这也速干能怎么回答，她就算真的恨铁木真，她敢说吗？也速干赶紧跪在地上说，那都是我父亲不好，我们塔塔儿人本来就对不起您，您父亲、您曾叔祖父都是被我们塔塔儿人害死的，所以您来兴兵报仇是对的。您饶我一命，还让我服侍您，我感恩戴德。

你看这姑娘多会说话，多乖巧。铁木真非常高兴，接着说，你这样的美人，给我当小老婆也很委屈，我留个夫人的位置给你吧，你看好不好啊？

也速干一听，这当然好，连自己都没想到。本来是要送法场砍头的，结果一不留神儿还捞了个夫人做，也特别高兴。

这个时候，大家酒也喝得差不多了，铁木真就跟自己的新婚夫人携手入了洞房。

姐姐比妹妹更漂亮

第二天，也速干起床早，去服侍铁木真。铁木真睁开眼一看，也速干昨天被吓得够呛，脸色苍白，现在睡了一宿，精神恢复过来了，这小脸红扑扑的透着粉，特别漂亮。铁木真就看着也速干，在那"嘿嘿"傻笑。

也速干就说，你看了一晚上，还没看够啊？铁木真说，你好看，我就是看不够。结果也速干多了一句，嗨，你没看见我姐姐也遂呢，比我漂亮多了，你要是看见我姐姐，你更看不够。

铁木真一听还有这事，你姐姐真的比你还漂亮吗？也速干说，是啊，真的比我还漂亮。铁木真说，那行，我把你姐姐也找来，我让你和你姐姐一块儿伺候我。也速干面露难色地说，我姐姐结婚了，她跟我不一样。结婚了？铁木真一挥手，那算什么呀？只要能找到你姐姐，我就让她来伺候我。也速干说，我们姐妹俩都能伺候大汗，那也挺好。我愿意把您许给我的夫人的位置，让给我姐姐。

铁木真一看，这也速干真懂事，就吩咐卫兵去找也遂。卫兵面露难色，我不认识也遂啊，怎么找？铁木真瞪了卫兵一眼，蠢东西，到俘房中间给我去找，见到最漂亮的女人给我领来，那肯定就是也遂。

卫兵一听，恍然大悟，赶紧跑出去了，没多少工夫，就领来了一个倾国倾城的美人。

铁木真一看，也速干果然没说谎，这当姐姐的比妹妹还漂亮。铁木真特别高兴，就跟也速干说，行，你们姐俩先叙叙旧吧。于是，铁木真就出去了。

也速干拉着也遂的手，姐俩先抱头痛哭一场，然后各自说了一下离别后的遭遇。随后也速干就对也遂说，你看，我现在已经做了铁木真大汗的夫人了，我推荐姐姐也做夫人。

也遂一听，哪儿有这事儿啊，我有老公了，你还让我……也速干打断也遂说，你可千万别这么说，现在咱们塔塔儿人已经是亡国奴了，你嫁给亡国奴有什么好？你还不如嫁给蒙古人的大汗。你给亡国奴当媳妇，一辈子就得给人做奴隶，吃糠咽菜不说，还要挨打挨骂。你给大汗做夫人，这是什么生活？再者说了，咱们塔塔儿人跟他们蒙古人是世仇，这冤冤相报何时了啊？铁木真大汗现在是把咱爹给杀了，但咱们部落的人不是先把他爹给杀了吗？还把他曾叔祖父给杀了呢，你说，这仇有报完的时候吗？

也速干这小嘴还非常能言善辩，说得也遂心思活泛起来。也遂说，我本来是有丈夫的，我怎么着也不能做小老婆。也速干一听，这话中有话，她怎么着也不能做小老婆，那就是说能做大老婆，她就答应了。也速干马上跟也遂说，铁木真大汗已经有妻子了，别人的心思咱也不好猜，但是最起码妹妹我愿意把他许给我的夫人的位置让给你。

这个时候，伴随着一阵爽朗的大笑，铁木真一挑门帘就进来了。铁木真说，你上哪儿去找这么懂事的妹妹？你妹妹愿意把这个夫人的位置让给你，这多好啊？

也遂一看铁木真闯进来，就赶紧往妹妹身后躲。也速干多懂事，一看这种场面，一挑门帘就出去了。也遂也想跟着出去，一下子就被铁木真给拦住了，跟铁木真撞了个满怀。在这种情况下，只有两种选择，要么一头撞死，要么从了铁木真。也遂要是那种能一头撞死的人，铁木真也找不着她了。所以只有第二种选择，从了大汗。

这样一来，铁木真不但灭掉了世仇塔塔儿部，还得了两个美人。

是谁灭了篾儿乞部

塔塔儿部的灭亡，彻底改变了草原上的势力格局。斡难河以东从此成了蒙古部落的势力范围，原本东边的塔塔儿部和北部的篾儿乞部对蒙古部落形成的夹击之势就此瓦解。一切已经越来越向着对铁木真有利的方向发展了。

所以铁木真开心极了，大宴百官。也遂姐妹俩也就把亡国丧家之痛抛在脑后，大家就在那喝酒。喝得高高兴兴的时候，也遂突然把酒杯放下了，大哭起来。

铁木真是多聪明的人啊，一看就明白了，马上命令自己的左膀右臂——博尔术和木华黎，你们去把今天所有在营地里的人，不分男女老幼，一家一家集中起来，不是自己家的人，不许往自己家领，谁领了外人进自己家，就杀了他全家。

博尔术和木华黎两个人领命之后，出去传令。大家赶紧各回各家，各找各妈。大家都集中完了之后，一位神情黯淡的男青年孤零零地站着。

铁木真一看，这就对了，就问这个男青年，你是谁啊？来这儿干什么？

这个男青年一看，事到如今，躲也躲不掉了。我行不更名，坐不改姓，我就是也遂的丈夫，我找也遂来了。铁木真一听，怒从心头起，你找也遂来了，你还想让我把也遂还给你，你这是找死。你们塔塔儿人杀了我们多少蒙古人？就应该把你们斩尽杀绝。

于是铁木真吩咐左右，推出去斩了。这个男青年就被拉到外面，咔嚓一刀砍了。

也遂一看自己的前夫就这样死于非命，那眼泪跟断线的珍珠似的往下掉，但是敢怒不敢言啊。铁木真就给也速干使了个眼色，也速干赶紧把也遂搀到后帐，一番好言相劝。

从此之后，也遂就死心塌地地侍奉铁木真。

这个时候，铁木真一看还有一个强敌未灭，就想一鼓作气把篾儿乞部也灭掉多好啊！篾儿乞跟我仇也不小啊，我媳妇孛儿帖就是被篾儿乞人抢走的，回来之后生了个孩子叫术赤，也不知道这孩子到底是谁的，我就当是我的了，但是这个仇不共戴天。杀父之仇，夺妻之恨，我要不报，我不是人。跟塔塔儿人是杀父之仇，跟篾儿乞人是夺妻之恨，所以我要把篾儿乞部也灭掉。

正当铁木真踌躇满志，打算一举荡平篾儿乞部的时候，探马来报，不用咱们费事了，除了他们的首领脱黑脱阿不知去向，篾儿乞部已经彻底灭亡了。

铁木真特别吃惊，我还没出兵呢，篾儿乞部怎么就没了？这是谁干的？

探子报告说，是您的义父王汗的克烈部干的。克烈部趁着咱们打塔塔儿部的机会，出兵消灭了篾儿乞部，而且大获全胜。

铁木真一听，脸色就沉下来了。我灭了塔塔儿部之后，缴获的物资、牲畜，包括抓的奴隶，我都给王汗送了一份，这王汗怎么这么不地道呢？他消灭了篾儿乞部，他缴获的东西，为什么就不给我一份呢？再说，他打篾儿乞部，为什么不跟我商量一下？他知道篾儿乞部跟我的深仇大恨，他跟我商量一下，两路夹击，也不至于让脱黑脱阿跑了啊。

铁木真越想，心里的无名火就越往上蹿。是，我起兵的时候，王汗是帮助过我，帮助我打篾儿乞部，把我老婆给夺回来了，这是一次。后来，王汗还帮助我打败札木合联军，这也是一次。这两次恩，我都记得。问题是我们家从我爹那个时候起，就帮他王汗，他怎么都忘了呢？

铁木真觉得王汗这个人太不地道，跟这样的人合作长久不了，早晚跟王汗必有一战。

袁腾飞讲

成吉思汗

第四讲

沙场百战终称雄

16. 父子反目：铁木真与王汗彻底决裂

在塔塔儿部和篾儿乞部相继灭亡后，草原六雄只剩四雄。新的草原势力格局，似乎对铁木真越来越有利了。虽然此前铁木真一直用忠诚回报着自己的义父王汗，然而随着蒙古部落的日益强大，王汗对铁木真越来越不信任了。一场不可避免的决裂终于要发生了。那么，铁木真是如何与王汗决裂的，导火索又是什么呢？

与桑昆结成安答

铁木真与王汗早已心生嫌隙。这个道理很简单，虽然两个人是义父跟义子的关系，但是古今中外的政治舞台上，政治人物之间哪有什么亲情啊？亲生父子反目成仇的故事多的是。

唐太宗李世民，一代英主，杀兄屠弟，把他的哥哥太子李建成、弟弟齐王李元吉全杀掉，而且满门抄斩，逼得老爹退了位。像李世民这样了不起的人物，也不讲亲情，对自己的父亲、兄弟、儿子下手都挺狠。更何况铁木真跟王汗只是义父义子的关系，所以这种联盟维持不了多久。除非铁木真永远给王汗当儿子，永远低三下四地听王汗的。铁木真是一代人杰，雄才大略，又怎么可能永远臣服于王汗呢？

再者，当时草原上的形势也决定了铁木真与王汗之间必然要有一拼。咱们讲过，蒙古高原本来是六雄并立，现在铁木真的蒙古部灭了东边的塔塔儿部，王汗的克烈部灭了北边的篾儿乞部，西边还有乃蛮部，南边还有汪古部。铁木真也好，王汗也罢，任何一个人，要想统一蒙古高原，肯定早晚要把对方吃掉。

铁木真曾经跟王汗联手去打乃蛮部，结果王汗听了札木合的挑唆，背信弃义撤兵了。王汗撤兵之后，又被乃蛮部打了个措手不及，还是铁木真派人把他们救了出来。那个时候，王汗确实也很感动：其实我这一辈子挺惨的，当初我叔叔夺了我的汗位，幸亏也速该把我救了；后来我那弟弟又把我赶到西夏，我只能流浪，喝羊奶、骆驼血，是铁木真救了我；现在铁木真又救了我一回。我希望铁木真能跟我儿子桑昆结拜，结拜之后，铁木真就正式成了我们家的人。

铁木真当然表示同意。铁木真觉得王汗说的也对，既然他让我跟桑昆结拜，这好歹对他也是一个约束。因为我是真心把他当作父亲，但他未必真把我当儿子。既然现在他提出来，让我跟桑昆结拜，这怎么着也是件好事儿。

于是，铁木真来到王汗的部落当中，在美丽的图拉河畔，歃血为盟，跟桑昆结为安答。这样一来，从表面上看，两边的关系似乎更铁了。而且铁木真和桑昆发的誓言也是掷地有声：以后打仗的时候咱们一块儿打，打完了之后平分战利品；如果有人挑拨咱们的关系，咱们谁都不要相信他的话；万一被人挑拨了，咱们一定要当面锣、对面鼓，把话讲清楚，消除误会；咱们两部要世代友好，永结安答。

桑昆的头脑很简单

从古今中外的历史中，我们不难看出，这样的政治契约从来都不是牢不可破的。在利益的驱使下，今天的朋友可能是明天的敌人，而今天的敌人为了共同的利益，随时可以结成新的联盟，所以不能把誓言太当回事儿。

图拉河会盟刚一结束，双方马上就分裂了，而且打起来了。起因是什么呢？铁木真想把两部的关系弄得更牢靠一点儿，所以就到王汗部落去提亲。铁木真的提亲很有意思，他让王汗的女儿嫁给自己的长子术赤，然后把自己的女儿嫁给王汗的孙子，也就是桑昆的儿子。

听起来不对啊，这辈分乱了。铁木真是王汗的养子，那王汗的女儿就应该是铁木真的干妹妹，也就是术赤的干姑姑。所以，他让王汗把女儿嫁给术赤，实际上是给王汗降了一辈。当然，当时的草原民族还实行收继婚制度，对辈分不是很在乎。铁木真要把自己的女儿嫁给桑昆的儿子，这个辈分倒是对的。

铁木真派使者去提亲，桑昆很愤怒地拒绝了。桑昆为什么要拒绝呢？桑昆说，咱们家的孩子嫁到他家，只能在门口冲北边坐着。她本来是铁木真的妹妹，现在变成铁木真的儿媳妇了，她降辈了，只能服侍人家。反过来，他们家的闺女要是嫁过来，却要坐在上首冲着南边的门框坐着，这个我绝不答应。

因此，桑昆就把这门亲事给回绝了。提亲的使者回来跟铁木真汇报，您一片好心，让桑昆这小子当成驴肝肺了，他给回绝了。

铁木真心中十分不快。这个时候，札木合、阿勒坦、答里台、忽察儿这帮人走进了桑昆的大帐，开始挑拨离间。札木合跟桑昆讲，铁木真这个人，别看他在口头上认你父亲为父，实际上他瞧不起你们，他想把你们的部落给吞并了。据我所知，铁木真跟乃蛮部暗通消息，想勾结乃蛮部把你们灭掉。咱们绝不能上他的当，咱们得先下手为强。你要是怀疑我说的话，你可以问铁木真的这俩叔叔、一哥哥，是不是这么回事儿？

桑昆就问阿勒坦、答里台、忽察儿三人，札木合说的对吗？这三人频频点头，没错。

甚至还有别的投奔过来的蒙古部落贵族，声泪俱下地跟桑昆讲，只要老大您发话，您令旗指到哪儿，我们就跟您打到哪儿，哪怕是万丈深渊，我们都跟着您往下跳。

桑昆是个蠢货，被这些人七嘴八舌一忽悠，他本来就很简单的大脑，这个时候就变得更简单。桑昆真的认为打败铁木真不在话下，自己应该是草原的雄主，飘飘然忘乎所以。

于是，桑昆派人来找自己的父亲，把札木合这些人说的话跟王汗讲了，铁木真要来攻打咱们，因此咱们要先下手为强，绝对不能让铁木真占了先。

王汗是只老狐狸

桑昆为什么这么恨铁木真呢？铁木真是他父亲的义子，他担心铁木真觊觎克烈部的汗位，担心他爹一死，铁木真过来说我也是你爹的儿子，我也有权继承克烈部，所以他一定要弄死铁木真。

王汗还真没桑昆这么糊涂，很不以为然地说，你别听札木合的，我跟铁木真情同父子，他是我干儿子，是你安答，他不会干出这种事儿来的。

桑昆一看，派使者去见他父亲不管用，过了几天，自己骑马亲自来了，跟王汗讲，您说札木合是小人也罢了，现在铁木真的亲叔叔、堂叔、堂哥都跑来归顺咱们，给咱们传递消息，他们都说铁木真要对咱们不利。札木合的话，您可以不信，这些人基于正义，基于良心，主动揭发铁木真的恶行，这您总不能不信了吧？

这么一来，王汗也有点儿犯糊涂了，就跟桑昆讲，你看铁木真多次帮我解脱危难，咱们应该念着人家的好，不应该背叛人家。而且我也老了，我希望我活着的时候别被人砍，落得个身首异处。

王汗这番话的意思，就是告诉桑昆，我不想跟铁木真打仗，但是话锋又一转，你爱怎么干就怎么干，你怎么干我不管，不过我觉得谨慎点儿好。

王汗真是一只老狐狸，或者说是根老油条。表面上看，他好像在维护铁木真，实际上还是轻信了桑昆，但又不明确支持。桑昆一看父亲是这种态度，非常生气，摔门就走。

桑昆回去之后，就跟札木合这帮人合计，要是直接攻击铁木真，胜算不是很大，就算是打赢了铁木真，自己的损失也会很大。那怎么办呢？我们把铁木真骗出来，给他摆个鸿门宴。他原来不是向我们提亲，被我们给拒绝了吗？现在我们答应婚事，骗他来，酒宴上把他干掉，这样最省事。

草原上的民族结亲，要吃一种食物。是什么呢？羊脖子。为什么要吃羊脖子呢？羊脖子是羊的头部跟躯干结合的地方，这个地方的骨头最紧密，所以吃羊脖子就表示结亲的两个家族，还有新人之间的关系十分紧密，牢不可破。

桑昆派人给铁木真带信说，我亲爱的安答，以前你提亲我没同意，是当时我想不明白。现在我想明白了，你来我们家吃羊脖子吧。

铁木真一听，挺高兴，我义父和安答到底还是懂事的，前些日子没想明白，人总有犯糊涂的时候，现在想明白了就好。铁木真高高兴兴地翻身上马，带了十个随从，就奔桑昆的营地吃羊脖子来了。

改变命运的巧合

铁木真走到半道上，经过了蒙力克的住处。

咱们讲过，蒙力克是当年也速该托孤的老臣，虽然蒙力克一度抛弃了铁木真母子，但是铁木真这个人对下属都是有情有义，没有因为当年蒙力克出走就嫌弃他。现在经过蒙力克的家，铁木真就想进去坐坐，喝杯酒再走。

于是，铁木真翻身下马，带着随从走进了蒙力克的家。蒙力克一看大汗来了，喜出望外，一看铁木真就带这么几个人，问，您这是要上哪儿？

铁木真就跟蒙力克把这前因后果一说。蒙力克一听，说大事不好，您可千万不能去。为什么不能去呢？原来桑昆为什么不答应亲事？因为他是个蠢人，他不是明白道理的人，他怎么可能睡一觉就想明白了。他现在请您去吃羊脖子，我看此去凶多吉少，他是要害您，您千万不能去。您如果还抱着一丝侥幸，也不能自己去，可以派您手下的人先去，您随后慢慢赶到。

铁木真一听，有道理，就派了自己的两个手下，你们先吃羊脖子去吧，我已经喝高了，就在蒙力克家住下了。你们有什么情况及时向我汇报。

这两人到了桑昆的营地，对桑昆说，我们家主公路上喝醉了，让我们先来吃羊脖子了。羊脖子在哪儿呢？快摆上吃吧。

桑昆这个气呀，我是想把你们主公骗来杀死，谁给你们准备羊脖子吃了？桑昆赶紧叫来札木合、阿勒坦这些人商量。铁木真太狡猾了，他居然没来，这怎么办？札木合这帮人就出主意，不怕，就算他没来，他也已经走到半道上了，而且他现在就算怀疑咱们，他也绝对没有确凿的证据，没有做认真的准备。所以我们应当立即出兵，偷袭铁木真。

桑昆一听，好主意，大家回去准备，明天咱就出兵。

阿勒坦有个弟弟叫也客扯连。这个也客扯连，不是前边讲过的也遂、也速干的爹，只是同名。他是阿勒坦的弟弟，也是铁木真的堂叔。也客扯连跟着阿勒坦已经背叛了铁木真。也客扯连回到屋里，跟媳妇开玩笑说，明天我们就要对铁木真动手了，要宰了铁木真，这个时候要是谁把这消息告诉了铁木真，这铁木真得给他多少赏赐啊？也客扯连这是开玩笑，跟他媳妇说着玩儿的。他媳妇一听，赶紧"嘘"了一声，隔墙有耳，你别胡说了。也客扯连说行，那就不说了。

无巧不成书，夫妻俩的玩笑被他们家的一个牧马人听见了，这个牧马人叫巴歹。

机警的牧马人

巴歹一听，他们居然要害铁木真。巴歹也是蒙古部落的人，跟着主人阿勒坦那些人背叛了铁木真投到了克烈部，但是巴歹对铁木真没有仇恨。现在听说他们要害铁木真，巴歹就想去报个信。但是这两口子说的是不是真的呀？万一报个谎信怎么办？

巴歹赶紧跑出来，找到了自己的一个伙伴乞失里黑，把听到的这些话告诉了他。乞失里黑一听，对啊，如果消息是真的，咱们一定要去给铁木真可汗报信，但是咱们先得了解清楚是不是真的。

乞失里黑来到了也客扯连的帐篷，想探听消息。到了帐篷门口一看，也客扯连的儿子在那儿磨箭头呢，一边磨一边嘟囔，明天就宰了铁木真，明天就宰了铁木真。也客扯连的儿子一抬头，看见了乞失里黑。也客扯连的儿子就跟乞失里黑讲，今天甭管你听见了什么，还是看见了什么，你要当作什么也没听见，什么也没看见，要是泄露了一星半点儿，我杀你全家。

乞失里黑赶紧点头说，没问题，你放心，我今天就是瞎子，就是聋子，我什么也没听见，我什么也没看见。

也客扯连的儿子说，这就对了，你去把咱们家的马喂好，准备两匹最好的马，明天我要骑。

乞失里黑回来跟巴歹一说，哥俩一合计，这事儿百分百可信了吧，又是磨箭，又是让我们准备好马，他明天肯定是要打仗啊。咱们一定要把这个消息报告给铁木真可汗，不能让他遭了毒手。

于是，这哥俩立马宰了一只羊，煮熟了，胡乱吃了几口，剩下的肉往行囊里一塞，当作路上的干粮。然后两人上了马，一溜烟就去找铁木真。见到铁木真之后，两人翻身跪倒，先是一番自我介绍，然后报告了桑昆那帮人明天要对铁木真下手的消息。我俩也是蒙古人，不忍心看到自己的可汗遭此毒手，所以我俩冒着生命危险跑出来向您报信，如果我俩有半句谎言，天打五雷轰。

铁木真一看这两人发这样的毒誓，当然相信这两人说的是真的了。看来桑昆这小子实在不是个东西，幸亏蒙力克老爹把我留住了，没让我去，否则的话，这就是羊入虎口，有去无回呀。

所以，铁木真特别激动地扶起了巴歹和乞失里黑。你俩的大恩大德，我永远也不会忘，不但我不会忘，我的后世子孙也会永远记住你俩。

逢凶化吉的法宝

每到关键时刻，总有人给铁木真通风报信，说明铁木真确实很会收买人心。

铁木真能够统一草原，称霸世界，并不仅仅依靠个人的才能，更重要的是，他的人格魅力让众多英雄豪杰为之倾倒。这样一来，他每到危急时刻，总有人能够出手相助。从少年时代大难不死，到如今多次逢凶化吉，可以说是在众多英雄豪杰的帮助下，铁木真才一步步走到了今天。那么，铁木真会如何报答这两位前来报信的牧马人呢？

铁木真建国之后，大封功臣，一共封了八十八个千户长。巴歹是第五十五个，乞失里黑是第五十六个，还加了答剌罕的封号，成为答剌罕千户长。

答剌罕不是官名，而是一种封号。铁木真一共封过三位答剌罕，除了巴歹和乞失里黑之外，就是前面讲过的锁儿罕失剌，也就是赤老温和沉白的父亲。答剌罕在蒙古语中是自由人的意思。

答剌罕有很多特权，比如说宴会的时候，他们的待遇跟蒙古亲王的待遇是一样的。见大汗的时候，他们可以随身配刀，他的侍卫可以带着箭筒。你说你带刀搞刺杀的时候，四周卫士一拥而上就把你收拾了，但远程射箭就很难防了。这说明对他们非常信任。他们上战场打仗抢劫来的财物都归自己，不用上缴。他们还可以自由选择牧地，觉得哪儿水草丰美，就可以在哪儿放牧，甭管这是谁的牧场。他们还可以不经通报就出入大汗的宫帐。而且这些特权是可以世袭的，后世子孙永远可以世袭。

这是铁木真建国之后，给巴歹和乞失里黑的封赏。

眼前的事儿，是桑昆要进攻了，铁木真还没回到自己的营地呢。铁木真快马加鞭，回到了自己的营地。蒙古牧民平时要放牧，人都散出去了，真正在铁木真营地里边的没有多少人。铁木真把外边的人召集回来是需要时间的。人家桑昆已经领着人马杀过来了，一场大战在所难免。

铁木真在这样十分不利的情况下跟桑昆开战，结果会如何呢？

17. 沙漠血战：与克烈部艰苦作战

一心想要置铁木真于死地的札木合，终于成功地挑起了王汗与铁木真之间的战争。令人不解的是，札木合在离间成功后，又悄悄地给铁木真通风报信。那么，札木合的真实意图到底是什么呢？他通风报信，对于铁木真来说，究竟是福还是祸呢？

不能让狗熊打败英雄

决战之前，王汗也要知己知彼。之前王汗虽然跟铁木真经常联军作战，但基本上是各打各的。所以铁木真部队的战斗力到底如何，王汗也不怎么清楚。

于是，王汗就问札木合，铁木真部队里面，什么人最能打？

札木合跟王汗讲，铁木真的部队有两个小部落最能打，一个部落叫兀鲁兀惕部，还有一个部落叫忙忽惕部。这些人从小就是刀枪堆里混大的，过的就是刀头舔血的生活。看到这两部，你要小心点儿。

王汗一听，哦，明白了。在本队之外，分出四个梯队，专挑兀鲁兀惕部和忙忽惕部作战。

一切都布置好之后，王汗看了一眼札木合说，札木合老弟，要不由你来整治军马如何？意思是说，要不你来指挥打仗得了，你当统帅。

这个时候，王汗的势力非常强大，他为什么偏偏要让札木合去带兵打仗呢？

王汗让札木合当统帅，在一般人看来，这是好事啊！我跟铁木真不共戴天，我没有兵马打他，现在王汗愿意把兵马交给我指挥，这多好啊。但是札木合这个人很有个性，他一听王汗这么说，立刻就对王汗起了鄙视之心。

你为什么请我当统帅？说明你心里没有底，你不会打仗，你才让我打，你这个人懦弱无能。所以札木合当时就拒绝了王汗的提议，我初来贵部，对贵部也不熟悉，你的将士们也不一定听我的。我一个外人在这儿指手画脚、吆五喝六，也不合适，还是你自己指挥吧。

然后，札木合就悄悄地离开了王汗。他跟自己周围的人讲，我过去一直打不过铁木真，说明我不是铁木真的对手。现在王汗居然让我来指挥他的部队打铁木真，说明王汗还不如我，他连我都不如，怎么可能打赢铁木真？所以我不能在他这儿混，我还得给铁木真安答报个信。

于是，札木合派人把王汗的底细全盘告诉了铁木真。很多人琢磨，这札木合不有病吗？你跟铁木真是不共戴天的敌人，王汗是被你挑唆的来打铁木真的，结果倒好，你把王汗这边的情况一五一十全部报告给了铁木真，你到底是向着哪头啊？

札木合为什么这么做？这要从他的个性来分析。札木合这个人极为自负，他认为自己是大英雄，他也承认铁木真是大英雄，我们俩之间的战争那是英雄跟英雄的战争。我们是惺惺相惜。我打不过铁木真，我承认我不如他，我想找比我强的人来打败铁木真，替我出这口气。谁要能打败铁木真，那就证明他也是大英雄，比我们俩还厉害。如果有这样的人打败铁木真，我愿意为他出生入死，甭管是冲锋陷阵，还是运筹帷幄，我都认了。

但这王汗算什么东西，老迈无用，儿子桑昆蠢笨无能。如果让他俩打败了铁木真，狗熊打败了英雄，那说明我连狗熊都不如。只有比我强的人，才能打败铁木真；比我弱的人，我绝不能让他们打败铁木真。所以札木合就投奔乃蛮部去了，而且把消息通报给了铁木真。

铁木真得到札木合派人送来的消息，立刻放心了，原来是这样，别看王汗人多势众，其实王汗心里没底，不用怕。

铁木真的激将法

铁木真开始排兵布将，召集来了兀鲁兀惕部的首领术赤台、忙忽惕部的首领畏答儿。铁木真之所以能够所向披靡，成就千古霸业，离不开他身边大批勇猛无敌、能征善战的将领的鼎力相助。

两个人一进帐，铁木真就跟术赤台说了，马上要跟王汗打仗，想请叔父做先锋，不知道叔父能不能答应。术赤台还没答话呢，畏答儿就抢先一步说，我愿意给你打先锋，我一定要把敌人冲得落花流水，让咱们的军旗在敌人的营帐中高高飘扬，把敌人首领的脑袋砍下来给你。

畏答儿一说这话，术赤台更来劲儿了，他都不怕死，我能怕死吗？那明天就看我们俩的了，没问题，一定把敌人打得落花流水。

铁木真一看两员将领如此英勇，觉得这一仗有必胜的把握。虽然我们人数少，但是兵贵精而不贵多。

第二天双方开战，王汗的第一梯队冲过来了。术赤台和畏答儿就率领自己手下的兀鲁兀惕人和忙忽惕人冲了过去，很快就把王汗的第一梯队打败了。

王汗的第一梯队退下来后，第二梯队又上，接着第三梯队进入战场，然后第四梯队接着上，但是很快都被打败了。王汗前锋的四个梯队跟铁木真的两部作战全都失败了。这个时候，王汗的儿子桑昆急了。不待王汗号令，拍马舞刀率领他的部下冲了出来。桑昆这小子也是太鲁莽，点儿背，刚一出来，一支箭射来，就被射中，翻身落马。幸好桑昆的士兵冲上来把他救走了。于是双方各自收兵回营。

大家打了一天，十分疲惫，铁木真下令山后扎营休息。休息的时候，大家商议明天怎么打。

畏答儿一拍胸脯，王汗虽然人多，但没什么可怕的，这样得了，可汗您派一支军队，绕过去偷袭王汗军队的背后，咱给他搞一个包抄不就结了。

这说明，这个时候蒙古部落的战术水平已经飞速发展了，不再像原来那样打仗跟打群架似的，现在知道用迂回战术了。

畏答儿的计策一献出来，铁木真就拍案叫好，不错，咱就这么打。问题是谁带队去包抄呢？要论战功，论勇武，论气节，首推自己的叔父术赤台。于是铁木真就问术赤台，要不还是麻烦叔父您领兵去迂回包抄，您看行不行？

没想到，术赤台玩着手里的马鞭，不答话。畏答儿一看就明白了，术赤台八成是胆怯了，所以不敢出兵。畏答儿赶紧抢过话头，跟铁木真说，我愿意带领部队，攻击敌人的后方，我愿意以死报答可汗。

铁木真一听大喜，好，没问题，就让畏答儿你去吧，环视满营，最勇敢的就是你，你就是我们蒙古部落的擎天白玉柱、架海紫金梁，就得你去，真让别人去，我还不放心呢。

铁木真说这话什么意思？激将法，请将不如激将。在座的都是蒙古七尺男儿，全都是有血性的汉子，让铁木真说得热血沸腾。畏答儿是我们蒙古勇士中的第一？我们都是饭桶？众将的士气立即高涨起来，就连刚才无动于衷的术赤台也热血沸腾了，我在这帮人里辈分最高，昨天在战场上出力最多，我今天怎么能输给这帮小年轻呢？今天我害怕了吗？没有！

于是，大家纷纷回营，整顿军马，整理军械，准备第二天跟敌人决一死战。

异常艰苦的战斗

第二天天一亮，双方就开始大战。

畏答儿首先率领部队准备向王汗大军的背后包抄。王汗的士兵看到了畏答儿的部队，上前迎敌，跟畏答儿的人厮杀到了一起。双方是棋逢对手，将遇良才，打了几十个回合，杀得天昏地暗，不分胜负。

这个时候，王汗的大将阿赤黑失仑率领援军杀到。阿赤黑失仑大叫一声，一枪刺去，正好刺中了畏答儿的马腹，畏答儿从马上摔了下来。阿赤黑失仑手持长枪连连突刺，非要把畏答儿刺死不可。

眼瞅着畏答儿就要完了，斜刺里冲出一将，一下就把阿赤黑失仑的长枪给挑飞了。阿赤黑失仑一看自己赤手空拳了，吓得转身就跑。冲出来救畏答儿的这个将领是谁呢？正是术赤台。

术赤台一赶到战场，王汗的另一员大将豁里失列门也赶到了。豁里失列门手持一对铁锤，力大无比，一锤向着术赤台就砸了下来。术赤台拿刀一挡，虎口被震得发麻，刀差点儿没攥住。俩人斗了几十个回合，术赤台越来越感到吃力，毕竟年岁不饶人了，对方生龙活虎，一对大锤舞得虎虎生威。术赤台眼看就要敌不住了，这个时候，铁木真率领部队赶到了战场。

铁木真一赶到，可汗的旌旗谁都认得。豁里失列门一看铁木真到了，擒贼先擒王，放过术赤台，拍马就奔铁木真杀过去了。

铁木真麾下四杰之中的博尔术、博尔忽，还有铁木真的三儿子窝阔台，仨人拍马出来，齐战豁里失列门。豁里失列门跟这爷仨杀了一阵子，毕竟寡不敌众，感觉有点儿吃力。

豁里失列门心想，我没有必要跟你们仨玩儿命，我军的人数比你们多得多，因此我只要困住你们仨就可以了。所以豁里失列门向博儿术虚晃一锤，趁博尔术一挡的时机冲了出去。

豁里失列门冲出去以后，博尔术、博尔忽和窝阔台就追了上去。刚才这个人想杀害我们大汗，绝对不能让他跑了。仨人一追，豁里失列门就把他们引到了自己的本阵当中。克烈部的兵马就围了上来，里三层外三层，把这仨人给包围了。仨人只好使出浑身解数，拼死奋战。

这个时候，博尔术、博尔忽、窝阔台三人被敌人团团围住，畏答儿、术赤台也被敌将困住，昔日能征善战的众将士打得异常艰苦。此时王汗的大队人马，犹如黑云压城般滚滚而来

铁木真今日一战，难道将会以失败告终吗？

倒霉的桑昆

铁木真眼看战局对己方不利，正在思考对策的时候，突然不知道从哪儿飞来一箭，正中桑昆的腮帮子。

桑昆大叫一声从马上掉了下来，这是桑昆跟铁木真打仗时第二次中箭了。克烈部的人只好拼死上去抢救桑昆。王汗就这么一个宝贝儿子，一看宝贝儿子又受伤了，赶紧下令收兵。

铁木真这才命令自己的部队也赶紧收拢起来，开始后撤。

撤退的时候，铁木真看见畏答儿趴在马鞍上特别狼狈地撤了回来。最要命的是博尔术、博尔忽和窝阔台没有撤回来。铁木真非常焦急，博尔术、博尔忽和我儿子窝阔台是不是已经阵亡了呢？

铁木真立刻派人去找，终于找到了博尔术。铁木真就问，你看没看见博尔忽和窝阔台呀？博尔术说，当时两军激战，谁也没顾上谁，我和博尔忽、窝阔台走散了。

正在铁木真着急的时候，远方出现一匹马，马上骑着一个人，那个人前面还横担着一个人。等走到近前一看，骑在马上的是博尔忽，横担着的就是铁木真的儿子窝阔台，也就是后来继承铁木真汗位的元太宗。

铁木真看到博尔忽嘴边上有血迹，就问博尔忽是怎么回事儿。博尔忽回答说，激战当中，窝阔台少爷脖子上中了一箭，我把箭拔了出来。因为怕瘀血堵塞血管，所以我给他把瘀血吸了出来，这才捡回了一条命。

铁木真一看，感谢长生天，我儿子的命保住了。铁木真赶紧让人去把窝阔台的伤口给烙上，当时没有药，为了防止伤口化脓，就拿烙铁烙上。然后给窝阔台喝牛奶，让他慢慢恢复体力。

铁木真的爱将和儿子总算都回来了，但是现在窝阔台伤重，一时半会儿撤不了。所以铁木真下令，刀出鞘，箭上弦，如果王汗的部队打上来，就跟他们拼命。

铁木真话音刚落，博尔忽就赶紧说，王汗的部队不会来了，我看见远方尘土飞扬，是奔克烈部老营方向去的，说明他们已经退军了，肯定不会来，您放心好了。

照常理而言，此时王汗的部队打了胜仗，应该乘胜追击，一举消灭铁木真才对。王汗放了铁木真一马，一方面确实是因为他懦弱无能，想见好就收，他没想过要消灭铁木真，那是他儿子桑昆受札木合这帮人挑唆才这么做的；另一方面是因为桑昆中箭之后，他特别心疼，六神无主。这个时候，旁边的人就劝王汗说，大汗您就别生气了，铁木真有什么可怕的呀，他们现在一个人就一匹马了，只能躲到森林里，捡野果，喝泉水，打点儿什么野鸡、野兔子，让他们自生自灭得了，等他们没吃没穿、活不下去的时候，咱们根本连打都不用打。

王汗一听，这话说得在理，所以没怎么把铁木真放在心上，因此没有追击铁木真。

收服弘吉剌部

王汗见好就收、撤兵回营，虽然给了铁木真喘息的机会，但是铁木真部落内部损失惨重，根本无力抵挡王汗的再次来袭。

铁木真请教木华黎，下一步咱们怎么办？

木华黎说，王汗在西边，我们在东边。我们要想打败王汗，首先要稳住东边。东边还有一个弘吉剌部落位于我们的东南方向，这个弘吉剌部落跟咱们蒙古部是姻亲啊，所以咱要先降服弘吉剌部，让咱们的东边稳定下来，然后再跟王汗在西边决战。

铁木真说言之有理，立即派人给弘吉剌部传信。跟弘吉剌部落讲，要么归顺我，听从我的指挥，双方永远和好；要么领兵出来，咱们一决雌雄。弘吉剌部落的首领一看，铁木真派人来传话，谁都知道铁木真是草原上的雄鹰，何况他又是我们弘吉剌部的女婿，我何必得罪他呢？就赶紧派人把铁木真请到自己的营地，杀牛宰羊，酒宴歌舞大庆三天。

宴会上，弘吉剌部落的首领跟铁木真重申，咱们两部世世代代永结盟好，我绝不背叛您，以后我们部落就归您指挥了，您说往哪儿打，我们就往哪儿打，您的大旗到哪儿，我们的兵马就到哪儿。

铁木真非常满意。这样的话，就没有后顾之忧了，东南已经稳定了，我就可以跟王汗一决雌雄了。

世代传唱的口信

在跟王汗决战之前，铁木真给王汗带去了口信。那个时候蒙古人没有文字，只能带口信。铁木真让使者带去的口信，在蒙古民族当中作为民歌被世世代代传唱，翻译成汉语长达几千字。口信的大意是这么说：

我尊敬的义父王汗首领，我的父亲也速该帮助你逐走你的叔父，夺回了你可汗的宝座，让你重新坐上了首领的位置，是我们家有恩于你的第一条。

你曾经前来投靠我，我在不到半天的时间内，就让你的部众吃上了饱饭。然后不到一个月的时间，我就让你的那些衣不遮体的部众穿上了衣服，这是我们家有恩于你的第二条。

你弟弟背叛你，我给你恢复部众，夺回汗位，这是我们家有恩于你的第三条。

咱俩约好了一块儿去打乃蛮，但是你背信弃义，偷偷撤兵了。我不念旧恶，这是我们家有恩于你的第四条。

乃蛮部的大将偷袭你的营地，我派人救出了你的儿子，把你被乃蛮人抢走的财物和牲畜都还给了你，这是我们家有恩于你的第五条。

我们家对你有五重大恩，但你又是怎么样对待我的呢？你一直这么对待我，你觉得公平吗？难道你真的一点儿都不惧怕我吗？你这么做，你良心上过得去吗？

铁木真的使者到王汗的大帐中，义正词严，一番话说下来，说得王汗哑口无言，满面羞愧。最后王汗实在没办法，就当着使者的面发誓，我绝对没有陷害我的义子铁木真的半点儿念头，我要有这个念头，就让我鲜血流尽而死。王汗一边发着毒誓，一边拿出小刀，把自己的手指头划破了。

王汗羞愧得割手指头起誓，把桑昆给惹火了。桑昆说，铁木真说我们两家是亲戚，他拿我当弟弟，那为什么他经常骂我啊？别当我不知道，来了使者还把我羞辱一番。他既然把我爹称为义父，他怎么能说我爹忘恩负义呢？他说他们家有恩于我家五条，有这么跟自己的爹说话的吗？我不跟铁木真废话，我要整顿军马，彻底灭了铁木真。

桑昆告诉自己的部下，去敲响我的战鼓，树起我的大旗，我要挥军再战铁木真。

18. 连环妙计：王汗父子的末日

与克烈部的激战，使得蒙古军队元气大伤。险些被逼入绝境的铁木真在班朱尼河休养生息后，决定对王汗父子发起反击。然而在敌众我寡的情况下，要想取得胜利并非易事。此时，大将木华黎向铁木真献计，使得铁木真最终打败了克烈部，从而为铁木真日后称霸草原奠定了坚实的基础。那么，木华黎的妙计究竟是什么？与铁木真恩怨纠葛的王汗父子，命运又将如何呢？

班朱尼河盟誓

眼看桑昆大军杀了过来，铁木真为了避敌锋芒，命令部下分散各地。

铁木真这次惨到了什么程度？史籍上记载只有十九人跟着铁木真，也有人说这十九人都是将领，底下还有兵。这些人跟着铁木真，逃到了一个叫班朱尼河的地方。

实际上，这班朱尼河就是一片沼泽，全都是污浊的脏水。大家逃到这儿之后，惊魂初定，首先面临的一个问题是怎么解决吃喝。这个时候，天无绝人之路，远处有一匹野马跑了过来，铁木真的部下赶紧拉弓放箭，把野马放倒。然后大家冲上去，把这匹野马宰掉，升火烤了吃。

这个地方没有清水，大家只能喝混浊的班朱尼河水。铁木真看着这十九位跟着自己同甘共苦的部众，到了这种地步都不忍离他而去，大发感慨。铁木真说，凡是今天跟我一块儿喝班朱尼河水的这些部众，我的子子孙孙永远铭记你们的恩德。

班朱尼河盟誓

后来铁木真建国之后，跟他共饮班朱尼河水的这些人，全都封了千户长以上的高官。值得一提的是，这十九人里面，不仅有蒙古人，还有西域回鹘人和契丹人。这说明，铁木真的影响已经遍及了大草原，连别的地方的人都闻风前来归顺了。

铁木真在这个地方休养生息了一段时间，慢慢收拢他的部众，渐渐恢复了元气。在休养生息的时候，铁木真琢磨着怎么报仇，怎样才能打败王汗，完成蒙古高原的统一大业。但是，毕竟铁木真现在的队伍还很弱小，所以他有点儿发愁。这个时候，铁木真的大谋士木华黎走上前来说，大汗您不必担忧，我有一条妙计。木华黎就趴在铁木真耳朵边上，嘀嘀咕咕了一番。

铁木真听完哈哈大笑，好极了，就照你说的办。

收容叛逃部众

木华黎刚一走，铁木真发现，自己的二弟合撒儿狼狈不堪地来了。

合撒儿在前面跟王汗的沙漠血战时，兵败被俘，他的老婆孩子还都留在王汗那儿。合撒儿靠着打猎为生，有的时候甚至偷东西吃，这样历尽千辛万苦，才找到了自己的哥哥铁木真。

所以合撒儿一看到铁木真，热泪盈眶，跪倒就哭。铁木真看自己的兄弟，胡子拉碴的，脸上还带着血痕，破衣烂衫，也是特别心疼，说兄弟你别哭了，哥哥我替你报这个仇，出这口气。马上点齐人马，咱找王汗算账，把你的老婆孩子给夺回来。

铁木真这话刚说完，正好木华黎在外面安排完事进帐。木华黎一听铁木真这么讲，赶紧冲上去拦住铁木真说，大汗，难道忘了我刚才跟你说的话了吗？你要这么来的话，咱们的计策就全用不上了。然后，木华黎一边劝铁木真，一边拉起合撒儿说，您别哭，我有一条妙计，刚才我已经跟大汗说了，我再跟您说一遍。我看见您回来了，我又想出了一条妙计，你们按照我的计策而行，咱们肯定能够打败王汗。

于是，木华黎就把合撒儿拖出帐去了，跟合撒儿嘀嘀咕咕。过了一会儿，两人进了帐，合撒儿也破涕为笑了，跟铁木真讲，大哥您放心，刚才木华黎跟我前前后后都说了，就照木华黎说的办。

现在只有铁木真、合撒儿、木华黎三人知道要怎么干，别人都不知道这葫芦里卖的什么药。

过了几天，有人来报，大汗，背叛您的叔叔答里台回来了。铁木真特别高兴，立即出帐迎接。答里台看见自己的侄子出来迎接自己这个叛逃之人，赶紧跪地上了，口称死罪，我这是老糊涂了，受了札木合这个奸人的挑唆，背叛了自己的可汗，投到王汗那儿，我时常受良心的谴责。您派使臣去谴责我们三个的时候，我们就都良心发现了，想回来报效可汗。正好木华黎托人给我们带信，让我们做内应，所以我们就准备做内应，结果被王汗发现了，之后王汗追杀我们，我们没有办法，只好逃出来了，来投奔可汗。

这个时候，大家才明白，原来木华黎给铁木真献的计，是让铁木真带信给这三位叛将，晓之以理，动之以情，给王汗他们来个内部爆破、中心开花。但是因为被王汗发现了，所以没有成功。

铁木真赶紧把答里台扶起来，叔叔何罪之有，人非圣贤，孰能无过？改了就好。然后铁木真问，阿勒坦和忽察儿回来没有？答里台说，他们实在没脸见您，而且也怕回来后您不能收留他们，所以他们就跑到别的部落了。但他们手下的人跟着我回来了，不知道您能不能收容他们？

铁木真说，我现在不怕人多，人越多越好，有什么不能收容的？跟你来的人在哪儿？答里台说，都在帐外地上跪着。于是，铁木真赶紧出去迎接，把这些人的头领一个个扶起来，问王汗部落的情况怎么样。这些人一一向他汇报情况，讲得非常清楚。

铁木真一听，知己知彼，没问题了，那咱就起兵，去跟王汗决战吧。

木华黎的妙计

走到半道上，铁木真非常高兴地发现前面来了几个人。其中一个是合撒儿的那可儿（伴当），叫合里兀答儿。

合里兀答儿看到铁木真之后，翻身下马，向铁木真报喜，我给您逮了一个俘虏。铁木真下马走到这个俘虏跟前，一看原来认识，是王汗的亲随，叫亦秃儿坚。

铁木真觉得非常奇怪，就问合里兀答儿，亦秃儿坚常伴王汗左右，你们怎么把他给逮住了？

合里兀答儿回答说，合撒儿首领命令我们到王汗那儿诈降，让我们跟王汗这么讲：我亲爱的义父王汗首领，我合撒儿之所以离开您，是因为思念我的兄长铁木真，所以我就去找我的兄长铁木真。但是我找了几天几夜，走遍了千山万水，也找不到我的兄长，我披星而宿，枕土而眠，没有吃的，没有穿的。这个时候，我想既然找不到我的兄长，那么我还是回来找我的父汗吧。我的妻子儿女都在您这儿，您要是能收留我，您可以派一个亲随，跟着我的人回来传个话。

合里兀答儿这么一说，王汗深信不疑，就派自己的亲随亦秃儿坚跟着合里兀答儿来见合撒儿。

实际上，合里兀答儿替合撒儿说的这番话，正是木华黎为了稳住王汗教他说的。如果王汗信以为真，那么合撒儿就到王汗军中做内应。等到铁木真发动进攻的时候，合撒儿跟铁木真哥俩里应外合，王汗必败无疑。

可是铁木真已经率军出发了，当合里兀答儿带着亦秃儿坚返回的时候，半道遇上了铁木真的军队。这下麻烦了，因为铁木真的旗帜很明显，祖传的九足白旄大纛旗，一看就知道是铁木真的帅旗。合里兀答儿远远一看，坏了，亦秃儿坚如果看见铁木真的旗帜，那他肯定会跑回去给王汗报信，我们的计划就完全失败了。

这个时候，合里兀答儿灵机一动，跳下马来跟亦秃儿坚说，我的马蹄子里进石子了，一拐一拐地没法儿走了，你下马帮我看看。亦秃儿坚过来看了一下，没石子啊，挺干净的。合里兀答儿乘亦秃儿坚低头没注意的时候，就把亦秃儿坚给捆了。

铁木真听后哈哈大笑，合里兀答儿真聪明，没给你的主人丢脸。

合里兀答儿告诉铁木真说，王汗正等着合撒儿去投降呢，毫无防备，他们就在一个山上饮宴，所有人都喝多了。咱们如果在这个时候偷袭王汗，一定能够大获全胜。

铁木真一听，好主意，赶紧下令全军上马，趁王汗不备，打他个落花流水，这回一定要全歼克烈部，不要让一个人逃出生天。

这个时候，木华黎对铁木真讲，敌人在山上，如果我们率众偷袭，弄不好又打成了击溃战，像以前的篾儿乞部、塔塔儿部，我们打败了他们许多回，老是死灰复燃。这次大汗您率军正面进攻，我木华黎愿意率军迂回包抄，咱们把这座山围起来，让王汗插翅难逃。

铁木真一听，此计甚好，那你快去执行迂回任务，我带队强攻。

然后，蒙古大军就向着克烈部的营帐进发了。

蒙古大军从天而降

这个时候，克烈部的人已经全都喝高了，人人醉醺醺的，人没有披甲，马也没有上鞍子，刀都不知道搁在哪儿了。

蒙古大军从天而降，杀声遍野，箭矢乱飞。克烈部的人在醉梦中，匆匆忙忙披衣上马，怎么可能是蒙古人的对手？当时铁木真指挥的军队绝对比王汗的要少，只不过杀了王汗一个措手不及。双方血战了三天三夜，克烈部的人一看，再抵抗下去没有任何意义，根本就不可能活着杀出去，只好放下武器投降。草原上强盛一时的克烈部，到此就凄然谢幕了。

铁木真把俘虏查了个遍，就是不见王汗父子，只好把俘虏的高级将领全都叫进来一个个审问。你们说王汗藏到哪儿去了？不说的话，把你们全部处死。

一个叫合答黑的将领站起来说，你不用找了，从你们偷袭我们的时候，我们就赶紧保着可汗父子逃命。我们知道被你们打了个措手不及，所以抵抗其实是没有意义的，我们之所以要抵抗，就是为了给可汗父子逃命留出充分的时间。三天过去了，估计可汗父子已经逃远了，所以我们才放下武器投降。你没有必要盘问别人了，带头抵抗你的就是我合答黑，要杀便杀，无须多问。合答黑说完，把脖子一伸。

铁木真一看，两步蹿到合答黑跟前，就把绑绳给解开了，还对合答黑说，好汉子，忠于自己的主人，你才是我铁木真要用的人才，你愿意不愿意归顺我？如果你归顺我，我绝对重用你。

铁木真跟合答黑接着讲，我跟王汗是父子关系，我非常敬重王汗，我没有对不起他，不是我来侵略你们，是他负我太深，我兴兵报仇是理所当然的。即便我逮到了王汗，你相信我会把他害死吗？不可能的，我要好好地供养他。现在克烈部跟我们蒙古部已经合为一家了，如果你肯归顺，我肯定重用你。

合答黑一想，既然克烈部已经大势已去，铁木真又这样仁义，那好吧，我愿意归降可汗，为蒙古部效力。

父子娶了姐妹俩

铁木真能够成就一方霸业，与他独具慧眼的识人才能和各尽其才的用人之道密不可分。这次铁木真被合答黑的忠勇所打动，不但没有追究他掩护王汗父子逃走的罪责，还将其收入麾下，委以重任。对于其他克烈部的俘虏，铁木真又会如何处置呢？

铁木真对克烈部俘虏的态度，跟对以前的篾儿乞部和塔塔儿部俘虏的态度截然不同。篾儿乞部、塔塔儿部，跟铁木真都有深仇大恨，所以铁木真把好多投降的人都杀了。克烈部一直是铁木真的盟友，所以铁木真对归降的克烈人基本上没有杀害。

对于给自己报信的那两个牧人巴歹和乞失里黑，铁木真给予了很高的待遇，不但把王汗住的宝帐给了他们，而且还从克烈部里拨出了一个部落做他们的奴隶，世代享用。巴歹和乞失里黑这两个贫苦的牧民，一下子一步登天，变成了大贵族。

可见，铁木真对于有恩于他的人，报恩真的是非常彻底，绝不过河拆桥，用人脸朝前，不用人脸朝后。王汗败亡之后，王汗唯一还活着的弟弟札合敢不就来投奔铁木真。这札合敢不原来受过王汗的虐待，曾经流亡到金朝跟蒙古草原的边境。因此，札合敢不来投奔铁木真，铁木真自然就收留了他。

札合敢不心想，总得给可汗献个见面礼，一看自己的两个闺女还不错，貌美如花，我干脆把我这两个女儿献给可汗得了。

铁木真一看这两个闺女一大一小，大的叫亦巴合，自己收下了；小的叫莎儿合，实在太小了，自己收不太合适，一看这小姑娘跟自己的四儿子拖雷年龄相仿，就把她给了拖雷当媳妇儿。这姐妹俩一个嫁给爸、一个嫁给儿子，在中原人看来这简直乱套了，但草原民族不讲究这个。

嫁给拖雷的这位莎儿合，后来生下了蒙古王朝第四和第五位大汗——蒙哥和忽必烈。这哥俩都有一半克烈部的血统。

得人心者得天下，铁木真能够在残酷的斗争中获得成功，关键在于他善于笼络人心。无论是厚赏有恩于自己的牧民，还是善待克烈部的俘虏，都使铁木真英名远播，实力大增，为统一蒙古高原奠定了坚实的基础。

王汗的凄惨结局

再说克烈部的首领王汗和桑昆父子俩，只剩下百十个随从跟着，狼狈地逃了出去。

王汗一路上长吁短叹，一个劲儿地埋怨桑昆，都是你小子胡来，才落到了今天的局面。你说人家铁木真对咱们这么好，你心怀嫉妒，听信谗言，非要除掉铁木真。这下惨了吧，咱们落得国破家亡，根本就没有地方可去了。

桑昆这个人愚蠢至极，也不孝至极，心里根本就没有自己的老父亲。这个时候，他不反思自己的错误，他还怪父亲多嘴，你不是觉得铁木真好吗？那你找他去呀。

说完之后，桑昆这个狼崽子竟然把自己的老父亲一个人扔在了荒原上，自己带人跑了。王汗没办法，一个孤老头子骑着马漫无目的地到了乃蛮部的边境上。王汗口渴难忍，正好前面有一条河，就跑到河边喝水。王汗喝水的时候，被乃蛮部的巡逻兵看见了。这帮巡逻兵就冲了过来，你是干什么的，肯定是奸细吧？

王汗赶紧说，别误会，我是克烈部的首领王汗。这帮巡逻兵根本不相信，你说你是王汗，你有什么凭据？王汗能像你这样孤身一个人，衣衫褴褛，趴在河边喝水吗？这帮人认定他是个奸细，上去一刀就把王汗砍了。

可怜在草原上叱咤风云的一代枭雄王汗，落得个这么凄惨的下场。

王汗被杀的时候，桑昆也出去找水喝。这个时候跟着桑昆的人已经越来越少了，算上桑昆只有三个人。除了桑昆之外，还有他的马夫阔客出和阔客出的媳妇。阔客出一看，桑昆都惨到这份儿上了，跟着他混个什么劲儿呀，干脆咱们去投奔铁木真得了。

阔客出上马就想走，他的媳妇还真是有情有义，当即指责阔客出说，要走你走，我不走。当初主人给咱们绫罗绸缎的时候，给咱们山珍海味的时候，你怎么发誓要跟着他？现在主人落难了，你就要背叛主人，你这人也太差劲儿了。

阔客出一听就急了，我走你不走，你跟桑昆孤男寡女的，你是不是要给桑昆当媳妇？阔客出的媳妇一听更生气了，你还怀疑我的人品，我能像你那样寡廉鲜耻吗？这样吧，我跟你走可以，你把你腰里的金碗拿出来，好歹让桑昆能拿着舀水喝，然后咱们去投奔铁木真。

阔客出就把金碗扔给了桑昆，带着自己的老婆跑了。阔客出不了解铁木真的为人，见到铁木真之后，以为自己能受赏。结果铁木真一听就火了，你这样的反复小人，危难之际丢弃主人逃跑，你还算个人吗？你连你媳妇的觉悟都没有。

于是，铁木真下令把阔客出杀了，然后厚赏了阔客出的媳妇。

桑昆一直在草原上流浪，后来逃到了西夏，又到了西藏，在当地抢劫，最终被当地人杀掉了。

这样一来，草原六雄之一的克烈部也彻底灰飞烟灭了，剩余的部众都投到了铁木真的麾下。铁木真能够完成蒙古草原的统一，在很大程度上是因为他继承了王汗的遗产。

这个时候，塔塔儿部完了，篾儿乞部完了，克烈部也完了，汪古部为求自保选择了臣服于铁木真。那么，铁木真统一蒙古草原唯一的障碍，就剩最西边的乃蛮部了。铁木真是怎样打败乃蛮部的呢？

19. 决战乃蛮：清除统一草原的最后障碍

在塔塔儿部、篾儿乞部、克烈部相继被消灭后，草原六雄之一的汪古部为求自保，选择臣服于铁木真。曾经的草原六雄中，还没有被蒙古部落征服的，只剩下西边的乃蛮部了。乃蛮部不但与蒙古部距离很远，而且非常强盛，要想征服乃蛮部必须率大军长途跋涉。那么，铁木真将如何克服远征中的重重困难？这一次，他能否打败强敌，一举称霸草原呢？

宠妃原来是后妈

消灭克烈部之后，铁木真统一蒙古高原的最后一战，已经是箭在弦上不得不发了。

这次，铁木真的对手，是比克烈部更加强大的乃蛮部。乃蛮部位于蒙古高原的西部地区，是草原上实力最强的一个部落，而且文明程度较高。强盛的乃蛮部分为两部，这两部的可汗是哥俩，一部由不亦鲁黑汗统治，还有一部由太阳汗（也就是塔阳）统治。不亦鲁黑汗曾经被王汗和铁木真的联军攻击过。所以这个时候，不亦鲁黑汗这一部已经衰落了。当不亦鲁黑汗遭到王汗和铁木真的联军攻击的时候，太阳汗一直袖手旁观。现在铁木真的马刀马上就要砍到太阳汗的头上，但已经没有人来帮助他了。

杀死王汗的就是太阳汗这一部的哨兵。哨兵杀死王汗之后，把王汗的脑袋砍下来送到了太阳汗那儿。人头送来之后，有认得王汗的人就跟太阳汗讲，这真是老王汗被杀了。太阳汗赶紧下令，给王汗的脑袋镶上银子，供几杯马奶酒，得祭祀祭祀。

太阳汗祭祀王汗的时候，也不是怀着十二万分的诚心来祭祀的，有点儿戏谑的成分。太阳汗端着酒杯跟王汗讲，没想到叱咤风云的王汗，你也有今天，我也没什么好东西给你，这有几杯马奶酒，老汗王你多饮几杯，不必客气。

据说太阳汗这话一说完，奇迹发生了。王汗人头的眼睛睁开了，嘴巴也在动，好像在咂摸酒的滋味。这下可把太阳汗给吓坏了，他把酒杯扔在地上，转身就跑。太阳汗刚一转身跑，一阵香风袭来，从帐篷后面转过来一个打扮得十分妖娆的女子，拦住了太阳汗的去路，看你这胆小如鼠的样子，什么事儿把你吓成这样了？

太阳汗抬头一看，这个女子不是别人，是他的继母兼宠妃古儿别速。这怎么说呢？古儿别速原来是太阳汗父亲的妃子，当然岁数差得很远了。太阳汗跟古儿别速，相当于唐高宗跟武则天这种关系。古儿别速这个女人很有心机，看到老汗王也没几天好活了，就勾搭老汗王的儿子太阳汗和不亦鲁黑汗，她同时勾搭这两个人，两边都押宝。老汗王死后，正是为了争古儿别速，太阳汗和不亦鲁黑汗哥俩闹掰了，乃蛮汗国一分为二。古儿别速就跟了太阳汗，所以她是太阳汗的继母兼宠妃。

太阳汗看到古儿别速，就指着王汗的人头说，这人头会动，吓死我了。古儿别速一提裙子走上前去，一把就把那脑袋从供桌上给弄下来了，还踢了一脚，一个死人头都把你吓成这样，你真是一个窝囊废，你这样能带着咱们乃蛮汗国打败蒙古人吗？

古儿别速这么一说，太阳汗惊魂稍定。太阳汗一想，是啊，我也是乃蛮汗国的大汗，我至于怕蒙古人吗？你放心，我这就发兵，借着给王汗报仇的名义，消灭蒙古人，把蒙古人都抓来做我们的奴隶。

太阳汗气壮山河地吹了一番，古儿别速一听就笑了，抓那么多蒙古人干什么？没有必要把他们都抓来，你把蒙古人打败了之后，蒙古男人你该杀就杀了，你就把特别漂亮的小媳妇、大姑娘都抓来，洗干净她们的手脚，让她们给咱们挤牛奶、挤羊奶，这就够了。

两口子越说越高兴，一起哈哈大笑。

得不偿失的出使

太阳汗开始传令，派人去联络长城附近的汪古部，约好时间夹攻蒙古人。使者刚要出帐，一位须发皆白的老将闯了进来。这位老将拦住了使者说，你别去，绝对不能去。

太阳汗一瞅，这人就是之前打败王汗的乃蛮名将可克薛兀。

可克薛兀说，现在古儿别速掌握着国政，你是一个只会放鹰、懦弱无能的人，你现在是要把我们乃蛮汗国带上绝路啊。

可克薛兀当面指责自己的可汗，可见太阳汗在部属当中没什么权威。这要是在中原王朝，借他个胆子也不敢，拖出去就得砍了。

太阳汗命令使者，你赶紧走，甭理可克薛兀。使者到了汪古部，见了汪古部的首领，如此这般把太阳汗要干什么说了一番。汪古部的首领知道，太阳汗是一个懦弱无能的家伙，我怎么能把我们部落的兴亡寄托在这小子身上呢？而且，汪古部的首领早已经打定主意要跟铁木真结盟。

所以，汪古部的首领不但没有答应太阳汗，还把太阳汗的使者捆了交给了铁木真。铁木真特别高兴，赶紧派人出使汪古部，给汪古部的首领送了五百头牛、一千只羊。这样吧，反正蒙古高原最后肯定得有一位共主，不是我就是太阳汗。既然你没有选择太阳汗，那你就选择我，咱俩夹攻太阳汗，你看怎么样？

汪古部的首领拍着胸脯就同意了，没问题，那我就跟你一块儿夹攻太阳汗吧。

太阳汗这一遣使，等于给铁木真报了个信，还给铁木真增加了一个帮手。

把部落改造成国家

铁木真就在自己的营地大会诸将，商议军情。铁木真问诸将，乃蛮部要进攻我们，扬言要把我们的箭筒夺走，诸位认为我们现在进攻乃蛮部，是不是时候？

诸将因为以前跟乃蛮部也交过手，明白乃蛮部实力很强，可克薛兀是当代名将，所以一个个面有难色，说现在正是马匹瘦弱的时候，应该待到秋高马肥之际再进攻。

铁木真看诸将都反对，不太痛快。这个时候，铁木真的幼弟帖木格拍着胸脯站起来说，你们说的什么话？什么叫马匹瘦弱？我们的马瘦，难道乃蛮部的马就肥吗？太阳汗有什么了不起的，让我们一块儿把他抓来，让我们的威名吓破他们的胆，把我们蒙古的九足白旄大纛旗插到他们乃蛮部的宫殿上，让我们大获全胜吧。

帖木格话音未落，别勒古台接着说，在座的各位都是堂堂蒙古七尺男儿，我听说乃蛮部有广阔的牧场，有众多的人口，所以他们才瞧不起咱们。如果咱们趁其不备突然出兵，打他们个措手不及的话，他们豪华的宫帐来不及带走，广阔的牧场不能迁走，人口不能转移，金银财宝也带不走，这东西全是咱们的。我们为什么不出兵？赶紧出兵打！

铁木真的两个弟弟这一番慷慨激昂的陈词，把众将的战斗热情全部点燃了。尤其是别勒古台那番话，先是晓之以理，然后动之以利。众将慷慨激昂地表示，现在就出兵，消灭乃蛮部。

铁木真要的就是这种效果，好极了。既然众将都表示愿意打仗，铁木真就开始祭祀军旗，然后到不儿罕神山上，祈祷长生天保佑，这一仗顺利击败乃蛮，统一蒙古高原。

这个时候，铁木真就把自己的部落进行了重新编组，由原来的部落向国家的雏形发展。牧民出则为兵，入则为民，实行兵民合一的制度，按照十户、百户、千户进行编组，每千户设一名千户长、百户设百户长、十户设十户长，大概相当于今天的团、连、排。

眼看部落有了正规的编制，铁木真又设立了一个机构，叫扎儿必，相当于参谋部，找了六个足智多谋的人来做参谋。行军打仗的时候，扎儿必管后勤的安排，还有军队的调动。

铁木真还建立了一千人的护卫军，相当于御林军，时刻围绕在他的左右。又设立八十宿卫、七十散班，这一百五十个人相当于他的贴身保镖。打起仗来，铁木真到哪儿，这一百五十人就跟到哪儿，那一千名护卫也会跟到哪儿。等于一千一百五十个人保卫他一个人，而且这一千一百五十个人是蒙古部中战斗力最强的士兵。

前面我们讲过，铁木真最惨的时候只剩十九个人，现在他光保镖就一千一百五十个人了，可想而知，铁木真这个时候已经不是当年的吴下阿蒙了，实力已经非常强大。

蒙古人祭完军旗，下令出发，征讨乃蛮。

剑拔弩张决雌雄

公元1204年的夏初，铁木真带领大军，一路上穿越了百花点缀的草原，走过了长有灌木的沙丘，最终行至乃蛮边境。

蒙古大军中打先锋的，就是铁木真麾下"四狗"当中的两位——哲别和忽必来。这两位先锋的部下与乃蛮的边境守卫部队有一个小冲突，在冲突中，一匹蒙古人的战马被乃蛮人缴获了。乃蛮人看到蒙古人的战马十分瘦弱，就特别轻视蒙古人，哈哈大笑，蒙古人的战马这么瘦弱无力，根本就没什么可怕的。

铁木真一看坏了，自己部队的底细被乃蛮人知道了。这怎么办？这个时候，铁木真的六个参谋官中的一位进言说，你命令咱们的部队分散驻扎，别驻扎在一个地儿，多点篝火，一个人点五堆篝火。乃蛮人一看，就会以为咱们人多势众，就会害怕。你看此计可行否？

铁木真一拍大腿，好，没白设立参谋官。于是，铁木真下令将士分散驻扎，多点篝火。到了晚上，乃蛮的哨兵一瞅蒙古人的营帐，我的天哪，哪儿都是，火堆就跟天上的星星那么多，我得赶紧去报告太阳汗。

太阳汗一听也很紧张，赶紧派人给在前线领兵的儿子屈出律带话，你千万不要跟蒙古人直接冲突，你要引诱他们，步步后退，退到我们的老营，然后我们再反身接战。

太阳汗说的这一招，从军事上讲，还真没有错误。没想到，太阳汗的儿子屈出律，听完使臣说的话之后破口大骂，太阳汗你就像女人一样胆小，你从来都没离开过小牛吃草的草场，只有你才会说这种窝囊话，我才不听你那套呢。

太阳汗的儿子就这么骂自己的老爹。使臣回去就把屈出律的话带给了太阳汗。太阳汗一听就急了，别人骂我也就罢了，你小兔崽子居然也骂我。太阳汗生气的时候，可克薛兀又在旁边点火，对太阳汗说，你父亲在世的时候，从来没有让敌人看见过他的后背，早知道你这么窝囊没本事，还不如让古儿别速指挥军队呢。

太阳汗真是一个典型的窝囊废，你看他媳妇可以骂他，大臣可以骂他，儿子也可以骂他。这次，被这么多人骂过的太阳汗，血性被激发出来了，腾地一下从床上跳下来，我要跟蒙古人拼了，决一死战！

于是，太阳汗点集人马，来到今天蒙古国境内的纳忽山崖，准备在这个地方，跟铁木真的蒙古大军决一死战。

超级战争艺术大师

太阳汗在纳忽山崖布好了阵之后，看见远方的蒙古大军越来越近，就问身边非常熟悉蒙古情况的札木合，冲在最前面的这几个人怎么面目这么狰狞，那么凶恶，都是谁呀？

札木合在王汗败亡之后，投奔了乃蛮部。札木合一看，回答说，您说的那几位，是我的铁木真安答用人肉喂大的四条恶狗：哲别、者勒篾、忽必来、速不台。他们在战场上，闻见血腥味就兴奋。他们的战马跟他们一样，平时都不喝水，都是喝人血。

太阳汗一听，吓坏了，我的天哪，我这是跟一帮疯子在作战。那不行，我别正面对着他们，我躲一躲吧。于是，太阳汗命令士兵往山上撤，一撤，看见第一拨蒙古人后面还有一拨蒙古人，也穷凶极恶地冲了过来。

太阳汗又问札木合，后面这拨蒙古人，像恶狼一样追赶我们的哨兵的，那是什么人？札木合一看，这是我的安答铁木真的麾下最能打的两个部落——兀鲁兀惕部和忙忽惕部。这两拨人的唯一爱好就是杀人，他们就是把征战作为乐事，天生就爱打仗，就爱杀人。

太阳汗一听更害怕了。我的天，前面来一帮爱吃人的，后面来一帮爱杀人的，这还有完吗？这蒙古人简直不是人。我们是斯文礼乐之邦，怎么跟这帮野蛮人作战？我们还是再躲一躲吧，于是就把部队又往山上靠了靠。

过了一会儿，铁木真的九足白旄大纛旗出现了。铁木真在大纛旗下，指挥将士冲锋。这次冲锋的时候，铁木真给自己的部队规定了严格的战术。铁木真说，我们冲锋的时候，要像山桃树的树丛一样散开，但是要互相支持，要像波浪一样连绵不绝，一旦找到了突破口，大家马上就要像锥子一样扎进去。

铁木真不识字，不可能读过兵书，但是他在常年的狩猎和征战过程中，无师自通，自学成才，成为超级战争艺术大师。他讲的这句话，是骑兵作战的精髓所在。骑兵打仗就得这么打，小群多路出击，反复试探，这冲一下不行，那冲一下试试。各队之间要互相支援，要跟大海的波浪一样，一浪浪地冲击敌人。骑兵的机动性好，一旦一个地方打开突破口，其他骑兵马上就要往这一个地方会合，顺着这个突破口冲入敌阵，则敌军必败无疑。

太阳汗看见了铁木真，就赶紧问札木合，你看那个白旄大纛旗底下的人是谁？札木合一看，那就是我的安答铁木真，这个人是铜皮铁骨，火烧雷击全都不怕，刀砍斧劈都伤害不了他，他简直就是一个神人。

太阳汗一听，这个人打不死，我打他干什么啊？太阳汗就对札木合说，那这样的话，我还得躲一躲。札木合非常看不起太阳汗，在他心里，只有英雄能打败我的安答铁木真，而太阳汗是个大狗熊，于是他就离开了太阳汗。而且在他离开之前，他又派人给铁木真带信说，安答你别害怕，太阳汗已经被我吓倒了，他是一个大窝囊废，你放心进攻吧。

乃蛮汗国灰飞烟灭

原本实力强大、难以战胜的乃蛮大军，在愚蠢的太阳汗的指挥下，一步步退上了山顶。地形的不利，极大地削弱了乃蛮军队的战斗力。再加上铁木真高超的战术，乃蛮军队很快就被蒙古大军包围在了纳忽山崖上。

铁木真下令正面进攻。铁木真亲自打先锋，二弟合撒儿居中，幼弟帖木格在后，然后派"四狗"迂回包抄，围住纳忽山崖。纳忽山崖一面是绝壁，一面是缓坡，现在乃蛮人全逃到缓坡上去了。蒙古大军发动猛烈进攻，蒙古勇士呐喊着挥舞着弯刀，高举着被阳光照得雪亮的马刀和长矛，向着山坡发起猛烈的冲锋。

因为草原上的山也不是很高，都是那种缓坡，所以蒙古骑兵就往上冲。乃蛮人进行了顽强抵抗，无奈地形对自己十分不利，没有退路。蒙古人骁勇异常，人人怀着必胜的决心杀上来。乃蛮人没有退路，要想活命，就得跟蒙古人死拼。拼死杀出去的乃蛮人是极少数，大多数不愿意做俘虏的乃蛮人只能跳崖自尽。

太阳汗身负重伤，倒在地上奄奄一息。曾经斥责他的名将可克薛兀看到这样的战局之后，长叹一声，对周围的人说，咱们的乃蛮汗国马上就要灭亡了，咱们的可汗已经倒地不起了。在他死之前，我们要先死，让他看看我们乃蛮汗国的男儿，是怎么为乃蛮汗国尽忠的。

于是，老将军翻身上马，领着剩下的残兵败将，对蒙古人发动了敢死冲锋。蒙古人已经知道自己必胜无疑，没有必要在即将胜利的时候再去拼命了。所以蒙古人退出一箭之地，万箭齐发，就把可克薛兀和冲下来的乃蛮骑士都射成了刺猬。此时，太阳汗由于伤势过重，也在山崖上死去了。

铁木真看到可克薛兀这些乃蛮勇士的遗体，激动得热泪盈眶，他说，金子，这些人都像金子一样闪闪发光。为了保卫自己的主君，他们明知不可为而为之，最后从容殉节。我希望我的部下也都能这么做。

其实这一仗，如果不是太阳汗被吓破了胆，跟蒙古人在平原决战，即便是失败，也不至于灭亡，大不了就跟篾儿乞人、塔塔儿人一样，失败了之后逃到别的地儿，还能东山再起。但是由于太阳汗排兵布阵的失误，只用了一天一夜，盛极一时的乃蛮汗国就灰飞烟灭了。

铁木真统一蒙古高原的最后障碍，终于被清除了。在消灭乃蛮部的过程中，铁木真抓了一位重要的俘虏。这个俘虏将会把蒙古民族由野蛮带向文明。那么，这个人是谁呢？

20. 创建帝国：大蒙古国横空出世

铁木真率领蒙古大军消灭了乃蛮汗国之后，并没有因为胜利的喜悦而停下征战的脚步，而是一鼓作气，接连消灭了蒙古草原上其他残余的敌对势力，从而迅速成为整个草原上的共主。在征讨乃蛮汗国的过程中，铁木真又得到了什么意想不到的收获？他的结拜兄弟札木合的下场又将如何？人类历史上疆域最大的大蒙古国，又是怎样建立起来的呢？

创制蒙古文字

在打扫战场的时候，铁木真的弟弟合撒儿抓住了一个乃蛮的官员，而且发现这个官员随身带着一个印。

蒙古人没见过这东西，所以合撒儿觉得很奇怪，说你身上揣着这个玩意儿干什么使啊？这个人回答说，我是畏兀儿人，名叫塔塔统阿，我是负责管钱粮的，这颗印是我的职守，我必须带着它，把它交还给我的主人。

合撒儿一听，有了兴趣，这玩意儿就是一个金属疙瘩，有什么重要的？你的国家都已经没有了，你还非得抱着这个，还要交还给你的主人，这东西有什么用啊？

塔塔统阿说，在我们乃蛮汗国，钱粮的出入、军令的传达，都必须盖上这个印，才有效。

合撒儿一听，好，这东西实在好。因为蒙古人没有文字，所有的命令都是靠口头传达。比如铁木真告诉了合撒儿，合撒儿再告诉别勒古台，有可能就走样了。别勒古台再往下传，等传到真正要执行命令的那个人的耳朵里时，这命令就不一定传成什么样了。所以，合撒儿觉得有这么个印，然后干什么凭这个印，这就算有个凭据，这个不错。

于是，合撒儿就把塔塔统阿带去见铁木真。铁木真是雄才大略、胸怀宽广的一个人，一听合撒儿介绍的情况，马上就问塔塔统阿，既然你识文断字，你能不能帮助我们蒙古人创造出文字来？以后我们蒙古人有什么命令、法律啊，也能用文字记录下来，然后盖上印。

这样一来，塔塔统阿就根据铁木真的命令，借助畏兀儿文的字母，创制了蒙古文字，并一直沿用到了今天。

蒙古文字的创制，为日后铁木真统治蒙古帝国奠定了文化基础。可以说，塔塔统阿的被俘，是铁木真征讨乃蛮汗国的过程中一个巨大的收获。

英雄抱得美人归

太阳汗的继母兼宠妃古儿别速也被俘了。古儿别速被俘之后，因为将士们都知道可汗喜欢美女，古儿别速虽然徐娘半老，但风韵犹存啊，伺候过两位乃蛮可汗，那可不是一般人，所以就把古儿别速献给了铁木真。

一开始，古儿别速好像很有气节的样子，一见铁木真，眉毛就立了起来，眼睛也瞪圆了，对铁木真说，你这个灭亡了我们国家的可恶的野蛮人，我跟你不共戴天。我今天既然被俘，没有什么话说了，我一头撞死吧。说完，一脑袋就奔铁木真的桌子角撞过来了。

但是铁木真的反应很快，在古儿别速一脑袋奔那桌子角撞来的时候，铁木真一把就把她给抓住了，没撞成。铁木真一抓这个古儿别速，就应了那句话：软玉温香抱满怀。铁木真觉得古儿别速的气息很好闻，不知道是用的香水还是什么，反正很好闻。

这下，铁木真就动心了，把古儿别速的脸捧起来一看，艳如桃花、灿若朝阳，大眼睛忽闪忽闪的。铁木真哈哈大笑，得了，你也甭在那儿装蒜了，你要真是有气节的人，你早死了。你不是嫌我们蒙古人身上味儿不好闻吗？好，我就让你做我的小老婆，天天陪着我，天天闻这味儿。

古儿别速一听，眼泪就下来了，我在乃蛮汗国是皇后，谁给你做小老婆？铁木真一听，有戏，说明不愿意做小老婆，愿意做大的。铁木真哈哈大笑，乃蛮汗国已经没了，整个草原都是我的了。你不就想做个皇后吗？我让你做皇后，这有何难。

古儿别速一听这个，就不再说话了，低头玩弄自己的衣角。铁木真一笑，带出去，然后筹备婚礼。

铁木真这一生，入洞房的次数可能比上战场的次数还多。史籍记载，铁木真有妻妾四十四人。如果按照国外有的史书记载，那就没谱了，说是有五百人，那可能太过分了。四十四这个数字，应该说是比较可信的。

当天晚上，铁木真就跟古儿别速成婚了。古儿别速自然也知道，乃蛮汗国已经灰飞烟灭了，自己做了两代乃蛮可汗的宠妃，现在到了蒙古大汗这儿还是宠妃，自己的地位不但没变，而且水涨船高了。原来的乃蛮汗国只是草原六雄之一，现在蒙古部都统一草原了。

因此，古儿别速也就死心塌地，拿出浑身的本领来奉迎铁木真，铁木真对她也特别宠爱。

忽兰皇后

乃蛮被灭之后，草原上能够跟铁木真作对的势力就是一些残部了。比如篾儿乞部落，不是被王汗消灭了吗？但是首领脱黑脱阿逃走了，所以还剩一些残部在西边。

于是，铁木真就兴兵来讨伐篾儿乞的残部。篾儿乞部原先都不是铁木真的对手，何况现在只剩下残兵败将呢？铁木真的大军上来，几个回合就把篾儿乞残部打得落花流水。这个脱黑脱阿再次施展了脚底抹油的高超功夫，在铁木真面前又一次成功地跑了。

篾儿乞部共有三部，其中有一部的首领答亦儿兀孙，看到篾儿乞人大势已去，决定投奔铁木真。答亦儿兀孙琢磨，自己去投奔铁木真，得有见面礼啊？没有见面礼，人家也不拿你当回事儿啊。但现在部落也没了，部众离散，拿什么去当见面礼呢？答亦儿兀孙想到了自己的闺女——草原上数一数二、倾国倾城的大美人忽兰。

于是，答亦儿兀孙就带着忽兰去见铁木真。父女俩刚一上路，就遇到了铁木真的伴当纳牙阿。纳牙阿拦住了答亦儿兀孙和忽兰，你们父女俩这是上哪儿去啊？答亦儿兀孙就说，我们要去见铁木真，准备把我的闺女献给大汗，做大汗的妻妾。

纳牙阿就说，现在兵荒马乱的，你们父女俩上路，万一来了土匪强盗，免不了要死于非命，忽兰小姐弄不好也容易被人玷污，你怎么献给大汗啊？干脆这样得了，你们跟我一起走，我保着你们父女俩去见大汗。

答亦儿兀孙父女俩当然非常高兴了，等于找了一个保镖。当时纳牙阿可能有什么事儿要处理，所以停留了三天三夜。三天三夜之后，一行人起程回去，见到了铁木真。然后，纳牙阿把忽兰献给铁木真，把前因后果也跟铁木真说了。

铁木真一听就急了，献给我的美人，在你那儿住了三天三夜，你小子八成近水楼台先得月了吧？铁木真就要责问纳牙阿。忽兰非常聪明乖巧，一看铁木真怀疑她跟纳牙阿，立马就跪地上了，跟铁木真讲，您与其责问纳牙阿，不如检验一下我这长生天所赐、父母所生的清白之体。我父亲要把我献给您，纳牙阿是出于一片好心，怕我们父女在路上遭遇不测，所以才把我留在营帐当中。您既然怀疑纳牙阿，那您不如检验一下我，这个误会就清楚了。

忽兰刚说完，纳牙阿也赶紧跪在地上跟铁木真讲，我至高无上的大汗啊，我是您最忠诚的伴当。我对您绝对没有任何二心，凡是从敌国掠来的美貌女子，凡是草原上奔驰而过的骏马，我能逮着的，我一定都毫不犹豫地献给大汗您。如果我对您有任何二心，我就不得好死。

铁木真一听俩人都这么说，就派人检验忽兰，果然还是处子之身。铁木真特别高兴，所以这两个人从此之后都非常受宠。

忽兰在铁木真妻妾中的地位仅次于孛儿帖。孛儿帖是第一斡鲁朵的皇后，忽兰是第二斡鲁朵的皇后，可见忽兰受宠之深。

铁木真建国的时候封了四个万户，纳牙阿就是其中之一。因为铁木真念其忠义，所以如此厚待他。

把札木合打包送给铁木真

答亦儿兀孙献完女儿之后，心里很不痛快，因为他毕竟是被迫将女儿献给铁木真的，所以他时刻琢磨着要造反。

答亦儿兀孙跟铁木真讲，我们部落遭到了很大损失，既没有骑乘的马匹，也没有驮东西的马匹，实在是没法儿跟随您出战。因此，我们能不能留在后方？

现在答亦儿兀孙成了铁木真的老丈人，所以铁木真没有怀疑他，让他的一百多户人还都跟着他，还给了他们牲畜，出征的时候让他们留在后方基地。

铁木真的大军刚一走，答亦儿兀孙就发动了叛乱，把后方的食物、武器之类的物资全抢了。毕竟答亦儿兀孙这帮人战斗力不是很强，虽然铁木真后方基地留守的士兵不多，但是经过拼死力战，还是把答亦儿兀孙的人打败了，把答亦儿兀孙抢走的物资夺了回来，然后飞马报给了铁木真。

铁木真一听老丈人在搞叛乱，赶紧派博尔忽和沉白（就是赤老温的哥哥）领兵来讨伐。铁木真的正规军一到，叛乱很快就平定了。叛乱平定之后，铁木真对答亦儿兀孙说，本来我想保全你们的部落，结果你们不知好歹，我一走你们就叛乱。既然这样，那就别怪我不客气了。

铁木真看在忽兰皇后的分儿上，没有把答亦儿兀孙的部众斩尽杀绝，而是把他们拆散了，一户户地分给蒙古人做奴隶。篾儿乞部算是彻底消亡了。

这样一来，铁木真的敌手只剩下曾经的安答札木合了。在铁木真的一生中，有很大一部分时间，是在跟他的安答札木合相互争斗。现在胜负已分，铁木真成了草原的共主，札木合只能四处流浪。

铁木真派人到处寻找札木合。太阳汗败亡之后，札木合流亡到了阿尔泰山一带，干什么呢？打家劫舍为生。到最后，札木合身边只剩下五个人，别人都逃散了。札木合大概是当大汗当久了，到这个时候还端着大汗的架子。这五个人不离不弃、忠心耿耿，多不容易啊，按说札木合应该厚赏人家才对，结果札木合还对这五个人吆五喝六、颐指气使。这五个人就很不满意，咱都到拦路抢劫、摘野果、喝泉水的份儿上了，您还摆着大汗的架子给谁看啊？

有一次，这帮人打了一只羊，把羊宰了之后，拿火烤着吃。札木合在吃羊肉的时候，一边吃，一边看着那五个人说，你们是谁家的孩子啊？那意思就是，你们什么出身啊。你们今天能吃上这样的羊肉，你们还不满足啊？你们配吃肉吗？要不是跟着我，你们能吃得上肉吗？

这五个人一听，肺都气炸了，平时你对我们吆五喝六、呼来喝去的，我们也就忍了，今天你又出言这么损我们，我们跟着你都落到强盗的份儿上了。这五个人互相使眼色，一合计，趁札木合低头吃肉的时候，一拥而上就把札木合摁在地上，捆起来打包送给了铁木真。

这五个人也真够冤的，他们没想到犯了铁木真的忌讳，铁木真最恨背主求荣的人。札木合最擅长的就是挑拨离间，见了铁木真之后，他又鼓动起如簧巧舌，阴阳怪气地跟铁木真说，你看，我是被这五个人给绑来的。我亲爱的铁木真安答，臣仆冒犯了自己的主人，你觉得应该怎么处理他们？

铁木真说，这五个人能够背叛自己的主人，想必他们也不会忠心于我。于是下令，当着札木合的面把这五个人斩首。这五个人点儿背到家了，跟了这么个主人，最后落了个身首异处的下场。

再见，札木合安答

杀了这五个人之后，铁木真很为难，怎么处理札木合？

铁木真是非常重情义的一个人，他统一蒙古高原最重要的两场大战，都是幸亏札木合给他报信才取得了胜利。所以铁木真念着札木合的好，派人给札木合讲，既然今天我们又相会了，那我们还是做安答吧。咱俩虽然分开了，但是我心里一直念着你的好。如果谁忘了，对方就去提醒他；如果谁睡着了，对方就去叫醒他。虽然我们分开过、敌对过，但是我知道，你仍然惦记着我，你从来没有对我斩尽杀绝。我最艰难的与王汗的大战中，是你把王汗的实力告诉了我，所以我才能打败王汗。在纳忽山崖跟乃蛮决战的时候，也是你吓住了太阳汗，所以才让他做出了愚蠢的排兵布阵的决定，我才能在一天之内取得决定性胜利。你的这些好，我都记着。亲爱的札木合安答，咱们还是继续做安答吧。

铁木真的来使，声情并茂地把这些话讲给了札木合听。札木合听完之后，很欣慰，也很心酸。札木合的欣慰很好理解，你看我做的这些事，铁木真安答一直记着，他是一个顶天立地的大丈夫，他现在已经是草原之主了，我干的事儿他还没忘，说明铁木真安答有情有义、知恩图报。札木合的心酸在哪儿呢？我札木合也是顶天立地的大英雄，现在铁木真是草原之主了，而我却是阶下囚，我如果答应跟他和好，继续做安答，那我就得仰人鼻息、看人脸色，这种苟且偷生的日子，我是不愿意过的。

最后，札木合跟铁木真派来的使者说，把我的话带给铁木真安答。小时候，我们一块儿吃难以下咽的食物，一块儿说小孩子之间的秘密，还经常盖着一床被子睡觉，那个时候多好啊！后来因为有了外人的挑唆，中了外人的奸计，我轻信了谗言，所以我们分开了。我们一分开，就像是我抓破了自己的脸皮，所以我羞于跟铁木真安答相见。现在，铁木真安答收服了百姓，征服了万邦，已经成了至高无上的可汗，成了这苍茫草原的共主，你留着我还有什么用呢？如果你要留着我，我可能会成为你夜里的噩梦，搅得你白天都不得安宁，我可能会成为你身上的虱子，成为你衣服里的针刺儿，所以你还是别留着我了。在我的一生中，我看到了从太阳升起的地方到太阳落下的地方，大家都在传唱铁木真安答你的名声，你的名声显扬万国。你有伟大的母亲，有那样好的弟弟，有众多的忠臣良将，有数不清的宝马良驹，我札木合什么都没有，所以我才有今天的下场，我希望能尽早地死去。如果铁木真安答你还念着我的好，那么请你赐我不流血地死去吧。我死了之后，我的灵魂将保佑你和你的子子孙孙。

在这番话里，札木合既表达了对铁木真的感激，也表达了自己必死的决心。

使者就把札木合说的这些话告诉了铁木真。铁木真听完之后，非常心酸。札木合其实也没有太多对不起我的地方，他是贵族出身，有学问，有才干，如果他真的能够为我所用，那该多好啊！但是铁木真也知道，以札木合的性格，既然我成了草原之主，他绝对是不肯屈居于人下的。既然这样，那就成全札木合安答，让他不流血地死去吧。

札木合这一死，草原上已经没有任何人能够与铁木真较量了。铁木真就真正成了草原的共主。这个时候，整个草原已经统一到了铁木真的旗帜下，昔日草原六雄中的塔塔儿部、篾儿乞部、克烈部、乃蛮部，已经全部灭亡，汪古部选择了归降。

札木合之死

所以，建立一个统一的蒙古帝国，提上了铁木真的议事日程。

建立大蒙古国

处死札木合之后，铁木真率大军东返，回到了位于斡难河畔的蒙古老营。铁木真的母亲和妻子赶紧率领留守老营的部众出来迎接。孛儿帖一看，好家伙，铁木真又带回来俩媳妇，但是孛儿帖绝对不会吃醋，老公带回来的媳妇越多，证明魅力越大。

大家欢聚一堂，整天饮宴不断。庆祝了几天之后，铁木真召集各部首领。各部首领走进铁木真的大帐，一看这个大帐跟以前也不一样了，金碧辉煌，非常气派。进去一看，帐篷里边的侍卫，穿着牛皮制成的皮甲，外罩铁甲，挎着宝刀，带着弓箭，杀气腾腾地站成两排。铁木真威风凛凛地坐在宝座之上。

大家进帐之后，自然而然地就被铁木真的威严气势震慑住了，赶紧向铁木真行礼。铁木真非常谦逊地站起来还礼，还像以前那样亲切，平易近人。

这个时候，有人提议说，现在群雄已灭，我们共同推戴铁木真做整个草原的大汗。

铁木真还在沉吟的时候，铁木真的弟弟合撒儿就嚷嚷起来了，没错，我哥哥早就应该做整个草原之主了，中原有个皇帝，我哥哥也应该做草原的皇帝。

合撒儿刚一说完，大家伙就跟着一块儿起哄，高喊皇帝万岁。

铁木真一看，我要是不做整个草原的大汗，那就冷了大家的心了，那好吧，既然大家都推戴我，我也就别不识抬举了。于是，在蒙古民族的发源之地——斡难河畔，铁木真召开大会，所有的蒙古贵族都来开会。在会上，大家一致推举铁木真做整个草原的大汗，也就是草原上的皇帝，蒙古人的皇帝。

建立蒙古帝国

大家就想，草原上的皇帝也总得有个名号吧，叫什么好呢？比如说太阳汗，已经有过这个名字了；王汗，也有过了；应该叫什么好呢？这个时候，蒙力克老人的儿子阔阔出拨开众人，站了出来说，长生天托梦给我，铁木真的名号，就叫成吉思汗。

这个阔阔出是什么人呢？他是蒙古人信奉的萨满教的最大的巫师，他还有个名号，叫帖卜腾格里，翻译成汉语就是通天巫，意思是他能沟通长生天，他是长生天在人间的代表。

如果说铁木真是蒙古民族的政治领袖，那么这个通天巫阔阔出就是蒙古民族最高的宗教领袖。大家一看通天巫都这么说了，那谁还敢说这个名号不好？于是，大家就一起振臂高呼：成吉思汗，成吉思汗，成吉思汗！

铁木真的这个成吉思汗的名号，算是定下来了。

成吉思汗，这个词儿到底是什么意思？几个世纪以来，不同史籍的记载都不一样，有的说是拥有四海的汗，还有的说是宇宙皇帝。比较靠谱的看法是拥有四海的汗。

铁木真做了成吉思汗之后，他的政权叫什么名字呢？用蒙古语讲，叫也客·蒙古·兀鲁斯，翻译成汉语就是大蒙古国。

从这一刻开始，蒙古由原来一个部族的名称，变成了整个草原所有民族的名称。整个草原上，所有的民族，不论是篾儿乞人、塔塔儿人，还是乃蛮人、汪古人，现在都叫蒙古人，都是大蒙古国的一分子了。

大蒙古国诞生，成吉思汗横空出世，是在公元1206年。

袁腾飞讲

成吉思汗

第五讲

纵横天下无敌手

21. 建国之初：成吉思汗大封功臣

经历了少年的苦难、亲人的背叛以及多年的南征北战后，铁木真终于成为整个蒙古高原的共主，并且建立了日后令世界战栗的帝国——大蒙古国。面对显赫的帝国和耀眼的荣光，铁木真并没有就此满足。那么，被誉为一代天骄的成吉思汗，究竟还有着怎样的雄心？为了实现新的目标，他又建立了哪些政治、军事制度？而那些曾经为他出生入死的将领，又得到了怎样的封赏呢？

兵民合一的制度

成吉思汗建立大蒙古国之后，为这个新生的国家，开创了一系列影响深远的制度。

成吉思汗给国家确立的最基本的组织结构，就是在他出征乃蛮时制定的千户制。成吉思汗把蒙古民众分为九十五个千户，为这九十五个千户任命了八十八个千户长。其中汪古部因为识大体，不但没有跟乃蛮一起夹击铁木真，还跟铁木真一块儿出兵讨伐乃蛮，所以汪古部全部落都被保留了下来，分为五个千户，由汪古部的首领直接领导。汪古部的首领可以任命这五个千户的千户长，但是必须要经过成吉思汗的同意。等于汪古部有一定的自治权。

另外，弘吉剌部分为三个千户，由德薛禅的儿子（也就是孛儿帖的兄弟、成吉思汗的舅子）领导这三个千户。

还有，成吉思汗的妹夫领导本部落的两个千户。为什么九十五个千户，只有八十八个千户长？就是因为有一个管了五个千户，还有一个管了三个千户，还有一个管了两个千户，等于仨人管了十个千户，所以少了七个千户长。

剩下的每个千户设千户长一人。千户下边是百户，百户下边是十户。甭管是千户长、百户长还是十户长，在大蒙古国都是上层统治阶级。尤其是千户长，那绝对是贵族了。好多千户长原来都是牧民或者奴隶，因为跟随成吉思汗建国有功，一跃变成了贵族。

成吉思汗规定，你是哪个千户的牧民，就只能在你们那个千户的游牧范围内游牧，不得离开；如果你离开了，你本人要受惩罚，接收你的人也要受惩罚。牧民平时要生产，比如放牧、剪羊毛、挤马奶，战时百户长或者千户长一声令下，就要自备粮草、军装、武器，随军出征。

这是典型的兵民合一的制度。这个千户，既是军事单位，又是行政单位。千户长平时指导生产、征收税赋，打仗的时候就要率军作战，相当于县长跟团长合一了。

千户制的建立，是成吉思汗在军政制度方面的一项重大改革。正是这个制度，让成吉思汗将大蒙古国的权力牢牢地掌握在了自己手中。同时，兵民合一的组织结构，也为成吉思汗日后继续扩大蒙古帝国的势力，提供了军事上的保障。

建立护卫亲军

第二个重大的制度，就是成吉思汗建立了自己的护卫亲军。

前面讲过，成吉思汗出征乃蛮之前，曾经建立过护卫军，一千名侍卫，此外还有八十宿卫、七十散班，一共一千一百五十人。现在成吉思汗要扩充护卫军，扩充到多少呢？扩充到一万人，这是一支强大的中央军。

成吉思汗实际上搞的是分封制，就像中原王朝先秦时期一样，齐楚秦燕赵魏韩，搞分封。搞分封会出现什么结果呢？万一有朝一日，某一个被你分封出去的千户强大起来了，你活着的时候还好说，到你儿子的时候，他不听招呼了怎么办？所以必须有一支强大的中央军，才能震得住。成吉思汗建立这支护卫亲军就是这么个目的。这支护卫亲军用蒙古语讲，叫怯薛。这一万名怯薛，就是蒙古帝国最强大的中央军团。

成吉思汗特聪明，不是说随便一个人就能给大汗当怯薛，门儿也没有。怯薛由什么人来担任呢？千户长、百户长、十户长的孩子。每一个千户长，要派一个儿子和十个随从来；每一个百户长，要派一个儿子和三个随从；每一个十户长，要派一个儿子和一个随从。也就是说，只有各级官员的孩子才能担任怯薛，这些人在成吉思汗身边，相当于人质。

那这些人能死心塌地地当怯薛吗？能，为什么呢？这些人有特权。

第一个特权，不受军官责罚。成吉思汗明确规定，我的侍卫亲军，只有我可以惩罚他们。即便是怯薛长，也没有权力惩罚怯薛。这一万怯薛，共有四个怯薛长，也就是成吉思汗的开国四杰：博尔术、博尔忽、赤老温和木华黎。

第二个特权，级别很高。成吉思汗说了，我的怯薛的地位高于千户长，他们的随从高于百户长。如果怯薛出外跟千户长打起来了，那么惩罚千户长，不惩罚怯薛。

第三个特权，大小事情都由他们来管。蒙古帝国的皇宫里很少有太监，都是怯薛在管事，从宫禁守卫到行军打仗，都要由怯薛全程参与。

第四个特权，轻易不出战。按说成吉思汗的护卫军，都是武艺高强的贵族子弟，从小就受过良好的军事训练，打起仗来应该先上，但实际上不是这样，成吉思汗说怯薛的职责是保卫我黄金一般的身体，他们整天为我站岗、放哨，为我安排出行的车辆，安排我居住的宫帐，已经很辛苦了。所以，不到万不得已的时候，他们不上战场。除非我本人出阵，他们才上战场。你想想，这等于没有生命危险，跟着大汗威风凛凛、吆五喝六的，多来劲儿啊！

所以，成吉思汗这一万护卫亲军，对他自然是忠心耿耿。

最高法院院长

成吉思汗在古往今来的帝王当中，胸怀是比较开阔的，对手下的功臣特别好。同样是开国皇帝，刘邦封王的时候，只封他的家人，对别的功臣赏赐也很少，朱元璋也一样。但是成吉思汗封赏的功臣，大部分都不是他们家的人，跟他不沾亲、不带故，但都是跟着他出生入死的功臣。

成吉思汗赏赐功臣的时候，先是传令把功臣们一个个请进帐来。成吉思汗派谁去传令呢？自己的干弟弟失吉忽秃忽，就是当年他的母亲捡来的仇人部落的孩子。

这下失吉忽秃忽不高兴了，跟成吉思汗讲，赏赐有功之臣，怎么没有我啊？难道我立的功比他们少吗？难道跟着你打仗出生入死，我花的力气比他们小吗？从我还在襁褓中的时候，我就到你们家来了，直到现在脸上长出胡须，要论忠诚，谁能比我更忠诚于你呢？

成吉思汗就跟失吉忽秃忽讲，我怎么能不赏你呢？你跟我其他的弟弟一样，拥有分配我的家产的权利。将来我分家产的时候，分给别人多少，也会分给你多少，我拿你当亲弟弟看。另外，我赐给你一项特权，你九罪不罚，就是你犯了九次罪，我都可以不惩罚你。

失吉忽秃忽一听，什么叫九罪不罚？你拿我当罪犯了，我根本不会犯罪，你给我点儿实惠的东西。

铁木真说，这样吧，你就是我的耳目，家里的事、家外的事都由你来管，你的话就是法律，任何人不得更改。我现在委任你做大蒙古国的最高断事官，全国的事情由你一人决定。咱俩商量下来的事，让人记录下来，这就成为法律，永远不得更改。你看怎么样？

失吉忽秃忽做了大蒙古国的最高法院院长，这才心满意足，出去给功臣们传令。

封赏五大功臣

失吉忽秃忽把功臣们一股脑儿全都叫了进来，站了满满一帐篷。

于是，成吉思汗开始赏赐这些功臣。首先是蒙力克，这是当年成吉思汗的父亲临终时候的托孤老臣。铁木真充满深情地跟蒙力克讲，共生共长，有福同庆。我自幼年，你就与我为伴，而且一直在保护我。我记得最清的一件事，就是桑昆不怀好意，摆鸿门宴，骗我去吃羊脖子，是你劝我别去，这才使我免遭灭顶之灾。你的功德，我永远记着，我的子子孙孙也都不会忘记。成吉思汗下令，在殿中专门为蒙力克设一个座位。成吉思汗一共封了八十八个千户长，排名第一的就是蒙力克。

蒙力克可以参与军国重事，参与成吉思汗家族核心机密的讨论。这个特权，连成吉思汗的弟弟别勒古台都没有。而且蒙力克的儿子通天巫阔阔出，是蒙古的最高精神领袖，蒙力克家族简直可以跟成吉思汗的家族平起平坐。这些特权比什么万户要来劲儿得多，因此蒙力克就心满意足地往椅子上一坐。

第二个赏赐谁呢？大家都明白，是成吉思汗的第一个伴当、多年来跟他出生入死的博尔术。成吉思汗跟博尔术讲，我小的时候，我们家只有八匹马，结果被盗马贼偷了，我去寻找，在路上遇到了你，你二话不说，扔掉挤马奶的皮桶，就跟我去把我的八匹马追了回来。我初次兴兵的时候，让别勒古台去找你，你二话没有，骑上自己的马就来找我，从此跟着我出生入死。在跟塔塔儿人打仗的时候，天下大雨，你怕我淋着，就支起了一个青毡子，为我遮风挡雨。我睡了一宿，身上是干的，一滴雨都没淋着，你却浑身浇了个透，而且你一直站着举着这个毡子。这我都知道，你的功劳比天高，比海深。博尔术被封为第二千户长、右手万户。

蒙古的万户，只是一个称号，右手万户相当于右丞相。博尔术得到了这个封赏，也很高兴。

博尔术之后，赏赐的是木华黎。这两个人是成吉思汗的左膀右臂。成吉思汗说，木华黎不仅为我运筹帷幄，而且从他父亲那一代起就忠于我。跟乃蛮人打仗的时候，有一次我的坐骑被射死了，众人惊慌失措，幸亏木华黎的父亲把他的坐骑让给了我，我才逃出生天。在当年合不勒汗称汗的一棵大树下，我们歌舞的时候，木华黎告诉我，上天托梦给他，如果我到了这棵大树下，我也可以做整个草原的可汗。今天，这个预言灵验了，因此我要赏赐木华黎。木华黎被封为第三千户长、左手万户，相当于左丞相。

第四个功臣比较特殊，是成吉思汗离开札木合的时候，给他带来吉兆的豁儿赤。豁儿赤当时说，长生天托梦给他，铁木真应该当大汗。铁木真当时就许诺，如果我做了草原之主，我封你做万户长，还给你三十个美女当老婆。现在铁木真果真当了蒙古高原的大汗了，所以就把豁儿赤叫了进来，兑现诺言，把豁儿赤封为万户。这些万户里边，属豁儿赤这个万户来得轻松，当年胡说八道地瞎吹海侃了一番，结果运交华盖，轻轻松松地做了万户，而且还得到了三十个美女。豁儿赤欢天喜地地出去了。

第五个封赏的就是纳牙阿。铁木真说，你忠心耿耿，能担大任，我现在封你为中军万户。其实成吉思汗没说出口的原因谁都知道，纳牙阿最关键的功劳，就是小心呵护了成吉思汗的宠妃忽兰。纳牙阿等于是靠着裙带关系，走夫人路线，得了个中军万户。这个万户来得也比博尔术和木华黎轻松得多。

把老婆赏给了功臣

五大功臣封赏完毕，成吉思汗接着封赏兀鲁兀惕部的首领术赤台。成吉思汗跟术赤台讲，与王汗作战最艰难的时候，是你跟畏答儿身先士卒，拼死奋战。这个功劳我永远记着，要不是你一箭射中了桑昆的腮帮子，王汗不可能退兵，我也就没有今天。所以我要重赏你，封你为千户长，还要送你一份厚礼。

成吉思汗送给术赤台什么厚礼呢？成吉思汗把自己的一个小老婆亦巴合赏赐给了术赤台。这个真是太难得了，中原帝王赏臣下什么的都有，没听说过把自己的老婆赏给臣下的。

成吉思汗赏给术赤台的小老婆亦巴合，是王汗的侄女，札合敢不的女儿。不知道是什么原因要把亦巴合赏赐给别人，可能是因为成吉思汗不太喜欢她。但是在送走亦巴合的时候，成吉思汗跟亦巴合讲，我把你赏赐给术赤台，不是因为咱俩感情不好，也不是说我嫌弃你行为不正，更不是你长得不漂亮，或者说你不纯洁，实在是术赤台的功劳太大了，我不知道该怎么赏他，干脆把你赏给他得了。

亦巴合的心里估计是五味杂陈，术赤台功劳太大了，你把谁赏给他不行，你四十四个媳妇呢，为什么偏偏把我赏给他？你怎么不把忽兰赏给他呀？那他更高兴。

虽然亦巴合恋恋不舍，做大汗的夫人跟做大将的夫人当然不一样了，但是她知道大汗的旨意既出，是不可更改的。所以亦巴合只好嫁给了术赤台，死心塌地地跟术赤台过日子。

赏赐完了术赤台之后，成吉思汗就召见了自己的"四狗"：哲别、忽必来、者勒篾、速不台。成吉思汗对他们说，有你们四位在，我就特别安心，因为你们四位能够替我扭断强敌的脖子，摔断力士的腰。你们四个人，就是我的四条猛狗，无论叫你们冲往哪里，你们都能够把岩石撞碎，把悬崖冲破，使涧水断流。有你们四位在，这是我大蒙古国的幸运，你们四位全部封为千户长。

皆大欢喜领封赏

然后，成吉思汗召见"四杰"之一的博尔忽，跟博尔忽讲，你做博尔术的助手，博尔术不是右手万户吗？你做他的副手。我永远记着你的大恩。当年打败了塔塔儿人之后，有一个塔塔儿人闯进了我母亲的营帐，他要吃的要喝的，我母亲见他可怜，就给他去找吃的。这个时候，当时只有五岁的我的四儿子拖雷进来了，这个人立即拔出刀架在了拖雷的脖子上，要把拖雷给杀掉。

诃额仑夫人吓得大叫了起来，她这一叫，博尔忽的夫人首先听到了。博尔忽的夫人一介女流，奋不顾身地冲上去，一只手抓住这个塔塔儿人的发辫，另一只手就去夺他的刀。蒙古的女子不像中原女子那样柔弱，一个个都是身强力壮的，就把这个人的刀给夺了下来，然后拖雷就挣开跑了。

这个时候，博尔忽、哲别等人正在外边宰杀牲畜，一听诃额仑夫人在帐中大叫，博尔忽拎着斧子冲进来，一斧子就把这个塔塔儿人给劈了。所以成吉思汗对博尔忽说，你不但救过我的命，还救过我儿子的命，因此封你做副万户。博尔忽也很高兴。

"四杰"当中的赤老温和他的兄弟沉白，还有他的父亲锁儿罕失剌，也都得到了重赏。成吉思汗说，当年我在泰赤乌人那儿带着枷锁被轮流看管的时候，只有你们家对我最好。在我被追杀的时候，又是你们救了我。既然你们想要篾儿乞人游牧的那个草场，那没问题，那个地方就归你们家了，世世代代归你们家所有。你们犯九罪而不罚，而且我要把锁儿罕失剌封为答剌罕，把赤老温、沉白封为千户长。以后你们有事来找我，根本不用他人通报，你们可以直接来见我。于是爷仨欢天喜地地出去了。

对于已经阵亡了的高级将领的孩子，成吉思汗也没忘了加以抚恤。比如畏答儿，他的儿子就在这个时候受封。成吉思汗问，你有什么要求？畏答儿的儿子就想把星散的部众聚集起来。成吉思汗说没问题，就由你来统

封赏功臣

领。最后，畏答儿的儿子聚集了四千人，铁木真分给自己的弟弟别勒古台一千五百人，畏答儿的儿子管辖剩下的两千五百人。

这样一来，功臣都欢天喜地，非常高兴。功臣封赏完了，轮到自家人了。黄金家族视天下为家，整个草原都是我们家的财产，我们家可以随便分配。所以成吉思汗的母亲诃额仑夫人和幼弟帖木格分了一万人，长子术赤分了九千人，次子察合台八千，三子窝阔台五千。然后成吉思汗的弟弟合撒儿四千，二弟合赤温死了，二弟的儿子分了两千，别勒古台分了一千五。这些人要世世代代做成吉思汗家族的奴隶和部众。

蒙古民族的传统是幼子守产。所以成吉思汗把自己的全部家产，最后都留给了他的四儿子拖雷，给了他十一万一千人。从蒙古第四代大汗蒙哥开始，蒙古的汗位就一直在拖雷一系中传承。

王者之心

成吉思汗赏赐完功臣之后，开始大宴群臣。

在庆祝的过程当中，成吉思汗喝得很高兴，就问木华黎等大臣，咱们今天这么快乐，那你们说一说，人世间最快乐的事儿是什么呢？

博尔术首先发言，我觉得人世间最快乐的事儿啊，莫如胳膊上绑着名贵的猎鹰，胯下骑着骏马，身穿华美的衣服，趁着晴朗的天气，外出打猎。

成吉思汗听完之后，微微一笑，没说话。

博尔忽接着说，我觉得最快乐的事儿啊，就是看着天上的苍鹰搏击长空，然后我们骑着骏马在草原上驰骋。

成吉思汗一听还是打猎，也没说话。

忽必来就说，我觉得最快乐的事儿啊，莫如我们出去打猎的时候，看着野兽四处奔跑，这才快乐。

成吉思汗还是微微一笑没说话。

博尔术、博尔忽和忽必来一瞅，看来我们说的都不对大汗的胃口。所以大家一起看着足智多谋的木华黎，老弟该你说说了，你说的话，可能大汗爱听。

于是，木华黎说，我觉得征服世界，统一天下，是人生最快乐的事儿。

成吉思汗听了之后，哈哈大笑，把酒杯一放，木华黎说的，最对我的心思。人生在世，杀死和消灭自己的仇敌，自己的军队以排山倒海之势摧毁他们的政权，抢夺他们的骏马，抢来他们的妻子儿女做奴隶，这才是人生最快乐的事儿啊。

大家一听，恍然大悟，还是大汗志向高远呀。看来建立了大蒙古国，不是说战争就要结束了，未来的路还很长。

木华黎不失时机地向成吉思汗说，虽然我们蒙古高原统一了，但为了养活这么多骑士，养活日益繁衍的人口，我们还要对外发动进攻。特别是在南方的西夏和金，就是我们进攻的目标。

成吉思汗说，没错，你们都是我的臂膀和车轮子，以后咱们同心协力，让大蒙古国更加强盛，让蓝天之下都成为蒙古人的牧场！

22. 选美风波：收服林中百姓与进攻西夏

"让蓝天之下都成为蒙古人的牧场"，这一直是成吉思汗的梦想。因此，在统一草原各部之后，成吉思汗在蒙古边境展开了一系列的征讨，意图进一步扩大版图。然而，此番行动没有成吉思汗预想的那么顺利，甚至让爱将博尔忽命丧黄泉。那么，身经百战的博尔忽究竟是死于何人之手？成吉思汗的此番征讨又有哪些收获，其间究竟发生了怎样的故事呢？

去秃马惕部落挑美女

成吉思汗不但封豁儿赤为万户，而且还要履行诺言，给豁儿赤在全国挑三十个美女。

豁儿赤就高高兴兴地去挑美女。他两眼一抹黑，全国这么多部落，哪儿美女多？他不知道呀。有人告诉豁儿赤，美女最多的地方在秃马惕部落。你如果要去挑，就到秃马惕部落去挑。秃马惕部落位于今天的额尔齐斯河，在蒙古国的东北边境，当时还没有正式臣服于成吉思汗，游走于蒙古政权的边缘。

豁儿赤就派人去秃马惕部落挑美女。他派的这个人就是原来秃马惕部落里的人，叫忽都合别乞。豁儿赤对忽都合别乞说，老弟，你辛苦一趟吧，替我去你们部落挑美女。忽都合别乞这是奉万户大人之命，自然是宰相家人七品官那种感觉，大摇大摆地来到了秃马惕部落，我奉万户大人之命来这儿挑美女，这是瞧得起你们，你们赶紧把美女弄过来让我挑。

因此，秃马惕部落的人非常仇恨忽都合别乞，你算哪棵葱啊？你凭什么来我们这儿吆五喝六？我们还没完全臣服于大蒙古国，你要是到这儿来好言好语，给我们部落好处，我们归顺大蒙古国也不是不可能的，可是你来这儿张嘴就要三十个美女，很明显这不是剥削、压迫我们吗？正好当时秃马惕部落的首领去世了，是首领的妻子管理部落，一看忽都合别乞如此无礼，而且一双贼眼上下打量着自己，怒从心头起，就把忽都合别乞给抓起来了。

忽都合别乞被抓起来之后，他的随从跑回去向豁儿赤报告说，万户大人，大事不好了，秃马惕部落不识好歹，把忽都合别乞大人给扣起来了。豁儿赤一听，这还了得？他立即上报给成吉思汗说，秃马惕部落不服管辖，公开对抗大蒙古国。

成吉思汗一听，也觉得秃马惕部落这是明显不把我大蒙古国放在眼里。是可忍孰不可忍，于是成吉思汗下令，让自己开国"四杰"之一的博尔忽率军前去征讨秃马惕部落。

在阴沟里翻了船

对于真心归降的人，成吉思汗一向热情欢迎，大加奖赏；而对于坚持反抗的人，他也从不吝惜自己的武力。因此，成吉思汗派出了自己的爱将博尔忽去征讨秃马惕部落。

博尔忽作为成吉思汗开国"四杰"之一，堪称百战名将。因此，博尔忽这一次率军征讨秃马惕部落，就有点儿太拿豆包不当干粮了，过于轻敌。博尔忽心想，我这一辈子大江大浪都经历过，你这秃马惕部落不就是一条小河沟吗？大江大浪我都过来了，能在小河沟里翻船吗？再加上博尔忽对这个差事也不乐意干，为了给豁儿赤选美，还得我劳师远征，因此他就不怎么上心，率领大军懒懒散散地出发。

博尔忽率军来到秃马惕部落的地盘上，看到林木茂密，就下令在树林当中扎营。这就犯了兵家之大忌，你对这里的地理条件一点儿都不熟悉，竟然在密林中扎营，人家秃马惕部落是林中百姓，你这是在人家地盘上扎营啊！

博尔忽扎下营寨之后，也没有加强戒备。他觉得蒙古大兵一到，秃马惕部落就会望风归降，不敢真打。

没想到秃马惕部落趁夜袭击，把蒙古兵打得四散奔逃。因为统帅博尔忽都没上心，所以蒙古军队上上下下掉以轻心，猛然遇袭，一下子就乱了。博尔忽也无可奈何，只好奋力抵抗，最终英勇殉职了。

成吉思汗的开国"四杰"，在大蒙古国刚建立时就折损了一个，而且还是在一个小阴沟里翻了船，所以博尔忽之死真的是非常可惜。

博尔忽战死的消息报给成吉思汗，成吉思汗当时就暴怒了，这还了得，我要亲率大军征服秃马惕部落。木华黎和博尔术赶紧劝阻，大汗千万不要动怒，杀鸡焉用牛刀，对付一个小小的秃马惕部落，哪里用得着大汗您亲自出马。博尔忽就是因为轻敌，才出现这种情况。所以根本用不着您亲自出马，另选一员上将就足以了。

于是，成吉思汗又派了一员大将朵儿伯多黑申，率领军队去攻打秃马惕部落。

收服林中百姓

朵儿伯多黑申吸取了博尔忽的教训，一路上行军谨慎。

朵儿伯多黑申率军到达秃马惕部落的时候，下令在博尔忽阵亡的地方设立了一座空营寨，然后找了当地人做向导，诱以重金，出其不意地直捣秃马惕部落的老窝。

秃马惕部落打了大胜仗，连成吉思汗开国"四杰"之一的博尔忽都被他们给杀死了，所以上上下下就得意忘形了。这个时候，秃马惕部落的首领应该怎么办？我把蒙古大军打败了，成吉思汗的干弟弟博尔忽都被我杀死了，我应该诚惶诚恐地向成吉思汗请罪，然后赶紧献上豁儿赤要的美女，归顺大蒙古国，这样才能让秃马惕部落免遭一场灭顶之灾。但秃马惕部落的女首领忘乎所以，真以为自己能够对抗大蒙古国，大摆宴席庆祝胜利，一个个喝得酩酊大醉。

这个时候，探子来报，蒙古第二支军队到了，还在博尔忽阵亡的那个地方扎营。女首领听了哈哈大笑，蒙古人真是记吃不记打。先让他们睡一宿，明天天黑的时候，咱们趁夜劫营。

在秃马惕部落的人喝得东倒西歪的时候，朵儿伯多黑申的大军在向导带领下，神兵天降一般出现在了秃马惕部落的驻地，把秃马惕部落打得毫无还手之力，四散奔逃。

秃马惕部落的女首领一看，刚才大家还在一块儿喝得高兴，一转眼的工夫就剩自个儿光杆司令了，于是赶紧起身跑，刚绕过后帐，就跟迎面过来的人撞了个满怀。这个人是谁呢？忽都合别乞。女首领扣下了忽都合别乞，并没有杀他，派了人看着他。蒙古军队一杀进来，看守忽都合别乞的人就跑了。忽都合别乞出来一看大家都在乱跑，抓了一个人问，你们跑什么呢？这个人告诉他，蒙古大军劫营，再不跑就没命了。忽都合别乞一看，救兵来了，我要解放了，于是赶紧往外走，没想到跟女首领撞了个满怀。

忽都合别乞看着女首领一副惊慌失措的样子，明白秃马惕部落大势已去。忽都合别乞当初出使秃马惕部落的时候，一双眼睛就老盯着这个女首领，早就动了心思了。现在忽都合别乞一看女首领孤身一人，楚楚可怜，就把女首领一抱，找蒙古大军请功去了。

蒙古人平定了秃马惕部落，豁儿赤也挑选了三十个美女，心满意足。忽都合别乞就向成吉思汗请求，能不能把秃马惕部落的女首领赏赐给我呀？

成吉思汗也同意了，你毕竟出使有功，而且还被扣了一段时间，就算对你的补偿吧。女首领人在矮檐下，不敢不低头，这个时候相当于亡国奴了，还能挑三拣四吗？所以也就答应了。

从此，林中百姓也归附了大蒙古国。

部落首领怕老婆

秃马惕部落的归降，使大蒙古国的统一得到了进一步的巩固。其他一些部落也闻风而动，纷纷向成吉思汗求和，意图归顺蒙古。

畏兀儿部落的首领亦都护，也听到了成吉思汗的威名，知道成吉思汗绝对不是一般人，早晚有一天要向外扩张，不如现在主动跟成吉思汗接洽。因此，亦都护派遣使臣带着金珠、绸缎等珍宝，来朝见成吉思汗。

亦都护的使臣见了成吉思汗之后，赶紧躬身下跪说，我们家主人说了，我们听到大汗您的威名，就像乌云散尽看到了太阳一样，就像冰雪化尽见到了清水一样。我们非常愿意归顺大汗您，如果能够蒙您恩准，我们愿意作为您的属国，为您征战疆场，出生入死。我们首领亦都护说了，愿意拜您为义父，做您的前驱。

成吉思汗一听遥远的畏兀儿部落不远千里来到蒙古草原表示归降，非常高兴，马上就跟使臣讲，回去之后转告你们的首领亦都护，我非常高兴他能够这样做。我答应收他做义子，并且把我最漂亮的女儿嫁给他做老婆。然后，请他来一趟蒙古草原，咱们双方订立盟约。

亦都护的使臣拜别了成吉思汗，回去之后把成吉思汗的要求告诉了亦都护。亦都护果然亲自来到蒙古草原，来朝拜成吉思汗。成吉思汗特别高兴，就把自己最漂亮的女儿嫁给了亦都护。

没想到亦都护看到蒙古公主之后，非常为难地说，我们迎娶上国的公主，这是一件大事，所以我不能随随便便就把公主带回去，我得回去之后跟族人商量商量，一定要用最隆重的礼节来迎娶公主，不能折损了上国的威名。

成吉思汗一听，这姑爷真懂事，我都没把自己的闺女当回事儿，随便当个东西就赏人了，没想到他还这么有礼貌。那好吧，你就回去商量吧。

结果这亦都护一回去就没信了，一年、两年、三年，总也不见他来迎娶公主。蒙古人就很惊讶，大汗这么看重你，把公主赏赐给你，你怎么一直搁在这儿不往回领呀？

后来一打听才知道，亦都护是一个典型的妻管严，惧内。他大老婆不答应，这事就这么一直拖着，一直拖到他大老婆死了之后，才迎娶了蒙古公主。蒙古公主嫁到畏兀儿部落的时候，成吉思汗都死了，那已经是蒙古第二代大汗窝阔台汗在位的时候了。

虽然成吉思汗在世的时候，亦都护一直没有迎娶蒙古公主，但毕竟畏兀儿部落算是归降了大蒙古国。大蒙古国又收了一个属国，如虎添翼。

拿西夏练手

这个时候，整个蒙古高原已经归于一统，大蒙古国蒸蒸日上，黄金家族的权力如日中天。但是，草原上的人口在不断增加，生产力水平又不高，只能择水草而居，靠天吃饭。所以要想养活日益增加的人口，就必须向外扩张，寻找新的牧场。这是由草原民族的生产方式决定的。

因此，蒙古人的目光就对准了南边富庶的农耕民族。

当时蒙古高原的南边主要是三个国家，一个是西夏，一个是金国，再有一个是南宋。很显然，蒙古人不可能去打南宋，因为跟南宋不挨着。那么打金朝呢，蒙古人又觉得自己的力量还不够，毕竟金朝原来是蒙古各部的宗主国。这样一来，剩下的目标就只有一个了，那就是跟大蒙古国接壤的西夏。

于是，成吉思汗想拿西夏练练手，试验一下蒙古骑兵攻占设防坚固的城市的能力。蒙古人原来都是在草地上野战，现在看看能不能打下城市。

党项人建立的西夏，自从公元1038年李元昊建国称帝开始，已经有一百多年的历史。此前，成吉思汗曾两次入侵西夏，逼使西夏向蒙古求和，但最终未能得偿所愿。

1209年，蒙古大军第三次进攻西夏。这一次，成吉思汗摆出架势，要直捣西夏的首都兴庆府。西夏皇帝襄宗李安全认为，怎么才能打退成吉思汗呢？除了我的名字起得好之外，需要再把国都的名字也改了，由兴庆改为中兴，这就足以震住蒙古人了。

蒙古人不懂汉语，你爱安全不安全，你爱中兴就中兴，我该打你还打你。蒙古大军直奔西夏腹地而来，攻占了斡罗孩城，直捣中兴府外围的要隘克夷门。如果蒙古军队攻占了克夷门，那么中兴府再无险可守，蒙古大军就会出现在中兴府城外。

因此，夏襄宗李安全赶紧命令皇室当中的头号名将嵬名令公率领十万大军抵抗蒙古铁骑。嵬名令公跟蒙古人激战了三个月，最后中了蒙古人的埋伏，嵬名令公本人被俘，克夷门被攻破，蒙古大军进而包围了中兴府。

中兴府毕竟是西夏一百多年的首都，城高池固，易守难攻。西夏这个时候是百足之虫，死而不僵。夏襄宗李安全一面调集各地兵马火速进京勤王，动员城中的军民坚决抵抗；一面向自己的宗主国金国求救，蒙古人进攻我们，唇亡齿寒，如果我们西夏灭亡了，下一步蒙古人就要蚕食上国，所以你们快点儿发救兵吧。

水淹中兴府

当时，金国在位的皇帝是金国历史上有名的昏君完颜永济。完颜永济面对西夏的求救，居然置之不理。他认为敌国相攻，我国之福也！蒙古不是个好东西，你西夏也不咋的，狗咬狗一嘴毛，你俩打去吧，这是我国之福也！所以金国拒绝援助西夏。

西夏得不到援助，只好依赖坚固的城池坚守中兴府，孤军抵御蒙古人的进攻。这个时候，虽然蒙古大军气势正盛，但是西夏将士一看亡国在即，一个个豁出命来抵抗，因此一时半会儿难以攻破中兴府。

成吉思汗就想以水代兵，既然你中兴府靠近黄河，那我就挖开黄河淹城。以水代兵，这是中国古代常用的攻城招数。蒙古大军掘开了黄河水，滔滔河水就奔向了中兴府。眼瞅着河水不断上涨，就要把中兴府的城墙冲塌了，但是发生了意外。什么意外呢？中兴府城池一百多年间不断地修葺，非常坚固，相反蒙古人自己垒的堤坝是仓促而成的，没法跟人家中兴府的城池相提并论。所以中兴府的城墙没塌，蒙古人的堤坝却塌了。

滔滔河水倒灌蒙古人的营地，蒙古人十分狼狈，幸亏都是骑兵，上马就跑，损失不大。但是攻克中兴府，这次看来是没有可能了。成吉思汗就决定跟西夏人谈判，释放了在斡罗孩城抓获的西夏太傅讹答，让讹答进城去向夏襄宗李安全劝降。

夏襄宗也知道，虽然这一次暂时保住了都城，但是西夏肯定不是蒙古人的对手。既然蒙古人主动要求谈和，那么忍一时是一时，如果能跟蒙古人谈和，以屈辱的条件求得一时的和平也是值得的。

因此，夏襄宗就派遣使者带着金银珠宝，还带着自己的女儿，去见成吉思汗。西夏使者到了蒙古营地，就跟成吉思汗讲，我们一听见成吉思汗的大名就非常害怕，惶恐的西夏愿意做您的右手，愿意为您效力。但是我们是定居于城中的居民，所以我们不能急行作战，没法做到您招之即来、挥之即去，没法跟着您打仗。但是如果能蒙成吉思汗您的恩准，我们西夏愿意把众多的骆驼献给您，愿意把我们手织的毛毡和布匹献给您，愿意把我们训练好的最好的猎鹰献给您，愿意把我们的美女献给您，只求您能够退兵。

成吉思汗一看，既然中兴府一时半会儿无法攻克，西夏又服软了，行，那就答应退兵。

窝囊废也配做皇帝

成吉思汗这次退兵，还有一个目的，就是为了对付更重要的战略目标——金国。

金国虽然是草原各部的宗主国，在成吉思汗心里却是不共戴天的仇敌。当年蒙古部落的俺巴孩汗被大金国处死的血海深仇，和多年来对金国称臣纳贡的屈辱经历，令成吉思汗心中的仇恨越积越深。

在成吉思汗做大汗的第二年，他到了金国边境的晋州（在今天内蒙古的四子王旗）去给金国进贡。当时接受成吉思汗进贡的人是谁呢？就是当时金章宗的皇叔卫王完颜永济。完颜永济这个人长得身材魁梧，长须飘飘，一表人才，而且经常穿着朴素，但是徒有其表，是个一肚子草的废物。可能是因为前一天多饮了几杯，或者是没有睡好，完颜永济坐在大堂上哈欠连天，闭着眼睛。

成吉思汗进来之后，并没有像以前那样下跪，而是以手抚胸，略略欠了个身，大蒙古成吉思汗见过金国使臣。

完颜永济一听，赶紧说，平身，赐坐。底下的金国官员都捂着嘴偷偷乐，谁给你下跪了？

完颜永济睁眼一看，成吉思汗在那儿坐着，一脸轻蔑地看着自己。人家根本就没给你下跪，你还一个劲儿地自作多情。完颜永济脸上就挂不住了，跟成吉思汗不欢而散。回到朝中，完颜永济拜见了金章宗，跟章宗复命说，成吉思汗有异心，他瞧不起我们金国，趁着他现在羽翼未丰，赶紧发兵灭掉他。

这个时候，章宗已经病入膏肓，没顾上这个事儿。第二年章宗就去世了，章宗没有子嗣，只好留下遗诏让自己这窝囊叔叔卫王完颜永济继位。于是，完颜永济就登基了。新皇帝登基要向属国传诏，告诉属国，你们换新主子了。所以金国的使臣就来到蒙古。

成吉思汗没有在自己的大帐中接见这个金使，而是在自己的猎场上接见。成吉思汗骑在马上，冷冷地注视着金使。金使再三要求，成吉思汗坚决不肯下马，你有什么话赶紧说吧。

金使没办法了，只好拉开诏书宣读。结果刚念了开头，成吉思汗马上喊停，甭念了，我就问问你们新皇帝是谁呀？

金使说，是皇叔卫王永济。成吉思汗一听，噢，就他呀！一口痰就吐地上了，我以为中原皇帝是天上人才能做，就卫王那么个窝囊废也配做皇帝？

成吉思汗说完，拨转马头打马就走。金使一看，这不成，我没法复命啊！金使一着急就喊起来了，你曾经接受我大金国的官职，你就是我大金国的臣属。现在新主登基，前来传诏，要升你官职，你应该下马跪拜，怎么能这么傲慢无礼呢？

成吉思汗一听就火了，本来拨马要走，现在又把马头拨回来，怒视着金使说，我跟你们金国有不共戴天之仇，俺巴孩汗就是被你们害死的，我还没找你们算账呢，你还敢跑我这儿吆五喝六，识相的赶紧滚，不然你小命难保。

金使一看，成吉思汗要横，周围的蒙古骑士一个个刀出鞘、箭上弦，怒视着自己，只好怏怏不乐地回朝复命。金使见到完颜永济，把这些情况一汇报，完颜永济就知道成吉思汗要进攻自己了。

23. 攻取中都：蒙古铁骑大破金国

蒙古帝国建立之后，成吉思汗渐渐拥有了和金国抗衡的实力。为了报祖先的血海深仇，也为了改变对金国称臣纳贡的屈辱地位，公元1211年，成吉思汗决定出兵进攻金国。此时的金国，虽然朝政腐败、君臣昏庸，但百足之虫，死而不僵，它的军事实力仍然不可小觑。然而，成吉思汗仅仅用了四年时间，就使蒙古铁骑穿越整个华北大平原，直抵黄河北岸，还攻陷了金中都——今天的北京。那么，成吉思汗是如何突破野狐岭、居庸关等天然屏障，打败拥有重兵的金国的呢？昔日平辽灭宋的金国，又将面临怎样的命运呢？

成吉思汗起兵伐金

完颜永济虽然知道草原雄鹰成吉思汗肯定不会跟自己善罢甘休，但是女真贵族建国近百年，这时早已从马背上下来，过上了定居的生活。当年骁勇善战的猛安谋克（女真族的军事和社会组织单位，相当于蒙古的千户长、百户长），武艺荒废已久，现在整顿也来不及了。完颜永济惴惴不安地等待着结果，但愿成吉思汗只是说说而已。

成吉思汗可不是吓唬你，大安三年，也就是公元1211年，成吉思汗决定举兵伐金，带着长子术赤、次子察合台、三子窝阔台统率数万大军，从蒙古高原出发，直扑金国边境。

哲别作为蒙古大军的先锋，率先杀到了蒙、金交界的一个地方乌沙堡。金朝大将独吉思忠率兵出战，大败而逃。蒙古人一战就夺取了金国的边境重镇，哲别向成吉思汗报捷，我军旗开得胜。

成吉思汗非常高兴，立刻下令分兵。既然金军这么不经打，那就分军攻取金国的西京（今山西大同）。西京守将胡沙虎听说蒙古大军来攻，第一个反应就是跑，这样，金国五都之一的西京，就被蒙古人攻占了。

成吉思汗又让自己的三个儿子分兵几路，夺占了金国九十多个州县。蒙古军队取得了辉煌胜利。

消息报到金中都，金主完颜永济一听，成吉思汗亲率大军来攻，边境重镇陷落，名将阵亡，西京失守，看来蒙古人这一次不是小规模骚扰。完颜永济感到事态严重，决定跟蒙古军队决战，给蒙古人致命一击。完颜永济派遣大将完颜九斤为都元帅，统率四十万大军驻守在野狐岭，这差不多是金军全部的精锐力量了。

野狐岭在今天河北与内蒙古交界处。传说野狐岭把天分成了两半，鸟飞到这儿都飞不过去。野狐岭方圆十多里，绝对是"一夫当关，万夫莫开"的好地方。如果金人在此凭险据守，蒙古骑兵很难穿过野狐岭。毕竟骑兵翻山水平差点儿，不像在蒙古大草原上一马平川，任你纵横驰骋。

大战野狐岭

完颜九斤率领大军赶到野狐岭之后，就在岭前摆开阵势，要跟蒙古人堂堂正正地决一死战。

完颜九斤这么做非常失策，他麾下的契丹族大将石抹明安赶紧劝阻，大帅千万不能这么跟蒙古人作战，这样可就中了蒙古人下怀。蒙古军锐气正盛、势不可当，我军应当凭险据守，消耗敌人的锐气，然后再出兵。

完颜九斤不以为然地说，我奉天子之命统率大军，平定叛贼，当然要拿出咱们天朝上国的威风来，摆开阵势堂堂正正地跟他干一仗，哪能像一只缩头乌龟。

石抹明安一看主帅不听劝，赶紧又说，既然要跟蒙古人打仗，那就出其不意，攻其不备。

完颜九斤一摆手，将军此言差矣。我拥有步兵二十万、骑兵二十万，堂堂四十万大军，怕蒙古人什么？

这个完颜九斤不知道怎么回事儿，迂腐至极，就跟春秋时候的宋襄公似的。此时，探马来报，蒙古大军已经到达野狐岭的西面。两位将帅也别争了，赶紧想办法吧。

完颜九斤想了什么办法呢？他跟石抹明安讲，你去蒙古军中责问成吉思汗，作为我大金的附属，他为什么兴兵犯境，侵我天朝。

人家都打上门来了，你不想着怎么率兵抵抗，居然还责问。石抹明安长叹一声，有这样的主帅，看来几十万大军都是人家案板上的肉。所以打定主意要明哲保身，你们谁愿意死谁死，我得活着，何况我不是你们女真人，我是契丹人，我的祖国也是被你们女真人灭的。我们契丹人做了一百多年亡国奴，现在可算盼到第三股势力兴起，为我们报家国之仇。

因此，石抹明安来到成吉思汗帐中，就往地下一跪，主动表示愿意归降。成吉思汗喜出望外，将军弃暗投明，真是识时务的俊杰。好，就以石抹明安将军为先导，率领蒙古骑士直捣完颜九斤大营。

完颜九斤还在那儿傻乎乎、眼巴巴地等着石抹明安回来报信呢，没想到石抹明安不是一个人回来了，而是带着数万蒙古骑兵直捣完颜九斤大营。可怜这四十万金军被蒙古人大砍大杀，兵败如山倒，自相践踏而死者不计其数，除了少部分逃掉的，大部分都阵亡了。金军将士的尸骨在战场上堆积如山，场面极其惨烈。

野狐岭一战之后，蒙、金双方的战略形势就发生了逆转。此后，蒙古军队士气高涨，实力越来越强大，相比之下，金国的主力受到重创，只有招架之功了。因此，成吉思汗下令，继续向金国中都（今北京）挺进。

然而，地势险要、自古便为兵家必争之地的居庸关，却挡住了蒙古大军的去路。

智取居庸关

居庸关在今天北京昌平，是一夫当关、万夫莫开的雄关，易守难攻。成吉思汗的先锋大将哲别到了居庸关前，抬头一见山势雄伟，而且设防坚固，料定不是那么容易攻取的。

既然强攻不行，哲别就决定智取。哲别下令将士佯攻城池，所以将士们出工不出力，装模作样地进攻居庸关，当然很快就被金国守军打退了。然后，蒙古军队向后退去，故意扔下很多旗帜，还扔下了一些孱弱的马匹、折了的弓、断了的刀之类的东西。

守城的金军一看，以为蒙古军队战斗力不过如此，所以就下令开城追击。金军一开城追击，正中了哲别诱敌之计。

金军一出城，再想回去就不可能了。哲别在居庸关前设有伏兵，金军一出城，就被哲别大军截住。然后，蒙古伏兵趁机攻进了居庸关，占领了这座号称天险的中都屏障。

居庸关一丢，中都无险可守，就像赤裸的身躯一样，暴露在了蒙古骑士面前。但是这个时候已至隆冬，漫天飘雪，蒙古大军没法补充给养，连日征战也是人困马乏。

所以，成吉思汗下令班师凯旋，已经消灭了金军主力，金国也知道我的厉害了。成吉思汗留下大将镇守，自己跟三个儿子班师回到了蒙古草原，等待下一次再给金国一个教训。

胡沙虎起兵造反

第二年，成吉思汗得到了报告，金国起了内讧。（详见拙作《塞北三朝·金》）

金国西京留守胡沙虎，在成吉思汗大军进攻西京的时候不战而逃。这家伙把西京给扔了，自己一口气狼狈不堪地跑回了金中都。作为西京地方长官，守土有责，但这家伙竟然不战而逃，丧失重镇，依律当斩。

完颜永济当时可能忙不过来了，要抵抗蒙古大军的进攻，认为胡沙虎还是一员能战之将，所以没有杀掉胡沙虎，而把他削职为民，让他回家种地去了。因此，胡沙虎怀恨在心。后来完颜永济在蒙古人的连续打击之下，昏着儿迭出，觉得可战之将不多了，胡沙虎犯了那么大罪，我也没杀他，他应该感恩戴德、戴罪立功。所以，完颜永济就启用胡沙虎为将，抵抗蒙古人。

这真是一个昏着儿！完颜永济不知道胡沙虎的为人，不知道他薄情寡义，阴险刻薄，他不但不感恩，反而时刻想着报复你。他正想杀你呢，你现在要给他兵权，这不等于把刀把子递人手里了？

胡沙虎这次做了统兵大将之后，根本没想着出兵抵抗蒙古人，而是整天打猎喝酒。完颜永济得知后着急了，我给你兵权让你干吗？让你打蒙古人，你别整天打鸭子、打兔子呀。所以，完颜永济就派人去催胡沙虎出兵抵御蒙古人。使者去了两次，把胡沙虎给惹急了。胡沙虎手里正在玩鹰呢，用鹰"啪"一下，拍到使者的身上，就把使者给拍死了。

一不做，二不休，胡沙虎就发动了叛乱，攻进了中都城，把完颜永济囚禁起来，然后一杯毒酒，就送君王上路了。

杀了皇帝完颜永济之后，胡沙虎改立完颜珣为帝，自己做了金国军队的总司令——都元帅。

消息传到蒙古，成吉思汗认为这是天赐良机，于是率领大军兵分三路，进攻金中都。

蒙古人卷土重来，金军坚守孤城。金国人也知道中都一失，人心尽丧，所以一个个红了眼睛拼命抵抗。

胡沙虎手下有一员大将叫术虎高琪，此人是副元帅。术虎高琪与蒙

大战野狐岭

古人作战不利，胡沙虎就扬言要杀了他。胡沙虎也傻，你要真想杀术虎高琪，你赶紧把他杀了就完了，你别扬言出去结果你又不干。

术虎高琪一想，我打不过蒙古人，还打不过你胡沙虎吗？与其让你杀我，不如我先动手杀了你。所以，就派将士围住了胡沙虎的住宅，不停地攻打。胡沙虎吓得翻墙逃走，在翻墙的时候，衣服被墙上的铁钉勾住了，从墙上掉了下来。术虎高琪的士兵冲上前去，一刀砍下了胡沙虎的脑袋，把这个弑君的叛臣干掉了。

然后，术虎高琪进宫去见当时的皇帝完颜珣，说我为陛下除此逆臣，您看着办。这个时候，完颜珣基本上也就是傀儡一个，一看胡沙虎死了，那您术虎高琪是老大，我听您的，您说了算。

术虎高琪上任后，也督着士兵拼死防守。

太子守城，皇帝开溜

金国虽然内讧不止、朝政动荡，但建都六十多年的中都，城防工事还是非常坚固的。蒙古军队要想攻克，必定要付出巨大的代价。

于是，成吉思汗决定留下一支军队围困中都，自己则率领大军，进入了无险可守的华北大平原，先后攻取了河北、山东以及山西的多个州郡，直至黄河天险，才停止南进。

此时，金中都就成了孤城一座。成吉思汗十分得意，派使者去告诉金国皇帝，河北、山东的州县基本上全部被我攻占了，一个小小的中都，难道我打不下来吗？城破之后，你死了那么多人，不能赖我蒙古人，那是上天觉得你无道，上天惩罚你。所以我再打城市，再杀人，就是助长天的罪恶。我们蒙古人不能那么干。因此，我给你一条活路，你只要献出黄金珠玉犒赏我的大军，我就准备率军回国。

金国皇帝一听，给钱这瘟神就走，那太好了，您说要什么就给什么。因此，金国派丞相完颜承晖做使臣，到蒙古营中去见成吉思汗。成吉思汗说，黄金珠玉牲畜人口我们全要，你们金国皇帝还要派一个公主来侍奉我，我才肯退军。

完颜承晖回去跟完颜珣报告，成吉思汗狮子大开口，要的东西特别多。但是这个时候人为刀俎，我为鱼肉，完颜珣也不敢不给人家，所以就把被杀掉的皇帝完颜永济的女儿，冒充是当今天子的公主送给了成吉思汗，又送给成吉思汗大量的金玉珠宝、一千名童男童女、三千匹马、大量的牛羊牲畜。

蒙古人满载而归，退回了蒙古草原。等蒙古人一回去，金国皇帝完颜珣就说，金中都残破，这地儿不能待了，我得赶紧换个地儿。他要跑到北宋的故都汴梁，也就是今天河南开封。汴梁在当时已经做了金国的南京。

金国的两位丞相徒单镒和完颜承晖纷纷劝止，再三强调都城是国家的根本，都城一失，人心尽散，您都跑了，谁能为您卖命啊？

但是，完颜珣一心想着自己的安全，不听两位丞相的规劝，执意南迁，带着皇后和百官跑了。留下太子完颜守忠、丞相完颜承晖和大将抹捻尽忠防守中都。

酒鬼当大将

金宣宗南迁的消息传到蒙古草原，成吉思汗勃然大怒，既然已经跟我达成了和平协议，为什么要迁都？你肯定是想离我远点儿，到那儿积蓄力量再跟我作战，这说明你对我没有诚心。既然这样，你就别怪我不客气了。

于是，成吉思汗再次率领大军讨伐金国。杀入了金国境内，直扑金中都。没等成吉思汗的大军打到金中都，金军防守在中都外围的契丹族士兵就哗变了。成吉思汗立刻派归降的契丹族大将石抹明安，招降这帮降兵，然后率领他们直抵中都城下。

眼看中都朝不保夕，太子完颜守忠奉命南撤。完颜守忠到了汴梁之后，由于惊吓过度，没多久就死了。

金国留守中都的丞相完颜承晖和大将抹捻尽忠，赶紧向完颜珣求救，要求朝廷速发援兵来抵抗蒙古兵，要不然中都就失守了。完颜珣果然派来了援兵，援兵统帅是御史中丞李英。

完颜珣派李英来救援，足见金国朝廷已经是六神无主了。李英是个有名的酒鬼，没有一天不喝高的。在朝中做官的时候，这家伙喝高了，指着手下的人干活还行。现在身为大将，统率援军去解中都之围，这家伙照样每天喝得酩酊大醉，骑在马上是东摇西晃。

李英一路晃晃悠悠，终于率领将士晃到了霸州，与蒙古大军迎面相撞。蒙古大军是虎狼之师，百战百胜，就是真正的精兵强将跟蒙古人作战，也不一定讨得了便宜，更何况是李英这样的酒囊饭袋？两军一照面，李英连战场情况都没看清，蒙古骑兵就冲到了跟前，手起刀落，砍掉了李英的脑袋。

金朝现在的力量，只能派出这么一支援军。援军一被击溃，中都城的失守就是早晚的事儿了。

完颜承晖知道大势已去，就跟抹捻尽忠商议，中都城守不住了，但这毕竟是咱们大金国几十年的都城，列祖列宗的陵寝也在这儿，当初都被海陵王迁到了房山。你我身为留守，国破家亡理当以身殉国，不知将军意下如何？

抹捻尽忠的眼珠咕噜咕噜乱转，根本不敢瞅完颜承晖，顾左右而言他，比如今儿天气不错，晚上我请你喝酒，开始胡说八道。

完颜承晖一看，这家伙根本就配不上他的名字。他叫抹捻尽忠，实际上他根本就没打算为国尽忠。既然这样，人各有志，不必相强，算了，你走吧，不跟你废话了。

抹捻尽忠赶紧出去，回到自己的家中，收拾金银财宝、绫罗绸缎，把自己的大小老婆全带上，装车托运，准备逃跑。

金国没什么戏了

完颜承晖回到家中，在祖先的画像前行了个礼，然后告诉自己的家人，各自逃命去吧。他把自己的一个好朋友——尚书台的令史叫来说，我死之后，你把这封遗折交给陛下。

这个小官打开一看，这封遗折上，历数术虎高琪和抹捻尽忠祸国殃民的罪行，而且希望天子能够振奋精神，选贤任能，再练精兵强将，跟蒙古人血战，收复故都以告慰列祖列宗在天之灵。

小官看得潜然泪下。完颜承晖说，别哭别哭，人生百年，总有一死，为国尽忠死得其所，来来，喝酒喝酒。

酒过三巡，完颜承晖就跟这个小官说，咱俩虽然身份悬殊，但是是诗友酒友，朋友一场，你看我也没有什么可送给你的。这样吧，我给你写幅字吧。

于是，完颜承晖铺好了笔墨纸砚，就给这个小官写了一幅字，写完之后说，这是我最后送给你的东西，你带走吧。可惜今天的墨色淡了一点儿，有个别字没写好。算了，就这样吧，来不及了。

然后，小官拜别丞相，转身出来。刚一出来，就听到相府里一片哭声，原来完颜承晖跟他喝酒的时候，自己喝的就是毒酒。他为什么有几个字没写好？就是因为毒性开始发作，手开始抖了。字一写完，毒性发作，完颜承晖壮烈殉国。

这个小官带着完颜承晖的遗折，哭别了丞相，化装潜逃，趁乱逃出了中都城。

大将抹捻尽忠跑了，丞相完颜承晖殉国了，中都城就被蒙古军队攻陷了。这座金国定都六十几年的大城市被蒙古军队攻占之后，金国的国势已经极其衰微了。

成吉思汗也觉得金国没什么戏了，于是就让木华黎负责经营南方。他跟木华黎讲，我治理北方草原，你负责依照汉制，治理中原汉地。因为这个时候有不少的中原人，甭管是汉人、契丹人，还是女真人，都归降了成吉思汗，所以只能依照汉制，设立行尚书省，由木华黎做行省的长官。成吉思汗还依照汉制给木华黎铸了一个印，封他为太师国王，负责经营南方。

木华黎又率领大军南征北战，进攻山东、河南、陕西这些地方。金国大势已去，成吉思汗如果再加把劲儿，就可能彻底灭了金国。

在金国灭亡在即的关头，成吉思汗为什么会走呢？

24. 斩草除根：扫除残敌，吞并西辽

成吉思汗统一了蒙古草原之后，又把目光投向了富庶的中原。然而，就在成吉思汗南下大破金国之时，却突然决定停止南下而挥师西进。那么，是什么原因使成吉思汗中断了入主中原的军事行动？成吉思汗的西进，又是否能够取得成功呢？

最后的仇敌

成吉思汗是扫平了草原上的各部，才得以完成草原的统一。汪古部是主动归降，塔塔儿人在成吉思汗统一蒙古草原的过程当中，基本上被消灭干净了。剩下的像篾儿乞、乃蛮、克烈这些部落都有残余，他们纠合在一起，躲到蒙古帝国的边缘地带，积聚力量，准备东山再起。

乃蛮部的首领，除了太阳汗，还有太阳汗的弟弟不亦鲁黑汗。这个时候，太阳汗早已经败亡了，太阳汗的儿子屈出律逃走了。但是不亦鲁黑汗的实力还比较强，而且被成吉思汗打败的篾儿乞人，包括太阳汗的儿子屈出律，都投奔了不亦鲁黑汗。

所以，成吉思汗下一步，就是要消灭乃蛮部和篾儿乞部的残余，把他们一网打尽。公元1206年，也就是成吉思汗建立大蒙古国的当年，蒙古大军就逼近了乃蛮部和篾儿乞部残余势力的驻地沙河水，就是今天蒙古国科布多河上游地带。

当时乃蛮和篾儿乞人的残部，正在此地游猎，对于即将发生的危险一无所知。他们认为成吉思汗刚刚建国，怎么着也得庆祝庆祝吧，大宴文

武，大封功臣，这都需要时间。咱们现在正好厉兵秣马、休养生息，准备将来找成吉思汗算账。万没想到，成吉思汗动作这么快，庆典刚一结束，马上就派兵来打他们。

蒙古骑兵突然袭击，不亦鲁黑汗猝不及防，乃蛮人和篾儿乞人的残部一下子就被歼灭了。不亦鲁黑汗被擒杀，他的家属、领地、牲畜，全部归了成吉思汗。屈出律和篾儿乞人的首领脱黑脱阿，再次脱逃。尤其是篾儿乞首领脱黑脱阿，已经在成吉思汗手里逃了多少回了，有着丰富的逃跑经验，一口气跑到了今天的额尔齐斯河畔。

脱黑脱阿惊魂未定，刚刚驻扎下来想喘口气，成吉思汗的追兵就到了。脱黑脱阿只好翻身再战，一场激战下来，身中乱箭而死。混乱中，脱黑脱阿的儿子们来不及带走他的遗体，只好砍下他的头带走了。脱黑脱阿的儿子们继续狼狈逃窜，逃到了一处地势显要、山高林密的地带，蛰伏了下来。

太阳汗的儿子屈出律也逃跑了，逃到了今天的新疆一带，后来投奔了西辽。

他们一躲就躲了十年。因为他们也知道，想反攻蒙古草原，推翻成吉思汗的统治，这种可能性已经不存在了，所以只要不被成吉思汗逮着就可以。

成吉思汗广派耳目，一直在打听他们的消息。过了十年，也就是到公元1216年，成吉思汗终于打听到他们在哪儿了。但是他们躲藏的地方，离蒙古草原很远，中间要经过高山，道路崎岖，很不好去。

成吉思汗就在考虑，手下哪员大将能够率军擒杀脱黑脱阿的儿子们。

草原上的特种兵

这个时候，大将速不台慨然请行，大汗您把这个任务交给我吧，我愿意为大汗剿灭这最后的仇敌。

成吉思汗非常高兴，拍着速不台的肩膀说，英勇的速不台，我感谢你主动请命，可恶的逆贼像狡猾的狐狸一样逃跑了。如果他们要生出翅膀飞到天上，英勇的速不台，我希望你像一只神骏的海东青一样捉住他们。如果他们要变成土拨鼠钻到地底下，英勇的速不台，我希望你变成一把铁锹，把他们都挖出来。如果他们要变成鱼跑到河里去，英勇的速不台，我希望你变成渔网，把他们都捞上来。

这就跟孙悟空与二郎神斗法似的，敌人变成什么，速不台就要变成敌人的克星，一定要把敌人弄死。

速不台说，没问题，大汗放心。成吉思汗还不放心，接着嘱咐速不台说，咱们不可能大军出动，大军一出动，他们就又跑了。你这一去，山高路险，你一定要爱惜马力，节省给养，注意隐蔽，要直捣贼巢，以擒获匪首为唯一目的。英勇的速不台，我之所以派你登山涉险，走这么远的路去消灭残余的仇敌，是因为篾儿乞人是我的死仇。他们抢走了我的妻子孛儿帖，还把我围困在不儿罕山上。现在哪怕上天入地，哪怕他们逃到天涯海角，英勇的速不台，你一定要把他们通通抓住，一举消灭。你虽然远去进攻篾儿乞人，但是你就像在我的眼前，长生天会保佑你的。英勇的速不台，你率领部队出发吧。

速不台一听，大汗说得如此情真意切，拉着自己的手，千叮咛万嘱咐，很受感动，拍着胸脯向大汗保证，一定把篾儿乞人给您消灭得干干净净，不达目的我绝不回来见您。

然后，速不台就率军出发了。他这次率领的部队，有点儿像现在的特种部队。

速不台是成吉思汗开国"四狗"之一，是大蒙古国的名将，不是一勇之夫。速不台担心越接近篾儿乞人残部盘踞的地方，篾儿乞人越会惊觉。怎么办呢？速不台派手下一员神将，带一百多人先行出发，让他们侦知篾儿乞人的确切位置。为了不让篾儿乞人发现，速不台让这一百多人化装成难民，并且沿途要扔一些婴儿的衣服、坏了的马鞍子、折了的车条之类的东西，骗过篾儿乞人。

速不台手下的裨将，就领了这一百多人化装成难民出发。

彻底消灭篾儿乞人

这些篾儿乞人躲了十多年，也有一套生存方式，他们不断地派出哨探和耳目去打听有没有蒙古人来进攻。

速不台派出的一百多人，还是被篾儿乞人的侦察兵发现了。但是一看这些人沿途抛弃的东西，这帮人回去之后就报告给脱黑脱阿的儿子们说，最近没有蒙古兵要来的迹象，只有一帮难民过来了。

于是，脱黑脱阿的儿子们就掉以轻心了，既然是难民，那说明成吉思汗统治得不怎么样，说不定这些难民也跟成吉思汗有仇呢。

速不台这一百多人的前锋，也侦查到了篾儿乞人的驻地，并报告给了速不台。所以，速不台的军队就突然出现在了篾儿乞人的残部面前，一战而胜。这仗打得毫无悬念，一边是百战雄师，一边是釜底游鱼，被蒙古大军打得狼狈逃窜的人，怎么可能打得过速不台的军队呢？

一场激战下来，脱黑脱阿几个年龄比较大的儿子，全部被擒获。速不台根据成吉思汗的嘱咐，没有将他们送回蒙古老营，就地全给砍了。脱黑脱阿有一个小儿子也被俘了，这个小儿子叫篾儿干，篾儿干在蒙古语里是神射手的意思，据说他的箭法非常好。所以速不台就把他送到了成吉思汗的长子术赤面前。

术赤听说篾儿干善射，那你让我们开开眼吧，就在前边立了个箭靶子，让篾儿干射箭给大家看。篾儿干拉满了弓，一箭射过去，正中靶心。接着第二箭更神，把第一箭分成了两半，然后又射中了靶心。

术赤一看，这小子果然是难得的勇士，箭射得太准了。所以术赤就向成吉思汗求情，能不能不杀篾儿干，把他留在我的身边，做我的卫队长。他箭射得这么准，将来我上了战场，让他当保镖多好啊！

成吉思汗原本是一个非常爱惜人才的人，他部下的很多大将，比如说哲别，原来就是他的仇敌，还差点儿射死他。按成吉思汗以往的习惯，很可能会把篾儿干留下。但是这一次，成吉思汗断然拒绝，不行，绝对不行，跟我们作对的这些部落里边，再也没有比篾儿乞人更坏的部落了，斩草必须要除根，否则后患无穷。我们绝不能给篾儿乞人东山再起的机会，一定要把他们杀干净。

然后，成吉思汗对术赤说，你看我们现在征服了多少国家，占领了多少地盘，你的目光怎么就那么狭隘？区区一个篾儿干，他算什么呀？在你占领的地盘上，你随便去找，肯定有比篾儿干还有本事的人。这个篾儿干绝不能留，必须杀掉。

术赤没办法，不敢违抗父汗的命令，只好把篾儿干给杀掉了。这样一来，长期跟铁木真为敌的篾儿乞部落，跟塔塔儿部落一样，遭到了灭顶之灾，彻底灭亡了。

养了个狼崽子

彻底消灭篾儿乞人之后，成吉思汗念念不忘的就是太阳汗的儿子屈出律。屈出律先是逃到了今天的新疆，因为找不着吃的，部下纷纷离散，他也没办法，东游西晃地来到了西辽的境内。

这个时候，耶律大石建立的西辽已经存在了将近八十年，帝位传到了昏庸无能的末帝耶律直鲁古手里。直鲁古听信妇人之言，昏庸无能。

屈出律穷途末路，就来投奔耶律直鲁古。他率人来到八拉沙衮城外，转念一想，我不能这么贸然进去，谁知道西辽皇帝到底是什么心思，万一我进去之后，他为了讨好成吉思汗，抓住我"咔嚓"一刀怎么办？

于是，屈出律就让自己的部下冒充自己，反正耶律直鲁古也没见过自己。屈出律本人装成一个马夫，在门口等着。屈出律的部下进去了之后，真是无巧不成书，正好西辽的公主出门，公主一出城门，就看到屈出律盘腿在地上坐着。公主一眼就看上屈出律了，芳心暗许。可能屈出律长得不错，他有突厥人的血统，深目高鼻。

公主马上就跟守门的士兵说，这样的人，怎么能让他坐在地上呢？快带他进去见父皇。屈出律一听危险了，就表明自己的身份，我不是马夫，我是乃蛮部的王子屈出律，刚才进去的那人是我的部下。

耶律直鲁古一看屈出律一表人才，也十分喜欢，而且公主又说，我看上他了，非他不嫁。于是，三天以后，两人就成婚了。屈出律做了西辽的乘龙快婿，在西辽逐步站稳了脚跟，势力越来越大。势力一大，这家伙野心就大了，就想恩将仇报，夺权篡位。

屈出律就没想想，你穷途末路跑来投奔的时候，人家对你这么好，现在你觊觎西辽的皇位，这样忘恩负义合适吗？他觉得耶律直鲁古昏庸无能，整天醉生梦死，这样的人怎么配统治这块土地呢？如果我拥有了西辽的疆土，我还能借西辽的兵力，找成吉思汗报仇。所以他就整天琢磨怎么把岳父给做了，自己当西辽皇帝。

屈出律正在打瞌睡，有人送枕头来了。谁呢？西辽的属国花剌子模国的国王摩诃末。摩诃末派人来跟屈出律联络，能不能里应外合，咱们给耶律直鲁古一家伙。

摩诃末不愿意做西辽的属国了，因此他要找个内应打西辽。摩诃末一打听，屈出律的野心在西辽是司马昭之心——路人皆知了。所以他就找到屈出律，咱俩能不能合伙，共同对付耶律直鲁古？

屈出律跟摩诃末一拍即合。两人定下计谋之后，屈出律来找耶律直鲁古说，岳父，我们乃蛮人现在散居在各地，如果您能放我回去，我登高一呼，乃蛮人必定纷纷响应，能够形成一股很强大的力量。然后，我带着这些人来投奔您，帮助您看家护院、开疆拓土。您放心，只要您活在这个世上，您就是我的父亲，是我最亲的亲人，我发誓永远效忠于您。

昏庸的耶律直鲁古就信以为真，再加上自个儿的姑娘从旁做保，放心，我夫君绝对不是那种忘恩负义的人。所以耶律直鲁古就送给屈出律很多礼物，让他拿着去招兵买马。

让岳父当傀儡

果然，屈出律走到各地登高一呼，残余的乃蛮人就纷纷汇聚到了他的身边。

屈出律还拿着岳父给的礼物，收买了西辽的不少官兵。当年耶律大石西迁的时候，真正的契丹人也没多少，西辽是一个多民族国家。很多其他种族的人，是有钱就是爹、有奶就是娘，谁给饭吃，我们给谁卖命，谁给得多，我们给谁玩儿命。你耶律直鲁古给的少，人家屈出律给的多，那当然是跟着屈出律干了。所以屈出律的势力越来越大。势力一大，屈出律就变了脸，开始对自己的岳父发动了猛烈进攻。

这个时候，耶律直鲁古才如梦初醒，敢情养了一只狼崽子，于是赶紧发兵抵抗屈出律。耶律直鲁古跟屈出律在八拉沙衮城外打得不亦乐乎的时候，花剌子模动手了。摩诃末率领大军进攻西辽，在今天的哈萨克斯坦和吉尔吉斯斯坦交界的塔拉斯河一战，西辽大军全军覆没，大将塔延古被俘。

花剌子模大军长驱直入，深入西辽境内。西辽人心浮动，特别是八拉沙衮的守军，听说摩诃末跟屈出律两个人合兵来攻八拉沙衮，觉得抵抗下去也是死路一条，很快就一哄而散了。守军一跑，剩下耶律直鲁古孤家寡人一个，八拉沙衮就被攻破了。

八拉沙衮城破之后，屈出律带人张弓搭箭，握着明晃晃的刀冲进了王宫。看到耶律直鲁古后，屈出律喝住众人说，别动手，这是我岳父，你们不认得吗？于是众人退后一步。耶律直鲁古早已吓得瑟瑟发抖，话都说不顺溜了，连忙表示，有话好好说，咱们好商量，只要你不杀我，这皇位我传给你。

屈出律说，岳父您想哪儿去了，把我当成什么人了？我不是为这皇位来的。耶律直鲁古一听纳闷了，你既然不是冲我的皇位来的，那你带兵叛乱，这是要干吗？屈出律说，岳父您真的是误会了，我这不叫叛乱，因为国中的长老们觉得您老糊涂了，所以他们希望我出来辅佐您。皇位您还坐着，只不过是我来帮您干，您这么大岁数也该享清福了，我一个女婿尽半子之劳，我来替您干活。

耶律直鲁古总算听明白了，就是说让我做个傀儡，行，只要能保住命，傀儡就傀儡吧。

屈出律倒行逆施

屈出律逼宫一年之后，傀儡皇帝耶律直鲁古郁郁而终。于是，屈出律就毫不客气地坐上了皇帝的宝座。从此，契丹人创建的西辽，就掌控在了乃蛮人屈出律的手中。

屈出律篡夺了西辽皇位之后，跟花剌子模达成协议，把西辽南部的锡尔河以西的土地，割让给了花剌子模，同时免除了花剌子模每年的贡赋。你原先不是年年给我进贡吗？现在我不要了，还给你割地。花剌子模的国王摩诃末心满意足，率军退走。

屈出律就开始在西辽境内胡作非为。屈出律是长年到处流窜的一个人，现在总算有一个窝安定下来了，换作一般人，应该珍惜这大好机会，好好经营西辽，把这当成你的福地，借此发展实力，有朝一日才可以兴兵报仇。

可屈出律倒好，一朝权在手，便把令来行，可得好好祸害祸害，发泄发泄，虽然我打不过成吉思汗，但我可以拿你们出气。他是这么一种感觉。

尤其要命的是什么呢？屈出律制定了一条十分错误的宗教政策。屈出律本人是景教徒，景教是基督教的一支。屈出律的妻子（也就是西辽的公主）是佛教徒。因为契丹人是信佛的，所以屈出律在妻子的劝说下，就改信了佛教。这个时候，屈出律就强迫所有的西辽国民都改信佛教。这样一来，就激起了国中百姓的强烈反对。

屈出律还要求当地人改穿契丹人式样的衣服。可能屈出律觉得自己篡夺王位名不正言不顺，所以他得做得比契丹人还像契丹人，才能获得西辽贵族的支持。所以他就强迫国民必须穿契丹人的衣服，必须信仰契丹人的宗教。

当年耶律大石在这儿立国的时候，知道这儿的居民主要都是穆斯林，所以耶律大石特别尊重当地民族的宗教信仰，每到穆斯林的节日，耶律大石都要给当地的人庆祝。现在屈出律居然倒行逆施，当地的人民就非常反感他。

屈出律还对属国的百姓进行残暴的压榨。西辽有一个地方叫喀什噶尔，就是今天的新疆喀什。每到庄稼成熟的季节，屈出律就派兵去喀什噶尔毁坏庄稼，他这么干，导致喀什噶尔颗粒无收，当地的百姓饿死了很多。

屈出律这么做的目的是什么呢？强迫喀什噶尔人改变宗教信仰，你不改变信仰，我就活活饿死你。屈出律还给喀什噶尔人每户派去一个西辽士兵。这些西辽士兵住到喀什噶尔人家里，自然是烧、杀、抢、奸，无恶不作。

喀什噶尔人实在受不了了，又没有能力反抗，只好盼星星盼月亮，盼着老天爷早日派来解放者，把这帮倒行逆施的人给收拾了。

喀什噶尔人的期盼，终于灵验了。他们盼来了谁呢？

成吉思汗。

大蒙古国兼并西辽

公元1218年，成吉思汗派出大将哲别，率领两万蒙古大军，开始进攻西辽。成吉思汗的目的是彻底消灭乃蛮部的残余——屈出律。但是，此时哲别要对付的已经不是一个逃亡的部落首领，而是一位西辽的皇帝。

哲别大军一进西辽就宣布，每个人都可以有自己的宗教信仰，成吉思汗的军队保护每一种信仰，不论你是景教徒、佛教徒还是穆斯林，我们都保护。每一个人都有权利按照祖先传下来的风俗去生活，所以当地的穆斯林不用梳契丹人的发式，不用穿契丹人的衣服。

你想，这老百姓能不拥护蒙古大军吗？所以蒙古大军所到之处，百姓是箪食壶浆以迎王师。

当时，屈出律正在喀什噶尔，喀什噶尔人恨他恨得要食其肉、寝其皮才能解恨。屈出律一看蒙古大军来了，立刻上马就跑了。他一跑，他留在喀什噶尔人家中的西辽士兵，立刻就被杀了个干干净净。

屈出律根本不敢与蒙古军作战，他知道蒙古军的战斗力，知道哲别的骁勇。所以他要一口气跑到安全的地方才行，跑到了哪儿呢？跑到了今天的阿富汗境内。

哲别的蒙古大军一路穷追不舍，屈出律逃到深山里面，蒙古人不熟悉山路攻不进去。哲别就对当地的猎人讲，如果你们能把屈出律干掉，屈出律随身携带的金银财宝很多，全都归你们所有。这些猎人一听特别高兴，担心蒙古大军擒斩了屈出律，那这些金银财宝就归蒙古人了，所以大家争先恐后地去找屈出律。

在这些猎人眼里，屈出律已经不是人了，而是变成了一堆金元宝。屈出律脖子上顶的不是脑袋，而是金子。所以这帮猎人冲进去，三下五除二，就把屈出律的脑袋送到哲别面前了。

哲别果然履行诺言，把屈出律带的所有的金珠宝贝都赏给了猎人，然后率军班师，把屈出律的首级献给了成吉思汗。

屈出律一死，等于原来的西辽国土也并入了大蒙古国。这样一来，大蒙古国就跟当时中亚的穆斯林大国花剌子模接壤了。没想到，两国之间爆发了一场旷日持久的战争。

世界千年第一人

第六讲

成吉思汗

袁腾飞讲

25. 花剌子模：引发蒙古远征的导火索

成吉思汗征服西辽之后，蒙古帝国的疆域随之扩张到了中亚地区，开始与日渐强盛的花剌子模接壤。那么，这个花剌子模，究竟是一个怎样的国家？两国之间到底发生了什么事情，致使成吉思汗对花剌子模忍无可忍，发动了一系列影响深远的远征？

摩诃末的野心

花剌子模是中亚阿姆河下游的一个国家。唐朝的时候，中亚有九个唐朝的附属国，称为昭武九姓，花剌子模的前身就是昭武九姓之一。蒙古人把花剌子模称为撒儿塔勒，意思是商队，就是说花剌子模人善于经商。

花剌子模在立国的过程当中，先后臣属过很多国家。比如说，它臣属过中国的唐朝，臣属过赛尔柱突厥帝国。后来西辽强大之后，花剌子模又臣属于西辽。

公元1200年，花剌子模的新国王摩诃末即位。摩诃末即位之后，花剌子模的国势也是蒸蒸日上，实力日益增强。所以摩诃末就不愿意再臣属于西辽。1209年，当西辽的使者来到花剌子模征收贡赋的时候，摩诃末借口这个使者态度傲慢，拒绝向西辽交纳贡赋，跟西辽闹翻了脸。

就是在这种背景下，摩诃末去联络屈出律，跟屈出律里应外合进攻西辽。屈出律得手后，花剌子模终于摆脱了西辽属国的地位。从此，摩诃末名声大振，他以伊斯兰世界的领袖自居，沿袭了当年赛尔柱帝国领导人的头衔。

我们可以看出，摩诃末1200年即位，1210年左右摆脱了西辽属国的地位，开始开疆拓土、南征北战，使得花剌子模王国日益强盛。也就是说，摩诃末领导花剌子模强盛的时间，大致跟成吉思汗崛起的时间相同。东方一龙，西方一虎，这两个人早晚得有一拼。特别是摩诃末有征服世界的野心，所以他派人来大蒙古国打探虚实。

1215年，成吉思汗攻克了金中都。这个时候，摩诃末派出的使臣来到了金中都，见到了成吉思汗。成吉思汗一看，花剌子模遣使来贺，非常高兴，就跟花剌子模的使者讲，你们回去之后，转告摩诃末，我是东方的统治者，苏丹是西方的统治者，双方应当友好，让商人互相往来，咱们之间不要有任何矛盾。

于是，花剌子模的使者就回去复命了。

黑心商人

蒙古人是游牧民族，衣食都不能自给，一些生活必需品必须依赖对外交换。所以蒙古人特别重视贸易，特别喜欢商业。

大约在花剌子模使者出发的同时，花剌子模的三位商人满载着丝织物之类的货物，来到了蒙古草原，去跟成吉思汗的部落交易。

成吉思汗看了这三个商人的货物，觉得这些货物很不错，就问这三个商人，这东西怎么卖啊？

这三个商人以为蒙古人茹毛饮血，尚未开化，这些丝织物估计他们没见过，所以其中一个就狮子大开口，值二三十个底纳儿的货物，他跟成吉思汗要三个金巴里失。底纳儿和巴里失，都是中亚的货币名称，一个金巴里失合七十五个底纳儿。也就是说，本来值二三十个底纳儿的货物，现在要三个金巴里失，价位提高了七八倍。

成吉思汗勃然大怒，怎么着啊，你拿我当野蛮人，以为我没见过这东西是不是？成吉思汗命令自己的部下打开仓库，让这三人开开眼。打开仓库一看，成吉思汗的仓库里，这样的织物堆积如山，有打仗缴获的，还有各地跟他结盟的人献来的。我还不知道这玩意儿值多少钱？二三十个底纳儿，你跟我要三个金巴里失，你的良心大大地坏了。

成吉思汗下令，没收这小子的货物，把他关起来。这个狮子大开口的黑心商人就被关起来了，他的货物就被没收了。成吉思汗转向另外两位商人问，你们这东西多少钱啊？

那两个商人吓坏了，一看成吉思汗把自己的伙伴关起来了，弄不好这家伙就没命了，所以这两个人坚决不肯说自己的货物多少钱，我们奉了国主之命，把这些货物来敬献给大汗，不要钱，这是白送给您的。

成吉思汗就信以为真了，真以为是摩诃末送他的礼物，非常高兴，那我不能白拿你们的东西啊，你们苏丹有情我也有义，这样好了，每匹丝织物，一个金巴里失。然后成吉思汗吩咐，把那个关起来的小子放出来，今儿我高兴，他们苏丹给我送礼来了，看在苏丹的面子上，饶了这小子，把货物还给他，按照给这两个商人的价钱给他钱。

这三个商人还是赚了个盆满钵满，值二三十个底纳儿的货物，成吉思汗给了一个金巴里失，那也是两倍以上的价格了。

成吉思汗说，我们蒙古人心眼实，不善于经商，但是我们很需要这些货物。你们国家的穆斯林擅长经商，又盛产这些货物，所以以后你们多往这儿派商队来，咱们互通有无。然后他让这三个商人带着一些蒙古国的货物，比如蒙古的土特产、毛皮，让他们回去之后交换，然后再到蒙古国来做买卖。

这三个商人发了财，又满载着蒙古的货物，回到了花剌子模。

缔结盟约

三个商人回到了花剌子模之后，见到了国王摩诃末，因为成吉思汗让他们带信给摩诃末，他们也算成吉思汗的使臣。

他们替成吉思汗表达了蒙古帝国希望跟花剌子模经商做买卖的愿望，希望贵国的商人到我们这儿，我们也派一些商人跟着贵国的商队回去，把贵国的货物运到我国来，同时也把我国的货物运到贵国去。我知道您的家族很伟大，姓氏很高贵，您现在已征服了敌人，我也征服了敌人，所以贵我两国就成了邻国。我们应该维护贵我两国之间的友谊，特别是让两国之间的商队能够互相经商，希望您体察我的一片苦心。

摩诃末听完了这三个商人转达的成吉思汗的口信之后，很不以为然。成吉思汗他这是有求于我啊，他们那地儿啥也不产，所以他才求着我跟他通商。

夜里，摩诃末召见了商队的头领，问他，蒙古国的情况怎么样啊？这个商队的头领也是穆斯林，面对伊斯兰世界实力强大的君主，他也不可能说成吉思汗的什么好话，而且为了讨摩诃末的欢心，他就跟摩诃末讲，成吉思汗军队虽然多，但是都是一帮老百姓，跟咱们的职业军人没法比。平时他们就是放牧的，打起仗来就上战场，没有统一的军装，也没有统一的制式兵器，装备很低劣，根本无法跟我们花剌子模的大军相提并论。

商队的头领这么一讲，摩诃末就对成吉思汗更加轻视了。既然这样，成吉思汗对我构不成什么威胁，他也就是想跟我经商做买卖，从我这儿要点儿东西而已。所以摩诃末很爽快地就跟成吉思汗缔结了盟约。

摩诃末跟成吉思汗缔结了盟约之后，成吉思汗觉得两国经商这件事儿应该没问题了。所以成吉思汗就命令蒙古国的宗王、万户长、千户长们，每个人派出两三个商人，携带着蒙古国的特产和大量的货币，组成了一支庞大的商队。这支商队有四百五十人，而且组成这支商队的人全部都是穆斯林。

也就是说，成吉思汗派出了四百五十名穆斯林，到花剌子模去进行两国的贸易，使两国互通有无。

见财起意杀商队

这支庞大的商队来到了花剌子模边境上的一座城市讹答剌城。讹答剌城在今天的哈萨克斯坦境内，守将是花剌子模国王摩诃末母亲家族的人，封号是哈亦儿汗。

成吉思汗派出的商队来到讹答剌城之后，哈亦儿汗觊觎商队的巨大的财富。你想，四百五十个人，人人都带着钱、带着货，这是多大的一笔财富啊！

这支商队的头领认识哈亦儿汗，但他觉得我是奉大蒙古国成吉思汗的命令来的，所以没必要对你低三下四。因此，见了哈亦儿汗之后，直呼其名，没有称汗。哈亦儿汗一怒之下，就把这些人全抓起来了，诬陷这些人是蒙古间谍，然后报给了摩诃末，说是抓了一个庞大的蒙古间谍团伙，您看怎么办？

摩诃末本来就对蒙古国心存轻视，再加上哈亦儿汗是他母亲的族人，属于太后一党，他也只能睁一只眼闭一只眼，既然他们是间谍，那就杀了呗，你爱怎么办就怎么办。

于是，这些蒙古国的商人就稀里糊涂地掉了脑袋。

其中有一个商人在大伙遇难之前，非常巧妙地从牢里逃了出来。他目睹了同伴的悲惨遭遇，回来之后就给成吉思汗说，我的这些同伴全都被讹答剌城的守将哈亦儿汗给杀了，大汗一定要为他们报仇。

成吉思汗非常震怒，我派了这么一支大商队前去做买卖，旨在增进两国的友谊，结果你竟然这么干。成吉思汗转念一想，摩诃末不是跟我订立了盟约吗？会不会是他不明真相，被手底下的人给忽悠了？所以成吉思汗决定，先派遣使者去质问摩诃末。

成吉思汗派的使者是谁呢？领头的叫镇海，是最早投奔成吉思汗的穆斯林商人，早年就给成吉思汗运货物，属于从龙功臣，这可不是一般的人，在蒙古国的地位非常高。成吉思汗派出这么重要的人物去见摩诃末，可见他对这件事非常重视。

镇海见到摩诃末之后，义正词严地传达了成吉思汗的口信，咱们已经缔结了盟约，你为什么背盟啊？你身为一国之主，哪能说话不算数啊？如果这件事不是你指使的，请你把讹答剌城的守将交出来，交给大蒙古国成吉思汗处理，两国之间还可以照旧保持友谊。

摩诃末恼羞成怒，我什么人？我是堂堂的国王，你跟我说话如此无理，就下令把镇海拖出去处死。怎么处理跟镇海一块儿来的副使呢？摩诃末按照穆斯林最侮辱人的方式，烧掉他们的胡须，驱逐出境。

起兵远征花剌子模

两个副使回到了蒙古国，向成吉思汗报告镇海被杀、自己胡子被烧的消息。成吉思汗气得差点儿昏倒过去，蒙古众将急忙扶起成吉思汗。

成吉思汗再一次爬到了不儿罕山的山顶上，摘掉帽子，把腰带解下来挂在脖子上，跪了三天三夜，祈祷长生天保佑，决心要跟花剌子模开战，报这个大仇。

祈祷了三天三夜之后，成吉思汗从山上下来，召集兵马，所有的万户、千户、百户都要派部队从征，召集了二十万大军。另外，畏兀儿部落，吉尔吉斯草原的部落，还有西夏，都要派兵随同出征。西夏拒绝了成吉思汗的命令，西夏使臣很傲慢地说，你要是有本事征服世界，你就自己打去，没本事你就别打，干吗从我们这儿调兵啊？

成吉思汗当时没工夫理西夏，但是这次西夏拒绝出兵，成了日后成吉思汗领兵灭西夏的导火索。

公元1219年，成吉思汗集结二十万蒙古大军，刀枪耀眼，旌旗蔽日，准备西征，消灭花剌子模。

花剌子模也是一个幅员万里的大国，据说拥有四十万大军，人家又是以逸待劳，所以这一场战斗恐怕不会像以往的战斗那么顺利，可能埋伏着无数的凶险。因此，全军上下气氛十分凝重。

成吉思汗的大军即将要出发的时候，也遂皇后拉住了成吉思汗的衣袖说，大汗您翻越高山，跨过大河，为我们蒙古帝国开疆拓土，但是有形之物皆无常在，没有谁是长生不老的。万一大汗您像大树一般的身躯倒下了，那您的百姓由谁来治理呢？万一您像柱梁一样的身躯坍塌了，您的大旗由谁来高举呢？您这四个儿子，到底谁能够继承您的汗位，您能不能让你的儿子、部将和后妃们知道？

这个时候，成吉思汗已经58岁了，人活七十古来稀，何况那个时候的医疗饮食状况都跟今天没法比。58岁的成吉思汗，真的算是老人了，所以也遂提出这个问题之后，成吉思汗觉得她提得太好了。

于是，成吉思汗召集众将说，也遂虽然是女流，但是她说的话特别有道理。总有一天，我也会追随祖先而去，所以这件事现在必须要明确。我的兄弟、我的儿子、我的部将们，像博尔术、木华黎这样的我的左右手，你们都没给我提出这样的问题，你们的见识还不如也遂。

其实成吉思汗这么说，有点儿不应该，这事儿只有也遂敢问，换作其他人，谁敢问啊？你什么意思啊，你咒我早死啊，想抢班夺权啊？所以别人也不好问。

也遂提出这个问题之后，成吉思汗也觉得是该解决这个问题了。他首先问自己的长子术赤，你怎么看这件事啊？还没等术赤开口，二儿子察合台就脸红脖子粗地跳出来跟成吉思汗说，父汗，您是要让这个篾儿乞人的种，来继承汗位吗？我可告诉您啊，如果这个篾儿乞种继承汗位，我绝不服他管。这话一说，成吉思汗的脸就拉下来了，术赤更是勃然大怒。

咱们前面讲过，成吉思汗的皇后孛儿帖，曾经被篾儿乞人掳走，配给了也客赤列都的弟弟。孛儿帖被救回来不久就生下了术赤，所以关于术赤的生父是谁，其实成吉思汗也有怀疑。好多人都认为术赤是篾儿乞人的孩子，不是成吉思汗的骨肉，但是谁也不敢说，尤其不敢当着术赤的面说。

术赤觉得自己就是成吉思汗的儿子，没想到察合台这愣头青，在这个关键时刻跳出来说术赤是篾儿乞人的种。术赤冲上去，一把就揪住了察合台的衣领，察合台你说的这叫什么话？谁不知道我是父汗的孩子？父汗还没说话，轮得着你在这儿胡言乱语吗？你有什么本事？你不过就是四肢发达、头脑简单、脾气暴躁而已，你以为你武艺很高强吗？来，咱俩比试比试！

这两人就撕扯在了一起，大伙都吓傻了，看着成吉思汗。没想到成吉思汗端坐在宝座上一言不发，众将只好上前拉住了术赤和察合台，好不容易把这哥俩给分开。

确定接班人

这个时候，长期辅佐察合台的一位老人站出来跟察合台讲，察合台你怎么能这么说呢？你的父汗本来就看重你，一直在培养你。你出生以前，星天旋转，各邦征战，大家连上床睡觉的工夫都没有；大地翻腾，你争我夺，谁都没空儿钻被窝。幸亏有你的父汗出来平定了这一切。在他平定这世界之前，大地扰攘，万方不安，所以你的母亲才会被掳走，这你应该能够理解。你说这样的话，不就是在伤你母亲的心吗？而且也伤了你父亲的心。你父亲历尽苦难，含辛茹苦，才把你们兄弟抚养成人。他像太阳一般明亮，像大海一样深邃，你怎么能伤他的心呢？

这个人指责了一番察合台之后，成吉思汗才开了口。察合台刚才一嚷嚷，触动了成吉思汗内心深处的隐痛。当年孛儿帖被掳之后生下术赤，是不是自己的儿子，成吉思汗也不清楚。虽然成吉思汗一直把术赤当自己的儿子养，那也是打掉了牙往肚子里吞，毕竟心里有解不开的疙瘩。察合台的老师这一番话，给成吉思汗找了台阶下，因此，成吉思汗马上对察合台说，察合台你胡说八道什么，难道术赤不是我的儿子吗？难道术赤不是你的大哥吗？以后不许再胡说了。

察合台一看父亲和老师都这么讲，都认术赤，知道自己再胡搅蛮缠下去也没意思了。但察合台冷静下来一想，我绝对不能让术赤继承汗位，我这么当面骂他，他要继承了汗位，那我可是死无葬身之地啊。

所以察合台就说，术赤武艺高强，我很服他，我们两个应该在父汗面前效力，独当一面。如果有谁逃避，就要打破他的脑袋；有谁落后，就要砍掉他的脚后跟。我们两个应该是父汗的左右手。我觉得三弟窝阔台仁慈宽厚，可以继承父汗的位子。

术赤一听这话，也知道自己做接班人是没戏了。既然这样，他也马上表示，就依察合台所说，让三弟窝阔台继承汗位。

成吉思汗一看，既然这两个儿子都这么表示了，就问窝阔台，你有什么意见啊？窝阔台说，既然两位兄长都这么说了，我有什么可说的呢？我就勉力去做吧。

然后，成吉思汗又问四儿子拖雷，你有什么意见？拖雷能有什么意见？拖雷一想，反正这汗位怎么着也轮不到自己头上，所以拖雷就表示，父汗您放心，在父汗和兄长面前，我起誓，我一定认真辅佐三哥。

成吉思汗一听，这四个儿子达成了共识，一致同意窝阔台继位，非常满意。好，我的弟弟们，还有万户长、千户长，都要指定一个儿子做接班人。这次远征，咱们做好破釜沉舟、不成功便成仁的准备，都安顿好后事。

之后，成吉思汗下令全军开拔，去跟花剌子模决一死战。

蒙古大军正要出发的时候，天上开始下雪了。这时候是夏天，夏天下雪了，大家面面相觑，不祥之兆啊。连成吉思汗都犯怵，怎么大夏天的下起雪来了，没见过这事儿。

　　这个时候，帐下走出一人，对成吉思汗讲，大汗不必忧虑，这不是不祥之兆，而是天降瑞雪，预示着我军旗开得胜、马到成功。

　　这个人是谁呢?

26. 雄师远征：大破花剌子模

花剌子模的边城城主哈亦儿汗，因为见财起意，洗劫并杀害了成吉思汗派出的商队。哈亦儿汗一时的贪婪，给花剌子模带来了灭顶之灾。公元1219年，成吉思汗率领二十万大军西征，讨伐花剌子模。成吉思汗的这一次远征，对世界历史产生了深远的影响。面对富饶强盛的花剌子模，成吉思汗的大军能否取得胜利？而花剌子模帝国的命运又将如何呢？

世界战争史上最有名的一封战书

此人赫赫有名，他的名字叫耶律楚材。大家一听就知道这耶律楚材是契丹皇室的后裔，他们家在金国累世做官。

据说耶律楚材非常精于占卜，蒙古人特别信这东西，打仗之前要卜问吉凶。耶律楚材的占卜特别灵验，加上耶律楚材长得非常漂亮，身材高大，留着一副美髯，所以成吉思汗很看重耶律楚材的才能。

既然耶律楚材跟成吉思汗说，天降瑞雪是吉兆，成吉思汗也就深信不疑了，命令继续前进。

成吉思汗也知道先礼后兵，我打你花剌子模，是奉天命以讨不义。所以我得写个战书，告诉花剌子模，我打你是应该的。起草战书的责任，责无旁贷地落到了耶律楚材身上。

耶律楚材就写了一封战书，然后读给成吉思汗听。耶律楚材一肚子学问，从三皇五帝开始说，骈四俪六写了一大堆。

成吉思汗听完了之后，摇了摇头说，没有气势，你给摩诃末讲什么商汤灭夏、武王伐纣他也不懂，没用。按我说的改，就几个字。于是，世界战争史上最有名的一封战书横空出世了，翻译成汉语就是什么呢？尔要战便战！只有五个字，你要打咱就打，你想玩儿老子陪你玩儿，就这意思。

这封战书一写出来，蒙古军队士气大振，你瞧我们大汗多有水平，多有种，你想玩儿老子陪你玩儿，我们蒙古人什么都不怕。

蒙古大军到达花剌子模之后，首先要打边境上的讹答剌城。因为就是讹答剌城的城主哈亦儿汗杀掉了蒙古的商队，蒙古大军把讹答剌城团团围住。哈亦儿汗也知道这场战争完全是自己一时的贪念引发的，必须死守讹答剌城，一旦讹答剌城被攻破，那自己的下场不知道会有多惨。所以哈亦儿汗督率士兵拼命抵抗，城中的男女老幼，只要能拿得起刀枪的全都上城抵抗。因为哈亦儿汗是太后的亲戚，花剌子模国王摩诃末也不能见死不救，就派遣了援军协助哈亦儿汗守城。

眼看讹答剌城一时半会儿难以攻破，成吉思汗觉得二十万大军困于坚城之下不是个好办法，怎么办呢？分兵。

成吉思汗兵分四路，让自己的二儿子察合台和三儿子窝阔台率部继续围攻讹答剌城；长子术赤率领军队向西北方向进攻，目标是真德城，在锡尔河的北岸；大将阿拉黑率领部队向东南方向进攻，主攻在今天的乌兹别克斯坦境内的别纳客忒城；成吉思汗本人和四儿子拖雷率领大军渡过锡尔河，进攻也在今天的乌兹别克斯坦境内的不哈尔城，以截断花剌子模的增援部队。

蒙古军队的人数本来就比花剌子模要少，人家花剌子模有四十万大军，你只有二十万，还兵分四路，这不是犯了兵家之大忌吗？成吉思汗一生用兵如神，怎么可能犯这样的错误呢？

西征花剌子模

成吉思汗的分兵策略

其实，这正是成吉思汗针对花剌子模低劣的战术水平确定的战争策略。

在蒙古大军进攻花剌子模的时候，摩诃末国王召开了御前军事会议，讨论怎么对付蒙古人。在御前军事会议上，摩诃末的文武大臣众说纷纭，归纳起来有四条意见：

第一条，集中优势兵力于锡尔河畔阻击蒙古人，御敌于国门之外。

第二条，诱敌深入。把蒙古人引诱到锡尔河跟阿姆河之间的地区，然后分兵把守，逐步消耗蒙古人的力量。

第三条，放弃河中地区，退守阿姆河口，这就很保守了。

最后一条更保守，退守哥疾宁（在今天的阿富汗），一旦打不过蒙古人，随时可以退往印度。

按照当时的形势，花剌子模应该集中四十万大军主力作战。但是摩诃末不可能完全调动这四十万大军，因为花剌子模的很多军队都是其他部族的人，不听他调动。退守阿姆河口，或者退守哥疾宁，不战就放弃很多地盘，对他来讲也不合适，所以他就采取了第二条策略——诱敌深入，把蒙古人引诱进自己的国土，利用主场作战的优势，逐步消耗蒙古人。

但是摩诃末犯了兵家大忌，本来花剌子模的兵力跟蒙古人的对比是二比一，你现在每个城市都要派兵把守，等于握紧的拳头张开了，变成了五指。蒙古人可以攥成拳头一个个去砸。

成吉思汗分兵针对的就是摩诃末的昏着儿。成吉思汗虽然兵分四路，但每一路有好几万人马，而花剌子模四十万人马却要散布在全国的各个城市，每个城市的守军都超不过蒙古的一路兵马。

所以，成吉思汗敢于兵分四路去进攻花剌子模，而且把兵力上整体的劣势化为了局部的优势。

首先说围攻讹答剌城的这一路。成吉思汗统兵走后，窝阔台和察合台围住讹答剌城昼夜攻打。城内的哈亦儿汗也是拼了命在守，所以讹答剌城一时半会儿打不下来。但几个月过去之后，城里的食物消耗殆尽，水源也被蒙古人切断，城里的人一半战死，一半饿死，只有少数兵士还在抵抗。

当蒙古人进攻讹答剌城的时候，摩诃末派来了一支援军。这个时候，援军统帅主张突围。哈亦儿汗则认为，现在咱们的士兵一个个饿得站都站不稳，这样的体力，突围也是死路一条，还是应该坚守城池，与城共存亡。但是援军统帅坚持突围，两人谁也说服不了对方，最后援军统帅就率领自己的残部突围。果然，一突围就中了蒙古军的埋伏，全军覆没，一个人也没跑出去。

援军统帅本人也被俘了。蒙古人赶紧对他进行审讯，了解了城中的虚实，原来城中的人要么饿死了，要么战死了，就剩少数兵士还在抵抗。

蒙古人得知这个消息之后，把援军统帅斩首，全力以赴地攻城，终于把城攻破了。攻进了讹答剌城之后，一看城中果然只有少数士兵还在坚持抵抗，而且弓箭之类的兵器已经消耗殆尽，只能拿石块之类的东西来砸蒙古人。

战斗毫无悬念，讹答剌城被攻陷，哈亦儿汗本人被俘。哈亦儿汗知道落到蒙古人手里就惨了，骑着骏马，舞着双刀，玩儿命似的想冲出城去，怎么可能冲出去呢？所以被蒙古人生擒了。

窝阔台和察合台生擒了哈亦儿汗之后，把他送到了成吉思汗的大帐，请父汗处置。

成吉思汗怎么处置哈亦儿汗呢？你小子不是贪钱吗？你不是杀害了我的商队吗？成吉思汗下令把白银熔化，把熔化的银水灌到哈亦儿汗的嘴里和耳朵里，就这样活活把他给烫死了。你不是贪钱吗？现在给你钱。

蒙古人攻占讹答剌城，就是为当年遇害的商队报血海深仇。

窝阔台和察合台这一路完成了任务。

为建立自己的王国而努力

术赤这一路是攻打花剌子模的西北方向。

术赤打到一座大城下，一看城池坚固，可能一时半会儿攻不下来。术赤就派了个畏兀儿人去劝降。他想着畏兀儿人也是穆斯林，劝降可能会有戏。没想到这个畏兀儿人进去劝降，立马被城里人给杀掉了。

术赤大怒，下令挥军攻城，一下就把城池给攻下来了。蒙古人攻城，如果不反抗就投降，那还好说，如果反抗了就要屠城，另外蒙古人最恨的就是杀害使臣。所以术赤下令屠城，把全城男女老幼杀了个干干净净，然后派被害的蒙古使臣的儿子做地方长官，统领这个城。

术赤继续进军，又攻陷了三座大城，抵达了这次进军的目标真德城。

蒙古人打到真德城下，守将不战而逃。这里的人早就听说了，蒙古大军十分神勇，而且很残暴，一旦抵抗，破城之后必然屠城，所以守将就吓跑了。守将一跑，术赤的大军很快就把城市攻占了。

然后，术赤大军继续向西进发，攻占了养吉干城。术赤在这些城市里设置官吏进行统治。术赤已经做好了思想准备，自己打下来的这些地盘，将来都是我的王国。既然继承蒙古汗位的希望已经没有了，那我也不愿意回到蒙古老家，在三弟帐下听差。西征之前父汗不是跟我们讲了吗？广阔的王国等着你去征服，浩瀚的河流等着你去跨越，你有本事自个儿打，打下的地盘都是你的。那好，这些地盘是我打下来的，我就准备把这里建成我的王国了。所以他设置官吏进行管辖。

从某种程度上来讲，这些被术赤占领的地方还算是幸运的，因为术赤想在这里建立王国，所以没有进行大规模的破坏。

名将帖木儿灭里

另一路大军由蒙古大将阿拉黑率领，进攻别纳客忒城，很快就打下来了。

别纳客忒城被打下来之后，阿拉黑就驱使城中的壮年男子组成哈沙儿队。哈沙儿队是什么呢？蒙古人打仗的时候，一般会驱赶被俘的敌国兵士和百姓，做哈沙儿队在前面攻城。

阿拉黑驱使哈沙儿队去进攻忽毡城，遇到了花剌子模的名将帖木儿灭里。忽毡城位于锡尔河的上游，是花剌子模的战略要地。一旦忽毡城失守，蒙古大军就可以顺流而下，长驱直入。

忽毡城的守将帖木儿灭里非常会用兵，知道死守忽毡城恐怕是死路一条，怎么办呢？他让百姓能跑的全部跑了，跑不了的退入内堡。内堡很坚固，一时半会儿无法攻克。然后，帖木儿灭里在锡尔河中间的一个岛上修了一座城堡，跟忽毡城的内堡作为呼应。

阿拉黑的大军打到锡尔河畔一看，帖木儿灭里建城堡的那个河中岛的位置太好了，在蒙古军队的弓箭和抛石机的射程之外，远程兵器打不着它，近战吧，他在河里，这你咋整？你要是去进攻忽毡城的内堡，帖木儿灭里就派士兵坐船出来支援；你一打援兵，船就撤回去，没辙。

阿拉黑只好驱使了好几万哈沙儿队，搬运石头填锡尔河，逐渐逼近了帖木儿灭里在河中岛修的城堡。帖木儿灭里选了十二艘战船，战船上边盖着湿泥，湿泥上还洒着醋，以防止蒙古军队放火箭。然后，他把十二艘战船分为两拨，一拨六艘，轮番出击。他们的主要任务就是把蒙古军队扔到河里的石头再扔回岸上。

蒙古人不习水战，也没有战船，对帖木儿灭里的战船，阿拉黑是一筹莫展。只好调更多的哈沙儿来填锡尔河。毕竟帖木儿灭里的人数很少，只有千余名士兵，而蒙古人调来几万人填河，帖木儿灭里捞石头的速度，赶不上阿拉黑填石头的速度。蒙古军队还是逼近了城堡，开始用抛石机和弓箭攻城。

这个时候，帖木儿灭里也觉得无法支撑了，决定突围。他准备了七十艘大船，满载辎重，率领最能战斗的士兵登上最后一艘大船掩护辎重部队先撤。蒙古人没有战船，没法在河中拦截，只能派骑兵在岸上追，往船上射箭。

帖木儿灭里只要一看到蒙古骑兵追击，就马上命令自己的大船靠近岸边，用弓箭或者碎石把蒙古骑兵消灭掉，然后再回到锡尔河的主航道继续向下游跑。蒙古兵一时无计可施。

阿拉黑就向成吉思汗以及各路蒙古将领通报这件事，帖木儿灭里要往锡尔河下游跑，希望友军能够协同作战。

英雄最后的结局

术赤当时在锡尔河下游，一听帖木儿灭里要往下游跑，就下令在下游搭建浮桥，然后让蒙古军队埋伏在浮桥上。

帖木儿灭里知道敌人在前边一定会有埋伏，所以在船队即将进入埋伏圈之前下令弃舟登岸，咱们不坐船了，上岸骑马撤退。帖木儿灭里还是自己断后，掩护辎重部队先撤。但是毕竟一上岸就是蒙古骑兵的用武之地了，蒙古骑兵人数又多，更精于骑射，帖木儿灭里的部下就被杀散了。

经过一番激战，帖木儿灭里身边只剩下几位护卫。在突围过程当中，就连最后的几位护卫也都失散了，帖木儿灭里的佩刀也砍折了，身上只剩下三支箭，有一支箭还没箭头，后边却有三个蒙古骑兵紧追不舍。

帖木儿灭里抽出了一支没有箭头的箭，拉弓放箭，一箭射瞎了一个蒙古骑兵的眼睛，那个蒙古骑兵捂着眼睛一声惨叫从马上掉了下去。然后，帖木儿灭里就跟剩下的两个蒙古骑兵说，你们别再追我了，我身上还有两支箭。你们看见了我的箭术有多高，你们要是还追我，这两支箭正好送你们一人一支。

这两个蒙古骑兵害怕了，他们可能也不知道这个人就是帖木儿灭里，觉得他孤身一人，谅也掀不起多大风浪，我们已经打了大胜仗，应该回去找主帅请功去了，没有必要跟他玩儿命。于是，这两个蒙古骑兵就救起受伤的同伴撤走了。

帖木儿灭里来到了国都玉龙杰赤，准备新的战斗。他到那儿之后，招募了一支军队进攻被术赤占领的养吉干城，赶走了蒙古长官，收复了养吉干城。后来蒙古大军又前来讨伐，帖木儿灭里就去投奔国王摩诃末。直到摩诃末病死，帖木儿灭里才停止了抵抗，去了叙利亚，做了一名虔诚的穆斯林。

帖木儿灭里到了晚年，十分思念自己的家乡花剌子模，于是就从叙利亚动身回到了蒙古人占领下的花剌子模。帖木儿灭里决定在家乡叶落归根，他主动去见当地的蒙古统治者——成吉思汗的孙子合丹，想告诉蒙古人，我不再抵抗你们蒙古人了，只是想做一个普通的老百姓。

结果，合丹想起当年蒙古大军西征花剌子模的时候，最难对付的就是帖木儿灭里，下令把他捆绑起来，让他说说当年是怎么对抗蒙古人的，等于是让他坦白罪行。

帖木儿灭里十分高傲地讲，大海和山岳有目共睹，我是怎么跟蒙古著名的英雄交锋的，星星可以作证我的勇敢，全世界都为之变色。

合丹一听就生气了，你现在都这副模样了，老得牙都快掉光了，还记得当年大败我们蒙古人呢。我们蒙古人纵横天下三万里，没怎么打过败仗，就在你帖木儿灭里手下吃了点儿亏。

合丹一看帖木儿灭里如此高傲，根本就不把蒙古人放在眼里，于是他一时生气，拉弓搭箭就把帖木儿灭里给杀死了。

帖木儿灭里虽然是蒙古的敌人，但是蒙古人也很钦佩他。他抵抗蒙古军队进攻的故事，在花剌子模民间广为传唱。

只会开溜的国王

言归正传，帖木儿灭里在锡尔河下游战败后，阿拉黑这一路大军也实现了战略目的。

蒙古各路大军都取得了胜利，捷报像雪片一样飞到了成吉思汗的大帐。术赤报捷、阿拉黑报捷、察合台和窝阔台报捷，成吉思汗带着自己的四儿子拖雷，也很快就攻占了不哈尔城。

成吉思汗进入不哈尔城，登上清真寺的讲台对大家讲，我们这次之所以进攻花剌子模，是因为你们的国王多行不义，杀害我们的商队，而且被他杀害的也是穆斯林，跟你们是共同信仰的人。我这次进军并不想伤害你们，你们只要归顺大蒙古国，一定会受到我们的保护，所以你们要出资犒劳蒙古大军。当地的人为了保命，谁也不敢说半个不字，那些富户只好出资犒劳蒙古大军。

成吉思汗在不哈尔城的时候，听说摩诃末正在调集大军，准备来跟蒙古人进行决战。这正中成吉思汗的下怀。于是，成吉思汗调集各路兵马，准备集结在一起跟摩诃末决战，一鼓作气荡平花剌子模。

花剌子模大军驻扎在哪儿呢？驻扎在阿姆河东岸的撒马尔罕。成吉思汗下令，蒙古大军集结之后进攻撒马尔罕。

成吉思汗的大军来到了撒马尔罕城下，没想到摩诃末纯粹是一个练嘴的，他摆出一副气势汹汹的架势，要跟蒙古人决战，实际上他已经知道蒙古人可不像那个商人跟他讲的那么不堪一击，所以他胆怯至极。

成吉思汗的大军还没到撒马尔罕，摩诃末就脚底抹油开溜了。

撒马尔罕城是花剌子模帝国的新都，构造巧妙，由城堡、内城、外城三部分组成。城内水渠密布，便于防守。虽然国王摩诃末逃走了，但是城内仍然驻扎着四万守军。

成吉思汗下令诱敌出城，城中的守军果然上当了，以为蒙古军队要撤退，你看咱们国王多没本事，蒙古人一来他就跑，这蒙古人其实没什么，攻城攻不下来他就撤退了。城中守军打开城门，出城追击蒙古军队，结果中了蒙古军队的埋伏，出城的士兵全军覆没。城里的守军一看就胆寒了，主帅带着守卫部队跑了，其他的将士一合计，只剩下投降这一条路了。

守军派使者出城去见成吉思汗说，我们愿意投降。成吉思汗说，好，你们愿意投降很好，大家还可以像以前一样生活，该怎么样就怎么样，只不过投降的士兵这么多，咱得有一个辨认的方式。怎么辨认呢？你们把头发编成辫子。

降兵一听，就赶紧把头发编成了辫子。成吉思汗进城后，到了晚上给部下下令，看见编着辫子的人就给我杀，有三万多人被杀掉了。

撒马尔罕是花剌子模的国都，城里有很多工匠。蒙古人就把三万多名工匠编入军中，还有三万多青壮年被编入军中做奴隶。剩下五万多人怎么办？拿二十万金币买命。

摩诃末之前从撒马尔罕跑了，成吉思汗下令哲别和速不台两名大将各统一万兵马，追击摩诃末。

花剌子模的新都撒马尔罕和旧都玉龙杰赤，就隔着一条阿姆河。成吉思汗打听到摩诃末的母亲和妻子都在玉龙杰赤，就派人传话给花剌子模的太后，告诉她，你的儿子摩诃末得罪了我们大蒙古国，所以我们才出师远征，你们赶快派遣使臣来跟我们谈判。因为我找不着谈判的对象了，摩诃末这家伙就会开溜。以后你们做我们的属国，年年纳贡，岁岁来朝，这样我就可以撤军了，我没必要在你们这个地方待下去。

没想到摩诃末的母亲，跟她的儿子一样，一听说成吉思汗派人来了，立即带着部下就跑了。而玉龙杰赤是一个设防很坚固的城市，有六万大军把守。

成吉思汗觉得，当下的任务还不是要进攻玉龙杰赤，最关键的就是哲别和速不台要把摩诃末抓住。抓住了摩诃末，杀了他，各地也就平定了；或者俘虏他，让他称臣纳贡也好，然后咱们就可以班师。所以重中之重是要抓住摩诃末。

　　那么哲别和速不台这两员名将，到底有没有抓住摩诃末呢？

27. 险中求胜：铁骑南下印度河

在蒙古大军的进攻之下，花剌子模众多城市相继沦陷，国王摩诃末望风而逃。奉命追击摩诃末的哲别和速不台，能否追上这位只会开溜的国王？蒙古大军压境的花剌子模旧都——玉龙杰赤，是战还是降？城中百姓的命运又将如何？花剌子模能否逃脱灭亡的结局呢？

一路追到了里海

摩诃末在逃跑的时候，长子札兰丁与他同行。

这个札兰丁是个人物。在与摩诃末同行的时候，札兰丁就劝父亲不要只顾逃跑，咱们可以号召部众，就地抵抗蒙古人。摩诃末说那太危险了，万一蒙古人追上咱爷俩就全完了，所以还是找安全的地方躲着好，这是上策。

札兰丁说，要不这样得了，父亲您跑到安全的地方去吧，好留住咱们国家的象征，儿子我愿意担任危险的任务，率部抵抗蒙古人。摩诃末还是不同意，一个原因是他觉得抵抗没有希望，另一个原因是他害怕万一札兰丁把蒙古人赶跑了，自己还能坐这王位吗？到了这个时候，摩诃末还是满腹小肚鸡肠，置国家安危、江山社稷于不顾。

在摩诃末逃跑的过程当中，底下的士兵不干了，这些士兵阴谋发动叛乱，想干掉摩诃末，去投奔太后，实在不行，降了蒙古人就完了。给摩诃末做保镖，这要跑到哪儿去？荒郊野外的，连吃的都找不到。

摩诃末不愧是一个逃跑经验十分丰富的人，他闻到了死亡的气息，提前一步逃跑了。士兵发动叛乱，进攻摩诃末的帐篷，一阵乱箭射去，觉得这摩诃末肯定是被射成刺猬了。进去一看，里边空空如也，摩诃末又跑了。跑到哪儿去了呢？投奔自己的二儿子去了。

摩诃末的二儿子，镇守在花剌子模的西部，派人给摩诃末说，蒙古兵还没有到我这边，父王您上我这儿来躲一躲吧。于是摩诃末就奔他二儿子那儿去了。

摩诃末一路向西逃跑，哲别和速不台的追兵沿着摩诃末逃跑的足迹一路追。这一追就追到了宽田吉思海，就是里海，再往前走就到欧洲了。

哲别、速不台兵分两路，沿途征服了不少部落，一路打听摩诃末的消息，终于打听到信儿了，说摩诃末逃到了宽田吉思海上的一个小岛上去了。哲别、速不台赶紧上马追击，终于追到了宽田吉思海海边，果然看到摩诃末的大船刚刚起航，蒙古人纷纷射箭，但是距离太远，没有一支射中。

于是，三个蒙古骑兵准备下海追摩诃末。这里海是世界上最大的咸水湖，真是跟大海一样，一望无际。说实在的，骑马下海就是一种自杀行为。三个蒙古勇士，骑马往海里一冲，一个大浪卷来，三人三骑立刻就没影儿了。其他蒙古将士面面相觑，不敢再往海里冲了。

哲别和速不台就在海边住下了，防止摩诃末逃出来。

摩诃末的末日

摩诃末逃到宽田吉思海东南的一个小岛上，虽然保全了性命，但是他一想，自己这一辈子真是够窝囊的。

摩诃末本来是万丈雄心，想做世界之王，刚即位的时候励精图治，征服了很多部落，使花剌子模摆脱了西辽属国的地位，自己又加上了苏丹的头衔，成了伊斯兰世界的英雄，那是何等的风光。没想到成吉思汗西征，一下子把他打回了原形，所有人都认为他是一个只会逃跑的懦夫。

摩诃末越想越憋屈、越想越郁闷，很快就身染重病，两腿一蹬，一命呜呼了。对于摩诃末来讲，这种结局真算是不错了，要不然的话，他也难逃被俘之后枭首示众的下场。

摩诃末临死之前，吩咐自己的长子札兰丁继承王位，重整山河。他把腰间佩戴的象征王权的佩剑解下来，交给札兰丁，我确实是丧师辱国后悔莫及，希望孩子你能重整山河，告慰列祖列宗的在天之灵。

札兰丁埋葬了父亲，系好佩剑，就准备潜出这个小岛，去召集旧部。他潜出小岛之后，先回到了旧都玉龙杰赤。玉龙杰赤城内有六万大军，札兰丁以为自己到了玉龙杰赤，振臂一呼，大家就会高呼万岁，然后以这六万人马做资本，再去跟蒙古人作战。没想到，这帮人都不服札兰丁。你想这帮人连他爸爸摩诃末都不服，只唯太后马首是瞻，何况札兰丁这么个小年轻呢？

这帮人不但不服札兰丁，还想谋害他。札兰丁跟着他爸爸跑了一路，逃跑经验也十分丰富了，对危险的感觉非常敏锐。札兰丁感到危险之后，仓皇逃走，在半路上遇到了名将帖木儿灭里。这个时候，帖木儿灭里手下有三百骑兵，于是他俩会合直奔哥疾宁。

再说哲别和速不台，在宽田吉思海边驻守，打听到了一个消息，从玉龙杰赤逃出来的花剌子模的太后，就躲在附近不远处群山当中的一座城堡里。抓不着摩诃末，把他妈抓到，这也算是一件大功。

于是，哲别和速不台赶紧合军一处，在向导的率领下，进攻花剌子模太后藏身的城堡。这个城堡在群山当中，丛林茂密，道路狭窄，大军根本无法深入，人数多没有用，只能把它远远地围住，断绝它的给养。

这个时候赶上了干旱，老天不下雨，城堡里面的人没有水喝，只好往外跑。蒙古大军里三层外三层，把城堡围得水泄不通。你跑出来一个抓一个，跑出来两个抓一双。没过多久，城堡里面的人多数跑到蒙古军队的营寨当中来了。

蒙古人通过审问俘虏，知道了城堡内的虚实。在向导的率领下，蒙古大军顺利地攻进了这座几乎没有防御能力的城堡，活捉了花剌子模的太后、王后，还有摩诃末国王的很多孙子孙女。这些人被抓了之后，押往成吉思汗的驻地。成吉思汗就把这些俘虏分给各位万户长、千户长做奴隶去了。

哲别和速不台也打听到了消息，摩诃末已经死在了那个小岛上。既然摩诃末已死，而且太后和王后也都被俘虏了，那么就没有必要在宽田吉思海边驻守了，二将准备班师。这时，二将突然接到成吉思汗的诏令，成吉思汗说，在宽田吉思海北边，有一个钦察部落，这个部落曾经收留过篾儿乞人的残部，所以你们不要急忙班师，挥师北上去攻打钦察部落。

哲别和速不台不敢违命，既然大汗让我们去打钦察部落，那就打吧。

水淹玉龙杰赤

成吉思汗攻进撒马尔罕之后，休整了一段时间。特别是夏天一来，他得避暑，这天太热了，蒙古人受不了。

等到秋天到来之后，成吉思汗下令让拖雷率军去平定南方，让术赤和察合台去打玉龙杰赤。

玉龙杰赤是花剌子模的旧都，邻阿姆河而建，非常难以攻打。虽然太后跑了，札兰丁王子被挤对走了，但是城中的士卒和百姓推举了一位康里部落的人——库玛尔为统帅，带领城中的居民抵抗蒙古人。因为推举的人是他们同族的，也是康里部族的人，所以就不会再发生士卒不听命乃至于哗变这种事了。

因此，当蒙古大军攻到城下的时候，玉龙杰赤的部队抵抗得非常顽强。术赤和察合台只好故技重施，搞蒙古人最擅长的诱敌战术，故意扔一些牛羊、刀枪之类的物资，引诱玉龙杰赤的守军出城野战。

花剌子模人是记吃不记打，蒙古人这么骗人不是一回两回了，但玉龙杰赤的守军又上当了。开城出击，但是出来的人不多，只有几千人。蒙古人做得太绝了，你要想一口把这六万人都吃掉，这小部队出城你就别理。蒙古人可倒好，不拣肥瘦，把玉龙杰赤出城的部队给全部歼灭了。

这一下，城上的守军可都看见了，原来蒙古人包藏祸心，诱我们出城野战，我们只要一出城，就上了他们的当了。因此，我们绝不能出城和蒙古人作战。以后玉龙杰赤的守军任凭蒙古人怎么引诱，怎么骂阵，只认定一条，我就是不出来，看你能把我怎么样？

术赤和察合台一筹莫展。要想攻城就得先过河，不过河怎么攻城？术赤下令，砍树木、搭浮桥，搭好浮桥之后，三千士兵过了浮桥去攻城，刚一过桥，人家伏兵四起，把浮桥破坏了，三千士兵陷入花剌子模守军的重围当中，全军覆没。

这个时候，察合台建议干脆一把大火把玉龙杰赤烧干净完了。咱们蒙古士兵携带着火箭，箭头点着了射过去，现在又起风了，把这个城池给烧掉得了。术赤坚决不让烧，为什么呢？术赤觉得这是他的王国，将来这地儿打下来就归他了，他要在此地做国王。

这么一折腾，七个月过去了，玉龙杰赤还没有打下来。成吉思汗怒了，怎么这么长时间都没有打下来？就派使臣去问。术赤和察合台各自做了汇报。成吉思汗一听就明白了，还是因为这哥俩不合。这哥俩纯粹就是为了反对而反对，你让我往东我就往西，你让我打狗我就骂鸡。

这种情况下，得派一个人去调和一下，成吉思汗就派窝阔台去调和。老三虽然是弟弟，但是已经是公认的汗位继承人了。所以老三来，大哥、二哥都要给点儿面子。老三来了之后，就劝大哥、二哥各退一步，咱们别让外人看了笑话，攻城是主要任务，父汗已经震怒了。哥儿几个这才拧成了一股绳，齐心协力攻城，攻打了几天还是没有效果。

最后，窝阔台想了一个主意，掘开河道以水灌城。玉龙杰赤不是在阿姆河边上吗？咱们费这么大劲儿干什么？拿水淹城，淹完了之后，水一退去，淤泥一清除，这城市还是完好的，术赤也就同意了。

蒙古大军大水灌城，终于攻进城去。城中推举的守将库玛尔临危不惧，率领玉龙杰赤的将士在城中跟蒙古人打了七天七夜的巷战，最后全部阵亡。

花刺子模的最后一个大城市，也是最后一个抵抗的象征——旧都玉龙杰赤，终于被蒙古军攻占了。

善于总结失败的教训

捷报传来，成吉思汗非常高兴。成吉思汗当时正在率领军队攻占阿姆河两岸的土地。大军所过之处，所有的部落全部被征服。成吉思汗就让拖雷另率一军去进攻呼罗珊，就是今天阿富汗南部加兹尼。然后，成吉思汗独自率军进攻塔里寒山寨。

塔里寒山寨也是山势险恶易守难攻，蒙古人打了几个月都没有打下来。直到拖雷征服了呼罗珊之后，回来跟成吉思汗会师，这才一鼓作气攻下了塔里寒山寨。

成吉思汗和麾下的蒙古将士，渐渐地感到在异国他乡作战十分艰难，不像在咱们本土草原上作战。尤其这个地方地形不熟，除了山就是河，这都不适合咱们蒙古骑兵作战。成吉思汗这次打塔里寒山寨，前后几个月士卒死伤无数，很多都是跟随他长年征战的老兵。

所以，成吉思汗觉得这个仗，这么旷日持久地拖下去不是好办法。

现在摩诃末已死，当务之急是解决札兰丁，只要把花刺子模的领袖干掉，估计这个战争也就结束了。成吉思汗得到消息说，札兰丁在哥疾宁纠集了残余力量，声势浩大，据说有六七万人了，而且得到了当地一个很强大的部族的首领灭里可汗的支持。

于是，成吉思汗下令主力大军去进攻札兰丁。打头阵的是成吉思汗的义弟失吉忽秃忽。

失吉忽秃忽率军去进攻札兰丁，双方激战的地点在今天阿富汗的首都喀布尔。失吉忽秃忽发现札兰丁人多势众，将士作战极其勇猛，蒙古军队渐渐不支，下令让所有的将士把毡子捆成人形安在马背上。因为蒙古骑士一个人不是只有一匹马，而是有好几匹马，将士们把毡子捆成人形安在马背上，然后带着这些马匹去跟札兰丁作战。

札兰丁的将士远远望去，以为是蒙古援军到了，果然军心浮动。有人就跟札兰丁讲，你看蒙古人援军来了，要不咱先退一退。札兰丁极其英勇，他说，我们的军队到现在为止是占绝对优势的，怕他什么，我们一定要继续英勇作战，打败敌军。

于是，花剌子模军队士气大振，发动攻击，把失吉忽秃忽的部队冲得七零八落。失吉忽秃忽一看坏了，今天要不杀出重围我就得死在这儿了。急忙高举战旗，率领自己身边的保镖骑士们冲出了重围。

这是蒙古军西征以来，损失最大的一次，数千将士血染沙场，很多军械马匹，都被札兰丁夺取了。失吉忽秃忽狼狈地跑到成吉思汗处报信，打了大败仗实在是没脸来见您。大家就埋怨失吉忽秃忽，你真没本事，丢咱蒙古人的脸。失吉忽秃忽也很委屈，没想到札兰丁这么厉害。

成吉思汗就问失吉忽秃忽，札兰丁的军队作战有什么特点？失吉忽秃忽详细地描述了一番。成吉思汗打仗就是这样，不会吃第二次亏，他非常善于总结失败的教训。

成吉思汗听了失吉忽秃忽的汇报之后，就下令全军轻装前进迎击札兰丁。

南下印度河

蒙古大军正要出发，传来消息说，札兰丁已经放弃了哥疾宁，奔印度河去了。印度河在今天的巴基斯坦境内。

成吉思汗觉得很奇怪，他刚打败了失吉忽秃忽，刚打了胜仗，为什么往南跑呢？

这个事儿说起来很逗。札兰丁打败了失吉忽秃忽之后，缴获了很多战利品，其中有一匹蒙古骏马。札兰丁手下的两员大将，其中一个就是前面说的灭里可汗，都看中了这匹骏马，都说自己功劳大，要抢这匹马。

在争抢的过程当中，灭里可汗脾气比较暴躁，随手给了跟他抢马的人一鞭子。打人不打脸，揭人不揭短，这一鞭子抽在那人脸上，那人特别生气。既然这样，爷不伺候你们了，就带着自己的部众跑了。他带人一跑，札兰丁的部众一下子少了一半。札兰丁一看，自己剩下的这些人显然无法跟成吉思汗的大军交战，只好决定南下印度河以避锋芒。

成吉思汗听到这个消息之后，率领大军紧追不舍，追到了离印度河只有里许的地方。札兰丁正要全军渡河，回头一看，尘土大起，蒙古骑兵挥着长刀已经冲过来了。札兰丁万般无奈，只有背水一战，回身列阵跟蒙古军队决战。

札兰丁可不是韩信，手下的人已经丧失了战胜蒙古人的信心。激战当中，灭里可汗首先抵挡不住了，他的部队退到了印度河边。没想到，蒙古骑兵已经绕到了灭里可汗的前面，乱箭齐发，把他射下马来。一个蒙古骑兵眼明手快，冲过去一枪刺中咽喉，灭里可汗当场就战死沙场。

札兰丁又损失了一员大将。从札兰丁的军队跟蒙古人接战开始，已经打了几个时辰。札兰丁身边只剩下几百人了，这个时候是上天无路、入地无门，身边的人不断倒下，而蒙古兵却是越打越多。

札兰丁一看，天要亡我。这个时候如果蒙古军放箭，札兰丁必死无疑。但是成吉思汗一心要活捉札兰丁，一方面他觉得札兰丁是条汉子，想收服札兰丁为己所用；另一方面他认为抓住了札兰丁，等于花剌子模人抵抗的象征就没有了，花剌子模就能彻底平定。所以成吉思汗下令，活捉札兰丁，不要伤害他。

札兰丁一看，蒙古人不放箭，自己还有一线生机。他灵机一动，打马冲到了一座高崖上，转过身来，高举宝剑，向成吉思汗的军队挥了三挥，然后连人带马纵身一跃，跳进了波涛汹涌的印度河。

从那么高的地方，跳进了波涛汹涌的印度河，札兰丁究竟是死是活呢？

28. 班师回国：成吉思汗结束远征

成吉思汗一生征战沙场、神勇无敌，但是到了老年时期，竟然也像中原王朝的许多帝王一样，追求长生不老。成吉思汗不远万里召见了全真教道士——丘处机，以求得到可以长生不老的灵丹妙药。那么，丘处机会给成吉思汗提供哪些长生妙方呢？这些长生妙方是否也会将成吉思汗推向死亡的深渊呢？

谁能长生不老

札兰丁纵马一跃，跳入了波涛汹涌的印度河。蒙古将士赶到河边，料定札兰丁必死无疑。没想到札兰丁从容地在水中脱掉了军装，向对岸游走了。

蒙古将士一个个气得七窍生烟，眼瞅着煮熟的鸭子居然飞了，到嘴边的肥肉没吃着。有的蒙古将领就脱掉盔甲，跃跃欲试，也想跳到河中去抓札兰丁。成吉思汗赶紧阻拦住他们，咱们可不能这么干，咱们不识水性。各位都是在草原上长大的，在马背上长大的，要是真的跳到河里去活活淹死，这太不值了。

反过来，成吉思汗又跟自己的儿子窝阔台讲，札兰丁这样的对手生平仅见，我太喜欢这个人了，我也很佩服这样的人。但是如果让他漏网，对咱们国家来讲是很大的麻烦，这样的对手一定要除去。

成吉思汗问帐下众将，谁愿意带兵过河追击札兰丁？成吉思汗手下一员大将叫八剌，主动站出来请缨说，我愿意带兵过河追击札兰丁，为大汗解忧。

成吉思汗说，好，就让八剌将军带领人马去追击札兰丁，咱们回头进攻哥疾宁城。哥疾宁城的长官早跑了，剩下的士兵和民众就打开城门归降了蒙古军。成吉思汗进城之后，让男性壮丁和士兵出城居住，把妇女、工匠和儿童留在城内，说要清查一下城里到底有多少军队，有多少老弱妇孺，好发救济粮。城里的民众就信以为真了。到了夜里，蒙古军队动手把归降的男性壮丁和士兵统统杀掉，只留下了老弱妇孺和工匠为蒙古人服务。

然后，成吉思汗以哥疾宁为根据地，开始四处扫荡，追击札兰丁的余党，又征服了很多地方。

这个时候，成吉思汗已经年过花甲了。再杰出的帝王，也有对死亡的恐惧和对长生的渴望，成吉思汗也在琢磨，人能不能长生不死啊？

纵观历史，我们发现很多帝王都曾迫切地追求长生不老，但到最后又都成了"长生丹药"的牺牲品。一代天骄成吉思汗，这位在辽阔草原上成长起来的领袖，会用哪些方法来求得长生呢？

当年成吉思汗在西征途中，听到有中原人讲，金国有一位著名的道士，号称长春子，名叫丘处机，这个人已经活了三百多岁，可以长生不老。成吉思汗听说这件事之后，就动了心了，说能不能召见一下这位丘神仙，能不能让他赐我长生不老的灵药？

因此，成吉思汗就让使臣带信给丘处机，让丘处机前来跟他相会。成吉思汗派去的使者叫刘仲禄，也是个中原人。刘仲禄因为擅长医药，能够制造鸣镝，深受成吉思汗的喜爱。

历史上的丘处机

丘处机是什么人呢？他是道教全真派创始人王重阳的弟子。道教主要分正一、全真两派，一般今天中国南方的道教属于正一派，北方属于全真派。正一派道教比较古老，道士平时也不在道观里，而是在家娶妻生子，有法事的时候才到道观里去。

全真派是在金朝的时候创立的。全真派的道士要出家修行，不能娶亲生子，组织比较严密。丘处机就是全真派的弟子。金庸先生的武侠名著《射雕英雄传》里面就提到长春真人丘处机，还给郭靖、杨康取名，让他们不忘靖康之耻，抗击金国，这个就完全是虚构了。

实际上，丘处机本身就是金国人，跟宋朝素无瓜葛，他也不会想到什么靖康之耻，也不会想着反金复宋。而且他还受到过金朝皇帝的召见，全真派发扬光大，也多亏了金朝皇帝的支持。

当成吉思汗遣使来见丘处机的时候，丘处机已经73岁了。成吉思汗派遣刘仲禄来迎接丘处机，一方面是想让丘处机教他长生不老之术，另一方面也希望丘处机能够出山辅佐蒙古帝国。刘仲禄带来的成吉思汗的诏书，至今仍然保存在北京的白云观里。

在诏书中，成吉思汗表达了对长春真人的景仰之情，听说您是一位法力无边的神仙，所以希望您能来辅佐我。山川路远，我不能亲自前来，特遣使者向真人致意，希望真人暂屈仙步，来到沙漠，望真人不要推辞。

丘处机接到成吉思汗的诏书之后，立刻表示愿意去见成吉思汗。之前金朝和宋朝都请丘处机出山，他全都拒绝了，为什么成吉思汗请他，他就欣然从命了呢？

可能是因为丘处机目睹连年战祸，民不聊生，便想凭着一己之力，拯救天下苍生于水火之中，解百姓倒悬之苦。但是，解民倒悬的希望要寄托在谁的身上？金朝在成吉思汗的打击下已经奄奄一息、日薄西山，指望金朝消弭战祸，让天下重享太平，这可能性不大了。南宋就更别提了，偏处江南一隅。只有成吉思汗，一代人杰，崛起漠北，方兴未艾，丘处机认为如果能够说服成吉思汗，让成吉思汗罢兵止杀，让天下百姓过上太平的日子，那实在是功德无量的一件事儿。

所以丘处机接到成吉思汗的诏书之后，马上就答应上路。

长春子远赴西域

到了金中都之后，丘处机才知道成吉思汗在哪儿。他原来以为成吉思汗就在金中都，一打听，我的天啊，成吉思汗在不知道多少千里之外的遥远的西方，这一路上要经过草原、戈壁、沙漠，还要翻越雪山。

丘处机觉得自己都73岁了，受不了这个罪，就跟刘仲禄讲，这么老远的路我可去不了，你能不能跟大汗代奏一下，我还是留在中都，等着他班师回国吧。

刘仲禄说，这事儿我不敢做主，要不神仙您给大汗写个陈情表吧。于是丘处机就写了个陈情表，我已经73岁了，73、84，阎王不叫自己去，正是个坎儿，而且路途太远，恐怕身体条件不允许我到达那个地方，弄不好我就死半道上了，希望大汗您能体谅我年事已高，别让我西行了。

刘仲禄派人快马加鞭把陈情表送到了成吉思汗的手中。成吉思汗接到陈情表之后，在遥远的西域第二次下达诏书，坚持要见丘处机一面，并且勉励丘处机效法达摩祖师东来、老子化胡西去，一定要到达西域跟自己见面。

丘处机接到成吉思汗这一封诏书，没办法了，推辞不了了，只好勉强上路。这一路说不尽的艰辛，首先要翻过长城，然后翻越野狐岭，穿越整个蒙古高原，然后到达今天的新疆，再由新疆经哈萨克斯坦、乌兹别克斯坦，经过两年的跋涉之后，终于在阿富汗的大雪山见到了成吉思汗。

丘处机也不愧是丘神仙，走的时候73岁，到这儿已经75岁了，别说是七十多岁的老人，就是四五十岁的壮年，这一路上颠沛流离，靠脚力和畜力走这么老远的路，也真是不容易。

成吉思汗听说丘处机到了之后，满怀喜悦，立刻召见了丘处机。两人一见面，成吉思汗就问丘处机，真人啊，你这么劳苦，一路远来，有没有什么长生不老药送给我啊？

丘处机赶紧跟成吉思汗讲，大汗千万不要道听途说，人没有长生不老的，我只有一些保健除病的办法，不可能让人长生不老。

成吉思汗听了之后，虽然有点儿失望，但他也知道丘处机没说瞎话，就接着问，既然没有长生不老的药，那你就教我一点儿保健除病的办法吧。

丘处机抓住时机，赶紧说出了自己的主张。他说，建议大汗好生恶杀、清心寡欲，您只要能做到这一点，就能够保健除病。上天有好生之德，应该尽量让人活命，别动不动就屠城，动不动就杀人，心里不要有这么多欲望，不要老想去征服这儿征服那儿，抢这个抢那个。只要您能做到这一点，那肯定延年益寿。

成吉思汗听完之后，十分恭敬地说，您的教诲都是对的，只不过我们蒙古人现在做起来很困难，因为我们有独特的生活方式。但既然是神仙说的话，我不可能不遵仙命，我一定照着您说的话努力去做。

同时，成吉思汗命令自己的手下，用汉文和蒙古文把丘神仙说的这些话都记录下来，以后我们要尽量少杀生，尽量按照丘神仙说的话去做。

耶律楚材劝谏班师

成吉思汗在阿富汗一带待了很久，一直没有得到札兰丁的确切消息。八剌虽然渡河去追击札兰丁了，但是就是找不到札兰丁的人影。

成吉思汗很焦急，万一札兰丁死灰复燃，我们的功业就要前功尽弃。所以成吉思汗召集部下说，我本意是想一劳永逸地解决花剌子模，没想到西征数年之久，我们没法撤军，现在敌人还四处逃窜。我们绝对不能功亏一篑，必须给敌人最后的致命一击，完成我们西征的目的。

成吉思汗话音一落，耶律楚材就站起来说，札兰丁现在孤身一人四处

会见丘处机

流窜，能煽动起多少人来跟咱们作对？咱们蒙古大军讨伐花剌子模已经有数年之久，将士们伤亡累累、人心思归，而且咱们的威名声望已经震动四方，应该班师回蒙古老营去了。这十几万人待在这儿就为了对付札兰丁一个人，等于是泰山压卵、牛刀杀鸡，完全没有必要。咱们也不知道他到底藏在哪儿，他要是十年八年不露面，难道咱们十几万大军就在这儿等他十年八年不成？还是班师为好。

成吉思汗说，先生言之有理，但是我军现在进退两难，我们一进攻敌人就撤退，等我们一撤退敌人就进攻，花剌子模的人跟我们玩儿游击战，这如何是好？

耶律楚材说，不如这样，咱们把所有攻下来的城市都设置官吏进行管理，特别在那些重要的山口和城市派军队防守，防止被征服的敌人死灰复燃，这样就无关紧要了。

成吉思汗想了想说，反正现在哲别和速不台还在进军，我们不如等等他们，再做下一步的安排。

话说到这个份儿上，耶律楚材也就不敢再多说什么了，反正自己该说的都说了，采纳不采纳那是大汗的事儿。

过了几天，探马来报，哲别和速不台已经打到今天的俄罗斯去了。成吉思汗很欣慰，看来他们短时间内也回不来了，咱们不能扔下他们不管啊，所以要班师也得等他们回来一块儿班师。既然这样，咱们在这待着也没事干，不如越过印度河去接应一下八剌，如果能够平定印度就更好了。

众将不敢反对，只好向南进军。

奇怪的猛兽

大军出发的时候，正是盛夏季节，印度那地方非常热，五月的时候就能到四十多度，地道的烧烤天气，简直要热死人。

蒙古骑兵都是在北方草原上长大的，习惯了北方大草原的凉爽气候，来到这地方，整个是烈火炼狱啊，谁受得了？印度河上水汽蒸腾、遮天蔽日啥都看不见，蒙古兵一个个面面相觑、面有惧色。别说人了，马都热得脖子直流汗，跟狗似的吐着舌头。蒙古将士觉得这仗真没法打，河上都是一团又一团的浓雾，根本就看不见河对岸有啥，如果我们贸然过河，敌人要埋伏在河边，我们一过去就身首异处了。

蒙古将士到了河边都不敢走了，一个个都巴不得大汗下令班师回国，回到凉爽的大草原上去，但是谁也不敢劝谏大汗。蒙古人在河边犹豫的时候，突然发现河中出来了一只谁都没见过的猛兽。

这猛兽什么样呢？史书记载说，它的身子有好几丈高，通体绿色，长的形状倒是很像鹿，尾巴像马，鼻子上还长了一只角。这是个什么东西？还能在河里待着。谁也没见过，有的将士就很害怕。成吉思汗也看到了这只猛兽，对身边的人说，这么大的猛兽，我也没见过，大家赶紧放箭把它射死。

于是，蒙古将士们纷纷放箭。奇怪的是，所有的箭都射不到这只猛兽跟前，明明这只猛兽在弓箭的射程之内，但是所有的箭射到猛兽跟前就全都掉到河里去了。而且，这只猛兽似乎发出了人声，仔细一听它说的什么呢？好像是说你们主帅快回去。

成吉思汗觉得很奇怪，这东西怎么射不死。这个时候，耶律楚材赶到了现场，喝止住了众人，大家不要放箭了。成吉思汗赶紧把耶律楚材请过来问，先生您看这什么东西，真是没见过这玩意儿。

耶律楚材告诉成吉思汗，这种猛兽叫角端，能像人一样说话，每当有圣人出现的时候，角端就随着圣人一起出现。它一天能够奔驰一万八千里，弓箭、炮石都伤不了它。

成吉思汗一听，有圣人出现的时候，这东西就会出现，那莫非应在我的身上？

哲别英年早逝

耶律楚材马上说，没错，就是因为大汗来了，它才出现。别看这个东西长得怪模怪样的，可是天上的精灵，它轻易是不下凡的。这只猛兽的特点是爱惜生灵、厌恶残杀。现在既然上天让它降落凡间，尤其是落在这个地方，目的是什么呢？就是要给大汗您示警了，长生天告诉您，天下万国皆是大汗的属国，天下万民皆是大汗的子民。您以为杀的是敌人，实际上您杀的都是自己的百姓，所以您应该赶紧停止杀戮，班师回国。这才是长生天对您的警示。

耶律楚材刚说完，那只猛兽大吼了几声，一转眼就不见了。成吉思汗一看，看来耶律楚材说的对。耶律楚材说的，这只猛兽全听懂了，所以耶律楚材讲完之后，猛兽就没影了。于是成吉思汗说，既然天意如此，我就不再坚持进军了，咱们班师回蒙古草原去吧。

耶律楚材一听，赶紧带领将士跪下来山呼万岁，大汗能够顺从上天的旨意行事，这真是天下苍生之福。

大家长出了一口气，可算捡回了一条命，没在这儿活活给热死。然后，成吉思汗派使者过河，让八剌将军也班师北返。八剌将军接到命令之后，一个上午就班师回来了。估计八剌在河那边啥也没干，全军都热得直喘气，就等着成吉思汗下令班师呢。

于是，蒙古大军开始班师回国，返回蒙古草原。

公元1225年，成吉思汗结束西征，回到了蒙古草原。成吉思汗大军班师之后，就等哲别和速不台二将班师回营。等啊等，终于等回来了，但是班师的大军只有速不台一人率领，成吉思汗惊悉开国"四狗"之一的名将哲别，在班师途中不幸病逝，只有四十几岁，英年早逝。

成吉思汗非常悲痛，跟随自己这么多年的一员赫赫名将，伐金国、平西辽、破花剌子模，打败钦察，远征俄罗斯，居然在班师途中病死了。成吉思汗非常悲痛，让哲别的儿子继承父亲的爵位，接着做千户长。

回到蒙古草原，成吉思汗又说，当初我西征的时候要求各部派兵，畏兀儿部落派兵了，这一路上有好多畏兀儿人为我出生入死。我还向西夏调过兵，西夏国王竟然置之不理，还出言讽刺我。这西夏太坏了，是可忍孰不可忍。现在既然西征已经结束，我又何必让西夏苟延残喘地活着呢？我把它彻底给灭了得了。

于是，成吉思汗准备征讨西夏。就在成吉思汗调兵遣将的当口，有一个人出来劝阻成吉思汗，不让他出兵。这个人是谁呢？

29. 巨星陨落：一代天骄的最后荣光

成吉思汗的一生，历尽磨难，身经百战，开疆拓土，威震世界。在经过了统一蒙古、大败金国、西征花剌子模以及征讨西夏的一系列战役之后，成吉思汗的传奇人生也走到了尽头。关于成吉思汗之死，历史上有很多传说，那么一代天骄的死因究竟是什么？他死后为何秘不发丧，悄悄运回蒙古？而成吉思汗的葬身之地，究竟在何处呢？

意外的落马

出来劝阻成吉思汗征讨西夏的人，正是也遂皇后。

也遂皇后跟成吉思汗讲，大汗您刚刚结束西征，现在又要南征，就算您龙马精神、精力超人，但是也不能过度劳累，而且将士们也非常疲乏，需要休整。

成吉思汗听完之后，掰着手指头跟也遂说，我当大汗已经二十年了，现在西北一带已经平定了，只有南方还没有平定，所以我一定要率领军队去平定南方。即使今年不成，明年我肯定也要去。

也遂就对成吉思汗说，如果大汗您一定要南征，那我愿意跟您同去，好照顾您的起居。哪怕就是跋涉万里、风刀霜剑，我也认了。

成吉思汗一听这话，拉着也遂的手，动情地说，我能得到你们姐妹，这辈子真是太值了。

成吉思汗打定了主意要去征讨西夏。在蒙古草原上过完了冬，到了来年也就是1226年春天，成吉思汗立刻下令大军南征。十万蒙古将士迅速集结起来，擦亮盔甲、磨快刀枪、备好弓箭，跟随大汗出征。

成吉思汗本人骑着一匹红鬃烈马，率领大军，向西夏进发。

大军行至一片草原，成吉思汗一时兴起，下令围猎。前面讲过，蒙古人打猎，一方面是为了补充食物，另一方面也是一种军事演习，所以蒙古人在行军的过程当中经常进行围猎。

成吉思汗骑在马上观看将士们射猎。这个时候，一头野猪发了疯似的向成吉思汗扑了过来。成吉思汗也是神射手，拉弓搭箭"嗖"的一箭就把野猪射翻在地。大家一起叫好，大汗六十几岁的人了，功力不减当年。于是山呼万岁，成吉思汗也很得意。

成吉思汗还没得意够呢，胯下的这匹红鬃烈马突然间尥起蹶子来了，一下就把成吉思汗从马背上给摔下去了。成吉思汗这一生骑过多少骏马啊，甭说是带鞍子的马，就是光身子的马他也骑过无数，也是这一辈子大江大浪经得多了，没想到在小阴沟里翻了船。

成吉思汗穿着一身铁甲从马上掉了下来，关键是他一点儿心理准备也没有，所以被摔得很重。成吉思汗的部下赶紧七手八脚地上前把他抬起来，发现他已经不省人事了。

大家赶紧命令大军停止前进，立刻安营扎寨就地休整，让大汗的身体慢慢恢复。

带病征西夏

成吉思汗这一摔倒，心情十分恶劣，不但是身体上受了很大的伤害，而且心理上也受了很大的伤害。这突如其来的坠马，对于已经六十多岁的成吉思汗来说，无疑是个不祥的预兆。成吉思汗的身上一会儿冷一会儿热，就跟患了疟疾似的，好几天了病情也不见好转。

也遂皇后就跟众将商议，大汗受了伤，咱们下一步应该怎么办啊？

大家一商量，西夏不是游牧民族，不会随意迁徙，此时最重要的是成吉思汗的安危，不如咱们暂且退兵，等大汗身体好了之后再去征伐西夏不迟。也遂皇后走到后帐，就跟成吉思汗汇报将领们的意见。

成吉思汗听完汇报之后，对也遂讲，如果西夏国主听到咱们中途退回的消息，一定会认为咱们是惧怕他，咱们不能给他留下这个印象。咱们大军就地驻扎，不要回蒙古老营，然后立刻派遣使者去质问西夏。

于是，蒙古派遣使者到西夏的都城中兴府，见到了当时的西夏国主李德旺，对李德旺一番指责，咱们两国既然已经订立了盟约，你西夏已经归属了我大蒙古国，那么你为什么不派遣人质到蒙古？另外，我们西征的时候你为什么不出兵？

西夏国主李德旺本来就是一个懦弱无能的人，看到蒙古来使气势汹汹，吓得一句话也不敢说，在那嗫嚅了半天。

这个时候，一个西夏大臣三步并作两步站了出来，跟蒙古使者说，西夏国过去的所作所为，都是我一个人的主张。如果你们想跟我国厮杀，就派兵到贺兰山下摆开阵势，咱们决战。如果你们想要我们国家的金银财宝，那就上中兴府来拿吧。别的什么话都甭说，回去告诉你们成吉思汗，我们西夏不怕他。

使臣回去之后，把西夏的答复跟成吉思汗做了汇报。成吉思汗听完，气得一下子从病床上坐了起来，西夏如此不知天高地厚，敢公然辱骂我们大蒙古国，我就是死了，我的魂也得找他西夏国算账，何况现在我还没死。我不就是被马摔了一下吗？这不算什么，立刻进攻西夏。

于是，成吉思汗带病上马。蒙古将士一看，大汗都这般英勇，谁敢居于人后？纷纷上马，直奔贺兰山去。

大破西夏军

西夏国得知成吉思汗大军直逼贺兰山，只好派出军队迎战。西夏统军的大将就是强硬答复蒙古使者的那位，叫阿沙敢不。

阿沙敢不指挥的西夏军本来在山上列阵，看到蒙古大军前来扎下阵营之后，立刻就冲下山去跟蒙古军决战。没想到蒙古军并不迎战，任凭你怎样冲阵，蒙古军是岿然不动，只是以强弓硬弩射退西夏军。西夏军的第一次进攻没有奏效，退回山上重整旗鼓。第二次又来，又被蒙古军的强弓硬弩打退。

这个时候，西夏军的士气已经低落了。第三次再发动进攻的时候，西夏军很多人已经心生懈怠，想必蒙古人还是不会出战，所以咱们就拿盾牌遮住身体，别让蒙古人射中咱们就行了，已经没有冲锋的劲头了。没想到这一次西夏军队一进攻，蒙古军队的阵营门户大开，蒙古骑士一窝蜂似的怪叫着冲了出来，挥舞着长刀、大戟、狼牙棒，就往西夏士兵的头上招呼。

蒙古大军排山倒海一般，来势凶猛，锐不可当。成吉思汗虽然没有读过兵书，不知道《曹刿论战》的故事，但是对于"夫战，勇气也。一鼓作气，再而衰，三而竭。彼竭我盈，故克之"的用兵之道，无师自通，深谙此道。

蒙古骑兵这一杀出来，西夏兵堵也堵不住，拦也拦不着，被砍瓜切菜一般，杀了个落花流水。阿沙敢不一看大势已去，只好带着残兵败将落荒而逃。

于是，蒙古军就占领了贺兰山口。一过贺兰山，西夏的首都中兴府就无险可守。蒙古军接着占领了黑水城，这是西夏边境最重要的一处要隘。

这个时候，天气又到了夏天。蒙古人一到夏天就不擅长打仗，因为气候炎热，蒙古人受不了，要避暑。等到秋天到来，蒙古军队再次发动进攻，基本上把黄河两岸的州县全部占领了，然后去进攻德顺州。

蒙古人打到德顺州的时候，德顺州的守将急急忙忙上表朝廷请求救兵。但西夏国主李德旺，这个时候已经被蒙古人给吓死了。李德旺懦弱无能，他以为阿沙敢不是国之栋梁，没想到阿沙敢不很快就打了败仗。眼看国亡在即，李德旺一急，就先走了一步，倒也避免了青衣行酒做阶下囚的下场。

李德旺死后，李德旺的侄子登基，成了西夏的末帝。但一个十几岁的小皇帝，明显无力拯救即将破灭的王国。西夏的大臣们也知道西夏国没救了，都是得过且过，有的甚至跟蒙古兵暗通款曲，有的忙着把自己的家人和财宝转移到乡下，有的做好了化装逃亡的准备。所以根本没人搭理各地的告急文书，德顺州的告急文书到了都城之后，也被束之高阁，根本就没人管。

德顺州苦盼救兵不到，守将也明白是怎么回事儿了。守将召集了部下，发表最后的临别讲话，朝政腐败，国是日非，已经到了这一步了，我们的援兵来不了了，告急文书早就送上去了，却是石沉大海。现在内无军粮、外无援军，怎么办呢？只有与城共存亡，我在城在，城亡我亡，除此之外别无选择。

这个时候，有的不坚定的将士就逃走了，很多被主帅精神感动的将士，跟着主帅一起坚守城池。但是众寡悬殊，蒙古军的利箭如蝗虫一般飞来，守将壮烈殉国，德顺州自然就被攻陷。

六盘山安排后事

德顺州一失，又到夏天了。成吉思汗率领大军到六盘山避暑，然后派遣使者到西夏国的都城。看到蒙古使臣之后，西夏国上上下下慌作一团。西夏末帝凑了很多金银财宝、牛羊牲畜交给蒙古使臣，提出要跟蒙古议和。

这一幕跟当年金灭北宋一样，人家都打到你的首都城下了，你的首都已经是孤城一座了，这时候你提出来跟人家议和，谁跟你和啊？

所以成吉思汗接到西夏要求议和的文书之后，嗤之以鼻，又派遣使者告诉西夏国主，你必须亲自来我营中乞降，否则的话一切免谈。

送走了使臣之后，成吉思汗忽然觉得身上寒热交替发作，冷一阵热一阵，而且咳喘不止，根本就上不来气。

军营中所有的医生都赶来了，但是大汗已经病入膏肓。成吉思汗也明白，自己来日无多了，恐怕是有今儿没明儿，熬不过今天了。于是，成吉思汗拉着也遂的手，很动情地跟也遂讲，我现在病入膏肓，无药可救，长生天就要把我的魂灵招走了。我死之后，你回到草原上告诉各位姐妹，让她们都不要悲伤，都要好好地生活下去。

也遂听到这，已经是悲痛欲绝，泣不成声。成吉思汗拍着也遂的肩说，你不要难过，人生就像是早晨的露珠，转眼之间就要消逝了，我活了六十几岁很值得了，没有什么可伤心的。你快去把各位王公大臣叫进来，我还有话要嘱咐他们。

也遂赶紧出帐，叫随军的所有王公大臣进帐，听成吉思汗交代后事。成吉思汗的四个嫡子，此时没有一个在身边。几个月前，有使臣来报丧，说大儿子术赤已经病死了。二儿子察合台和三儿子窝阔台，也在别处忙于征战。剩下四儿子拖雷，在看着蒙古老营。

成吉思汗首先对这些跟随自己多年的王公大臣表示了一番感谢，接着说，我现在病势沉重，恐怕是好不了了。现在我几个儿子都不在身边，但是你们这些王公大臣都是我的亲戚故旧，都是多年跟随我出生入死的人，所以我非常信任你们。

我死了之后，三儿子窝阔台为人老成持重，可以做我的接班人，希望各位能像辅佐我那样认认真真地辅佐他。但是国中不可一日无主，所以我死之后暂命四子拖雷监国摄政，等什么时候窝阔台回到了蒙古老营，再让他即大汗位。

大臣们此刻都已泣不成声。

葬身之地是个谜

成吉思汗接着说，还有两件大事，大家一定要记住。

第一件大事，我死之后秘不发丧，千万不能让西夏人知道我已经死了。因为他们已经决定投降了，如果他们知道我死了，说不定他们就反悔不降了，所以不要发丧。等西夏末帝率文武百官一出降，就把他们杀得干干净净，绝对不要让西夏皇室一人漏网，要斩草除根，然后把西夏国并入我大蒙古国的版图之内。

第二件事，我念念不忘我们蒙古人的大仇金国，看来我是没法给祖先报仇了。那么给祖先报仇的这个重任，就落到你们的身上。现在金国的北部已经全部被我们占领了，西夏也被我们占领了，这样我们就可以两面夹攻金国。金国的重兵都在陕西潼关，我们从西部直接进军不好打；北边又有黄河天险，怎么办呢？宋金两国是世仇，我们可以从宋境借道从南边攻入金国，宋朝一定会借道给我们的。如果我们从南边杀入金国，金主只有调潼关的金兵来增援，金兵千里奔袭，我们正好以逸待劳杀他个全军覆没，这样就可以灭了金国。你们一定要记住我的话，告诉窝阔台，一定要照我说的去做。

大家跪在地上，万分佩服自己的大汗，真是深谋远虑，眼看就要撒手人寰了，还把下一步的作战计划都给我们想好了。

成吉思汗也觉得诸事已了，便与世长辞了。

成吉思汗去世后，蒙古人果然秘不发丧。西夏国主率众出降时，蒙古人按照成吉思汗的嘱托，把西夏皇室杀得干干净净，然后把成吉思汗的遗体秘密运回蒙古老营安葬。

据说，成吉思汗的棺木是一株圆木。把一棵大树砍下来，枝枝杈杈砍掉，中间按照人形挖一槽，成吉思汗就卧在这个槽里，金盔金甲金佩剑，金盘金碗金筷子，按日常生活的装扮嵌在这个槽里。然后把大树合拢，外边用三道金箍包裹，用马车秘密运回北方草原。

我们看历朝皇帝的陵，都能明确知道在哪儿，所以基本上都被盗掘一空了。只有元朝的皇陵，《元史》上记载葬于起辇谷，这起辇谷到底在哪儿，众说纷纭。比较可信的看法是在今天蒙古国的肯特山。但是从来没有挖到过任何一件元朝皇陵的实物。

因为据说成吉思汗包括以后的蒙古皇帝，下葬的时候都很注重环保，来自草原还要回归草原，不能破坏草地。所以蒙古人都是秘葬，不起坟土，不像中原人垒个大坟头，远远一看就知道这底下有坟，刨吧。蒙古皇陵不起坟土，上边踏为平地播种牧草，几代之后，要想再找成吉思汗陵就找不到了。

今天内蒙古鄂尔多斯伊金霍洛旗有成吉思汗的陵墓，但是这个成陵据说是衣冠冢，成吉思汗的遗体没有在这里面。

改变了世界的人

成吉思汗一生戎马，大大小小经历了六十多场战役，除了当年跟札木合的十三翼之战，因为实力悬殊失利退却之外，从来没有打过一场败仗。可以说，成吉思汗真的是一个天才的军事家。

有中国的学者评价说，成吉思汗是后人难以比肩的战争奇才，逢敌必战，逢战必胜，将人类的军事天赋发挥到了极点。什么样的人叫战神？成吉思汗这样的人就是当之无愧的战神。所以对于成吉思汗的军事才能，大家的评价是一致的，他是公认的超级战神。

当然，对于成吉思汗的功过，可能有不同的评价。比如有人说他是一代天骄，有人说他是不世出的圣主，也有人觉得他是杀人魔王。我想说的是什么呢？成吉思汗不仅仅是一个军事家，他也是一个治理国家颇有才能的杰出政治家。特别是成吉思汗的西征，实际上起到了一个打通东西方商路的作用。

法国著名的学者格鲁塞，他在《蒙古帝国史》这本书中评价说：蒙古人几乎将亚洲全部联合起来，开辟了洲际的通道，便利了中国和波斯的接触，以及基督教和远东的接触。……马可·波罗得知了释迦牟尼，北京有了天主教总主教。……从蒙古人的传播文化一点说，差不多和罗马人传播文化一样有利。对于世界的贡献，只有好望角的发现和美洲的发现，才能够在这一点与之相似。

这个法国学者高度评价了蒙古人的远征，对于世界不同文化之间的交流作用很大。

《全球通史》的作者、著名的历史学家斯塔夫里阿诺斯说：由于蒙古帝国的兴起，陆上贸易发生了一场大变革。历史上第一次，也是唯一一次，一个政权横跨欧亚大陆，即从波罗的海到太平洋，从西伯利亚到波斯湾。……往来于这条大道的商人们说，无论白天还是黑夜，在塔那到中国的路上行走，是绝对安全的。

这也是高度评价了成吉思汗及其建立的蒙古帝国，对于东西方之间商业往来的进步作用。

1999年，当时的韩国总统金大中说：有人认为，由于有了蒙古人，人类才第一次拥有了世界史。而蒙古人坚忍不拔、勇猛无敌的精神和机智敏捷的性格却塑造了伟大的成吉思汗。同样，我也赞成一些人的评价，网络还未出现的七百年以前的蒙古人却打通了世界各国的关系。

也就是说，在成吉思汗以前没有完整意义上的世界史，只有地区史。比如说唐朝的时候，东亚有唐帝国，中亚、西亚有阿拉伯帝国，东欧有拜占庭帝国，西欧有查理曼帝国，这些帝国之间可能彼此没有什么往来。比如说唐帝国发生的事儿，很难影响到其他国家。而成吉思汗的西征，使各国发生了密切的往来，日益连成了一个整体。从这个意义上讲，人类才第一次有了完整意义上的世界史。

因此，不管我们对成吉思汗这个人怎么评价，他都无愧是一位杰出的军事家和政治家。

（《袁腾飞讲成吉思汗》完，敬请关注《腾飞五千年》后续作品）